AF666539

Hitler et la Nuit des longs couteaux (29 juin – 2 juillet 1934)

Historiques

Dirigée par Bruno Péquignot et Vincent Laniol

La collection « Historiques » a pour vocation de présenter les recherches les plus récentes en sciences historiques. La collection est ouverte à la diversité des thèmes d'étude et des périodes historiques.

Elle comprend trois séries : la première s'intitulant « travaux » est ouverte aux études respectant une démarche scientifique (l'accent est particulièrement mis sur la recherche universitaire) tandis que la deuxième intitulée « sources » a pour objectif d'éditer des témoignages de contemporains relatifs à des événements d'ampleur historique ou de publier tout texte dont la diffusion enrichira le corpus documentaire de l'historien ; enfin, la troisième, « essais », accueille des textes ayant une forte dimension historique sans pour autant relever d'une démarche académique.

Série Travaux

Jean-Yves CHAUVET, *La transmission des maisons lorraines, Familles et maisons paysannes de la fin du XVIIe au milieu du XXe siècle*, 2016.
Tchavdar MARINOV, *« Nos ancêtres les Thraces, Usages idéologiques de l'Antiquité en Europe du Sud-Est*, 2016.
Françoise DASQUES, *La pensée française de l'architecture mexicaine, Paris–Mexico 1784-1910, Architectures et univers mental, Tome III,* 2015.
Françoise DASQUES, *Du style parisien à l'éclectisme porfirien, Paris–Mexico 1784-1910, Architectures et devenir des formes, Tome II,* 2015.
Françoise DASQUES, *Deux Rome, Paris–Mexico 1784-1910, Architectures et transferts, Tome I,* 2015
Murielle PERRIER, *Utopie et libertinage au siècle des Lumières. Une allégorie de la liberté*, 2015.
Welleda MULLER, *Les stalles, siège du corps*, 2015.
Jean-Claude COLBUS et Brigitte HÉBERT (dir.), *Approches critiques du plaisir (1450-1750)*, 2015.
Jean-Claude COLBUS et Brigitte HÉBERT (dir.), *De la satisfaction des besoins vitaux aux plaisirs des sens, aux délices de l'esprit et aux égarements de l'âme (1450-1750)*, 2015.
Maxime RENARD, *L'Héritage du jacobinisme*, 2015.

Didier CHAUVET

Hitler et la Nuit des longs couteaux (29 juin – 2 juillet 1934)

La Sturmabteilung (SA) décapitée

L'Harmattan

Du même auteur

Sur le nazisme

Sophie Scholl: une résistante allemande face au nazisme, L'Harmattan 2004 (collection Allemagne d'hier et d'aujourd'hui, dirigée par Thierry Feral).

Georg Elser et l'attentat du 8 novembre 1939 contre Hitler, L'Harmattan 2009 (collection Historiques, série Travaux, dirigée par Bruno Péquignot et Denis Rolland).

Le nazisme et les Juifs : caractères, méthodes et étapes de la politique nazie d'exclusion et d'extermination, L'Harmattan 2011 (collection Allemagne d'hier et d'aujourd'hui, dirigée par Thierry Feral).

Hitler et le putsch de la brasserie: Munich, 8/9 novembre 1923, L'Harmattan 2012 (collection Allemagne d'hier et d'aujourd'hui, dirigée par Thierry Feral).

La Rose blanche : des étudiants contre Hitler, dans Histoire du Christianisme magazine n°64 de janvier 2013 (éditions CLD).

*Un camp de la mort nazi oublié en Biélorussie : Maly Trostenet*s, L'Harmattan 2015.

Autres documentaires

Mary Jane Kelly: la dernière victime de Jack l'Eventreur, L'Harmattan 2002 (collection Graveurs de mémoire).

Histoire du football allemand : 1888-2015, L'Harmattan 2015.

© L'Harmattan, 2016
5-7, rue de l'Ecole-Polytechnique, 75005 Paris

http://www.harmattan.fr
diffusion.harmattan@wanadoo.fr

ISBN : 978-2-343-08707-8
EAN : 9782343087078

A Célina
A Benjamin
A Chloé
A Léo

« [...] Le *Führer* arrive à 4 heures. Il est très grave. Il me fait sur-le-champ un récit complet: il passe à l'action samedi contre Röhm et ses rebelles. Dans le sang. Ils doivent savoir que la révolte a un coût mortel. J'approuve. Puisqu'on en est là, il faut agir brutalement. Il y a des preuves que Röhm complotait avec François-Poncet, Schleicher et Strasser. Donc, à l'action ! »

Joseph Goebbels, *Journal 1933-1939*, Paris, Tallandier 2007, p.184.

« Le chancelier du *Reich* a tenu parole en étouffant dans l'œuf la tentative de Röhm pour incorporer la SA dans la *Reichswehr*. Nous l'aimons parce qu'il s'est conduit en authentique soldat. »

Walther von Reichenau, directives pour l'instruction politique des troupes, 28 août 1934.

« Jamais il [Hitler] n'a témoigné d'une férocité plus calculée, plus volontaire et par là même plus répugnante. [...] Et que dire de cette débauche de sauvagerie dans l'assassinat de von Schleicher et de sa femme, des fusillades en masse pour des motifs inconnus et invérifiables qui laissent apparaître une sorte de manie sadique dans la cruauté? [...] Jamais le racisme hitlérien ne m'est apparu plus nettement comme l'ennemi de toute civilisation, de toute moralité, de toute paix humaine. [...] »

Léon Blum, *Le Populaire*, 3 juillet 1934.

L'historiographie française utilise couramment l'expression « Nuit des longs couteaux » pour désigner la purge sanglante qui se déroula du 29 juin au 2 juillet 1934. Nous retiendrons donc également cette expression. L'historiographie anglophone reprend également le plus souvent cette expression. En revanche, l'historiographie allemande retient l'expression « *Röhm-Putsch* » pour désigner ces événements.

PRÉAMBULE

« Le destin du *Reich* repose sur moi. Tant que je vivrai, je ne peux penser qu'à la victoire. Je détruirai quiconque s'opposera à moi. »

Adolf Hitler

L'histoire du nazisme se mêle complètement avec celle de son chef de file Adolf Hitler (1889-1945). Né au cœur de l'agitation qui suivit la défaite de l'Allemagne en 1918, le NSDAP [1] (*Nationalsozialistische Deutsche Arbeiter Partei)*, le parti national-socialiste des travailleurs allemands, n'était au départ qu'un groupuscule d'extrême-droite, comme tant d'autres, implanté à Munich, l'effervescente capitale de la Bavière. Fermement et savamment repris en main et réorganisé par Hitler, le NSDAP gagna rapidement en influence. Après une maladroite tentative de putsch à Munich, les 8 et 9 novembre 1923[2] (putsch de la brasserie), avortée dans le sang, qui valut à Hitler, au terme d'un procès inique, une brève incarcération qu'il mit à profit pour rédiger son livre *Mein Kampf* (Mon combat), le NSDAP et son chef emblématique bénéficièrent de la terrible crise économique de 1929 pour rebondir. Douze membres du parti nazi étaient élus au *Reichsatg* en 1928 et leur nombre atteignit cent sept députés en 1930. Chômeurs[3], paysans, artisans, petits bourgeois ruinés et certains industriels effrayés par le communisme se tournaient en effet vers Hitler et son parti. Ayant désormais fait le choix

[1] A l'origine le DAP (*Deutsche Arbeiter Partei).*

[2] Didier CHAUVET, *Hitler et le putsch de la brasserie : Munich, 8-9 novembre 1923*, Paris, L'Harmattan 2012.

[3] Plus de 5,6 millions de chômeurs, soit 29,9 % des actifs en 1932. Cf Christian BAECHLER, *L'Allemagne de Weimar : 1919-1933*, Paris, Fayard 2007.

d'une certaine forme de légalité et du suffrage universel et s'appuyant à la fois sur une propagande d'une puissance et d'une férocité sans équivalant et sur une milice impressionnante et violente, la *Sturmabteilung,* SA (sections d'assaut), ce fut constitutionnellement que Hitler fut appelé à la Chancellerie en janvier 1933 par le président de la République allemande Paul von Hindenburg (1847-1934) alors même que le NSDAP ne possédait pas la majorité absolue dans le pays. Mais Hitler avait su se rendre incontournable. En moins d'un an et demi, Hitler et son parti changèrent le régime de la République de Weimar en une dictature des plus féroces suite à d'habiles manœuvres et coups de force. Ainsi, le 4 février 1933 fut décidée l'ordonnance pour la protection du peuple allemand (*Verordnung zum Schutze des deutschen Volkes*) qui déboucha sur le noyautage et l'épuration de la police et de l'administration et la restriction des libertés. Le 6 février 1933 vint le tour de l'ordonnance pour la dissolution du Conseil régional de Prusse (*Verordnung zur Auflösung des preußischen Landstag*). Le 28 février 1933, l'ordonnance en vue de la protection du peuple et de l'État[4] (*Verordnung zum Schutz von Volk und Staat*), suite à l'incendie du *Reichstag (Reichstagsbrand),* qui annula l'essentiel des libertés civiles et politiques établies par la Constitution fut publiée. Le 23

---

[4] Texte signé par le Président Paul von Hindenburg vieillissant, malade, et trompé par les nazis sur l'imminence d'un putsch communiste. Il comprenait six articles : L'article 1 suspendait la plupart des libertés civiles garanties par la République de Weimar – liberté des personnes, liberté d'expression, liberté de la presse, droit à l'association et aux réunions publiques, confidentialités des postes et téléphones, protection du domicile et des propriétés. Les articles 2 et 3 transmettaient au Gouvernement du *Reich* certaines prérogatives normalement dévolues aux *Länder*. Les articles 4 et 5 établissaient des peines très lourdes pour certains délits particuliers, notamment la peine de mort pour l'incendie de bâtiments publics. L'article 6 précisait que le décret prenait effet le jour de sa proclamation.

mars 1933, le *Reichstag* vota la « loi d'habilitation » (*Ermächtigungsgesetz*) qui abrogea de facto la Constitution de la République de Weimar. Le 14 juillet 1933 vit le démantèlement et la dissolution des autres partis politiques, le NSDAP devenant parti unique, sans oublier les multiples arrestations de socialistes, communistes et opposants de tous ordres...

Mais, au-delà de l'instauration rapide et implacable de la dictature nazie, plusieurs faits majeurs marquèrent les deux premières années de la prise du pouvoir par Hitler. Tout d'abord, la menace d'une « seconde révolution » (*Zweite Revolution*) menée par la SA et l'extrême rivalité entre la SA et la *Reichswehr*[5] et enfin la succession du président Paul von Hindenburg âgé et déjà malade lorsque Hitler devint chancelier. Découlant de ces trois éléments, un soubresaut d'une grande importance vint troubler la politique nazie au début de l'été 1934 après plusieurs mois d'une terrible tension interne au mouvement nazi dans son ensemble. En effet, entre le 29 juin et le 2 juillet 1934 (principalement dans la nuit du 29 au 30 juin), Adolf Hitler alors chancelier du *Reich* allemand procéda avec le soutien

---

[5] La *Reichswehr* (littéralement « force armée du *Reich* ») fut instituée par la Constitution de Weimar et définie par la loi militaire du 23 mars 1921. Elle était considérée comme une armée de métier et se trouvait limitée à 100 000 hommes pour l'armée de terre et 15 000 hommes pour la marine, selon les clauses du traité de Versailles. Elle était privée d'aviation et de matériel lourd. Son nom, qui apparaît en mars 1919 après la disparition de la *Deutscher Heer*, fut officialisé en janvier 1921. La *Reichswehr* bénéficia de beaucoup d'égards de la part de Hitler qui gagna sa fidélité par des mesures bienveillantes comme la création le 4 avril 1933 d'un Conseil de défense du *Reich* afin d'accélérer le programme clandestin du réarmement de l'Allemagne, la loi du 20 juillet 1933 qui rétablit le corps des officiers dans ses anciennes prérogatives militaires et qui supprimait la juridiction des tribunaux civils sur les militaires. La *Reichswehr* fut remplacée par la *Wehrmacht* (littéralement « force de défense »), armée nationale, conformément à la loi du 16 mars 1935.

actif de la *Schutzstaffel*[6] (SS) à l'arrestation et à l'assassinat de la hiérarchie de la *Sturmabteilung* (SA) qui avait pourtant joué un rôle majeur dans l'essor du mouvement nazi et dans sa lutte pour la conquête du pouvoir. De nombreuses personnalités issues des milieux conservateurs subirent le même terrible sort que les dirigeants de la SA. La décapitation de la SA, notamment son chef emblématique Ernst Röhm (1887-1934), compagnon de route de Hitler depuis le début de l'aventure politique du *Führer*[7], fut le point culminant du profond désaccord qui s'était fait jour entre les deux branches du parti nazi, celle qui soutenait la politique voulue par Hitler, avec le soutien d'une large partie de la classe possédante et de l'armée, et celle qui soutenait la politique voulue par Röhm et la SA. Après l'accession au pouvoir des nazis en janvier 1933, puis du succès électoral du NSDAP en mars 1933 (sans toutefois obtenir la majorité

---

[6] Escadron de protection. Fondée en 1925, initialement chargée de la protection rapprochée de Hitler, la SS devint au fil des années un État dans l'État, accumulant les compétences et les missions et passant d'un groupuscule à une énorme organisation. Au fil des années ses domaines d'activités furent multiples. Elle eut une fonction politique, notamment au travers de *Allgemeine SS*, répressive avec le RSHA et le contrôle des camps de concentration, idéologique et racial, via le *Lebensborn* et l'*Ahnenerbe,* militaire, après la création de la *Waffen* SS, et devint également un empire économique. Elle fut aussi le principal organisateur et exécutant de l'extermination des Juifs, que cela soit lors des opérations mobiles de tuerie perpétrées en Pologne et en URSS par les *Einsatzgruppen,* puis par la mise en place des camps d'extermination. Entièrement dévouée à Hitler, elle fut dirigée pendant la quasi totalité de son existence par Heinrich Himmler. Traversée par de profondes rivalités internes, en conflit permanent avec d'autres organismes, notamment la *Wehrmacht*, ou diverses personnalités nazies, dotée d'une organisation complexe, mouvante, accumulant les doubles-emplois et les contradictions, elle n'en fut pas moins l'un des instruments les plus efficaces et les plus meurtriers de la terreur nazie. Elle fut déclarée organisation criminelle lors du procès de Nuremberg.

[7] Le terme désignait Hitler, mais il se retrouvait dans tout l'éventail de la hiérarchie nazie : SA *Führer,* SS *Führer* etc.

absolue), Röhm et ses lieutenants désiraient poursuivre le mouvement engagé et orienter la révolution national-socialiste vers de larges mesures sociales qui heurtaient les milieux conservateurs et industriels farouchement opposés à une telle politique. Il s'agissait de la Seconde révolution que la SA, forte du soutien de millions de membres, entendait mener à bien sans attendre. D'autre part, la violence récurrente et sans limite de la SA qui faisait régner la terreur dans les rues des grandes villes allemandes ne faisait qu'accentuer ce sentiment de rejet de la part des milieux conservateurs ainsi que de la petite bourgeoisie et de la classe moyenne.

Avant-même l'accession de Hitler au pouvoir, dès 1932, Röhm avait fait vivement part de sa désapprobation lorsque Hitler avait choisi de se rapprocher des milieux industriels et financiers pour réussir à décrocher enfin le poste de chancelier malgré le peu d'estime de Paul von Hindenburg pour sa personne (« le petit caporal bohémien »). Ce vif désaccord entre Hitler et Röhm devint évident à tous pendant l'été 1933. Mais, la puissance de la SA et ses millions de membres, inspirait également une très vive crainte à l'état-major de la *Reichswehr*, limitée à 100 000 hommes par le traité de Versailles (*Diktat von Versailles*)[8].

---

[8] Le Traité de Versailles occupa une place non négligeable dans la montée du nazisme en Allemagne. Ce traité était un texte de paix qui mit fin à la Première Guerre mondiale. Il fut signé le 28 juin 1919 dans la galerie des Glaces. Ce texte était particulièrement lourd pour l'Allemagne vaincue et jugée seule responsable de la guerre. Les vainqueurs ne permirent pas aux vaincus d'en négocier les termes. L'Allemagne se retrouvait en position de devoir céder l'Alsace-Lorraine à la France, une partie de la Silésie et le corridor de Dantzig à la Pologne. Dantzig et Memel devenaient des villes-États. En outre, l'armée allemande se voyait réduite à 100 000 hommes et se retrouvait amputée de ses forces (marine, aviation). La Rhénanie était démilitarisée et occupée par la France. D'autre part, l'aspect financier à la charge de l'Allemagne était terrible. 20 milliards de mark-or lui étaient réclamés au titre des réparations dont 52% à destination de la France. Ce traité

La question majeure — le parti était-il soumis à l'État ou l'État au parti ? — ne fut jamais tranchée sous le troisième *Reich* — pas même par la loi pour la garantie de l'unité du parti et de l'État du 1er décembre 1933. Selon les travaux de l'historien allemand Martin Broszat[9], le flou qui présida durablement aux relations qui existaient entre parti et État trouvait son origine profonde dans le fait que l'État comme le parti, « n'exerçaient pas de pouvoir souverain, mais seulement un pouvoir dérivé, soumis au chef charismatique ». L'analyse de Broszat est particulièrement pertinente : « Le chef absolu ne pouvant néanmoins s'imposer que par le biais du pouvoir du parti ou du pouvoir de l'État, et restant en ce sens dépendant de l'un comme de l'autre, on pourrait parler d'un trialisme parti-État-chef absolu comme figure fondamentale du système nazi. »

Au début de l'année 1934, Hitler se vit contraint d'opérer un choix difficile entre la *Reichswehr*, les forces légitimistes de droite et le président Paul von Hindenburg d'un côté et la SA qui avait accompagné son parcours politique depuis l'origine de l'autre côté. Finalement, Hitler décida après moult tergiversations et sous la pression de Heinrich Himmler (1900-1945) et Hermann Göring (1893-1946) notamment, rivaux de Röhm, qui montèrent un dossier très alarmant au sujet d'une tentative de putsch imminent de la

---

était dangereux car il contenait en lui les germes d'un regain farouche du nationalisme. La population allemande rejeta dans son ensemble ce qu'elle considérait comme un inacceptable *diktat*. Les sanctions financières, comme cela était prévisible, amenèrent dans une Allemagne fragile une grande misère sur laquelle les extrémismes de tous les bords battirent une part incontestable de leurs succès. Le texte intégral du Traité de Versailles est disponible: *Traité de Versailles:Traité de paix entre les puissances alliés et associées et l'Allemagne et protocole signé à Versailles le 28 juin 1919*. Publication du ministère des Affaires étrangères, Imprimerie nationale 1919.

[9] Martin BROSZAT, *Der Staat Hitlers.Grundlegung und Entwicklung seiner inneren Verfassung*, DTV Deutscher Taschenbuch 2000.

SA, de procéder à l'élimination de la hiérarchie de la SA et de l'aile populiste afin d'unifier politiquement le parti derrière sa ligne politique et de rendre possible la réalisation de ses ambitions, à savoir succéder à Hindenburg, âgé et malade, à la présidence. Dans la nuit du 29 au 30 juin 1934, Hitler passa à l'action au cœur d'une opération d'envergure. De Munich à Berlin, plusieurs centaines de SA et d'opposants conservateurs furent arrêtés ou assassinés par la SS et la Gestapo [10] (*Ge*heime ***Sta****at*s***po****lizei*). Hitler, revolver au poing, arrêta lui-même Ernst Röhm au petit matin du 30 juin, à Bad Wiessee, au cœur de la pension Hanselbauer sur les rives d'un lac où se tenait un vaste rassemblement de la SA qui attendait la visite de Hitler mais pas à cette heure-là, ni avec une arme à la main. En effet, quelques jours avant l'irruption de Hitler arme au poing, une réunion de travail avait été programmée entre les services du *Führer* et l'aide de camp de Röhm. Il était impératif de ce fait que le plus grand nombre de chefs SA fussent présents le 30 juin en fin de matinée. Après l'action de Hitler, Röhm fut enfermé dans la prison de Landsberg à Munich, et il lui fut laissé une arme pour se suicider. Rechignant à le faire exécuter en raison de leur long passé commun, Hitler décida en effet de lui laisser la possibilité d'éviter une exécution. Mais Röhm refusa de se suicider et

---

[10] Police secrète d'État. Fondée en Prusse par Hermann Göring, son pouvoir s'étendit ensuite, sous l'impulsion de Heinrich Himmler, à l'ensemble du *Reich*, puis aux territoires envahis par l'Allemagne au cours de la Seconde Guerre mondiale. Intégrée au *Reichssicherheitshauptamt* de Reinhard Heydrich, elle fut dirigée par Heinrich Müller de 1934 à 1945. Chargée de lutter contre les opposants internes ou externes, réels ou supposés, puis contre les adversaires du régime nazi ou les résistants dans les pays occupés, elle fut synonyme de terreur et d'arbitraire en Allemagne, puis dans une grande partie de l'Europe. Elle joua un rôle essentiel dans l'extermination des Juifs d'Europe, notamment via son *Amt* B4, dirigé par Adolf Eichmann. Active jusqu'aux derniers jours du régime nazi, elle fut condamnée en tant qu'organisation criminelle lors du procès de Nuremberg.

clama son innocence des faits qui lui étaient reprochés. Il fut donc abattu. Cette purge au cours de laquelle les ordres de Hitler furent parfois peu scrupuleusement suivis par les hommes de la SS et de la Gestapo (nombre de victimes très élevés) se prolongea jusqu'au 2 juillet 1934. Plusieurs généraux de la *Reichswehr* furent complices d'une façon ou d'une autre de ces arrestations et de ces assassinats et furent de ce fait liés à Hitler par cette complicité sanglante. Quelques jours plus tard, Hitler justifia devant le *Reichstag* et le peuple, lors d'un discours marquant, ces actions commises en dehors de tout cadre légal mais qui furent légitimées le 3 juillet 1934 par une loi rétroactive avec l'assentiment du gouvernement au sein duquel les nazis étaient pourtant minoritaires. La SA demeura en activité après la purge mais son rôle fut ensuite très mineur dans la structure nazie, Hitler et la SS ayant alors tout le pouvoir entre leurs mains. L'élimination de la SA du haut de l'affiche permit en effet à la SS de s'émanciper et d'étendre son emprise sur le pays jusqu'à devenir cette terrifiante pieuvre tentaculaire.

Ces journées sanglantes de l'été 1934 marquèrent un tournant crucial dans la ligne politique de l'Allemagne nazie. Cette Nuit des longs couteaux (*Nacht der langen Messer* ou *Röhm putsch*) permit à Hitler de museler toute envie de contestation de l'aile populiste du NSDAP, de donner un gage fort aux milieux conservateurs, industriels et militaires dont il attendait en retour à cette action sanglante le soutien ou la neutralité bienveillante en vue de ses futurs projets, et enfin d'apparaître aux yeux du peuple comme le sauveur de l'Allemagne face à la très inquiétante menace de sédition de la SA. Ces événements servirent également d'avertissement à tous ceux qui en Allemagne même s'opposaient au nazisme.

Souvent passée au second plan derrière d'autres aspects tellement terrifiants du nazisme, cette Nuit des longs couteaux montra néanmoins au grand jour la véritable nature du régime nazi et elle aurait dû logiquement alerter bien davantage les capitales du monde entier, qui n'étaient pas soumises à la même incroyable propagande que la population allemande, sur ce qu'étaient capables de faire les nouveaux maîtres de l'Allemagne. Le décès de Hindenburg, le 2 août 1934, permit à Hitler de cumuler les fonctions de chancelier et de président du *Reich*. Il y avait désormais, selon le slogan nazi, *Ein Volk, ein Reich, ein Führer* (un seul peuple, un seul empire, un seul chef). La Nuit des longs couteaux avait donc été un incroyable succès pour Hitler.

Ce livre fait revivre en détail au lecteur les principales étapes de ces journées de juin et de juillet 1934, revient minutieusement sur les événements des mois précédents qui rendirent possible cette purge qui changea la face du mouvement nazi et démontre, grâce à de nombreux témoignages et documents, le rôle joué par chacun (Hitler, la *Reichswehr*, Röhm et la SA, Himmler et la SS, Göring, Papen et les conservateurs...) au cœur de cet incroyable scénario.

I

GENÈSE ET INFLUENCE POLITIQUE DE LA STURMABTEILUNG (SA) ET ASCENSION DU NAZISME

La *Sturmabteilung* (SA) était une organisation paramilitaire très influente du NSDAP. Elle joua un rôle prépondérant dans l'accès au pouvoir de Hitler. Les membres de la SA étaient souvent appelés les chemises brunes en raison de la couleur de l'uniforme qu'ils portaient à compter de 1925. Le terme *Sturmabteilung* venait des troupes d'assaut spéciales qui furent utilisées par l'Allemagne notamment lors de l'offensive de mars 1918[11]. Appuyant de grands groupes d'armées, les SA de la fin de la Première Guerre mondiale étaient organisées en équipes réduites de quelques soldats [12]. Elles permirent aux Allemands d'obtenir, grâce à leur mobilité et leur souplesse d'utilisation, quelques succès militaires et de repousser les troupes britanniques et françaises de plusieurs dizaines de kilomètres[13]. Hitler créa la SA nazie à Munich en 1921 en réunissant d'anciens combattants, des officiers désœuvrés et mécontents, des membres des corps francs[14] (*Freikorps*), issus généralement de mouvements proches des courants socialistes, non marxistes. Il plaça la SA sous l'autorité de son camarade Ernst Röhm.

Le capitaine Röhm était une figure des milieux nationalistes bavarois. Il avait été gravement blessé le 2 juin 1916 lors de l'assaut de l'ouvrage de Thiaumont (Belgique), l'une des fortifications que comprenait la ceinture de Verdun,

---

[11] Le terme *Sturmabteilung* vient de *Sturmtruppen* bataillons d'assaut spécialisés créés en 1915 sous le nom de *Sturmabteilung Rohr* sur le front des Vosges. Kurt PÄTZOLD, Manfred WEIẞBECKER, *Geschichte der NSDAP- 1920 bis 1945*, Papyrossa 2009.

[12]Pierre MIQUEL, *La Grande Guerre*, Paris, Fayard 1983.

[13] Stéphane AUDOUIN-ROUZEAU, Jean-Jacques BECKER, *Encyclopédie de la Grande Guerre : 1914-1918*, Paris, Bayard 2004.

[14] Après la Première Guerre mondiale, d'anciens officiers à la retraite entamèrent la formation de milices appelées *Freikorps*. Ces corps francs furent employés afin de défendre la frontière allemande à l'Est, contre une possible invasion russe. Plus tard, ils furent utilisés afin de contrer et réprimer les révolutions communistes en Allemagne.

et il en conservait une large cicatrice qui s'étendait du nez jusqu'au menton et qui ajoutait une note particulière à la légende du personnage. Après la guerre, Röhm servit dans un corps franc et lutta farouchement contre les Spartakistes. Ce fut au cœur de cette mouvance nationaliste qu'il noua des liens avec Hitler. Les deux hommes avaient fait connaissance à l'automne 1919 par l'intermédiaire du capitaine Karl Mayr (1883-1945). Röhm faisait partie de l'assistance lorsque Hitler prit la première fois la parole lors d'une réunion du DAP, le 16 octobre 1919. Ensuite, ils se rencontrèrent à nouveau dans le cadre des réunions du club « Poing de fer », fondé par Röhm, qui regroupait des officiers ultranationalistes. Peu à peu, Hitler et Röhm devinrent proches. À cette époque, Röhm était chargé d'armer les unités de volontaires et de « défense civile » (*Einwohnerwehr*) en Bavière.

Au commencement, la SA était nommée « section de gymnastique » (*Turnabteilung*) jusqu'au 5 octobre 1921 avant de prendre son nom définitif[15] et elle faisait office de service d'ordre lors des rassemblements du NSDAP, puis elle prit rapidement une importance de plus en plus grande dans l'organisation du parti. La SA fut à l'origine de très nombreux actes de violences au cœur des années 1920, notamment lors de rudes combats de rues contre des groupes communistes comme le *Rote Frontkämpferbund* (Union de défense du parti communiste allemand) ou encore en perturbant des réunions politiques d'autres groupes nationalistes[16]. Ainsi, le 14 septembre 1921, des membres de la SA semèrent la pagaille dans une réunion de la Ligue monarchiste bavaroise, ce qui entraîna son lot de violence et de blessés[17]. Une plainte fut déposée contre

---

[15]Heinrich BENNECKE, *Hitler und die SA*, Munich 1962.

[16] Didier CHAUVET, *Hitler et le putsch de la brasserie : Munich, 8-9 novembre 1923, opus cit.*

[17] Thierry FERAL, *Le nazisme en dates : novembre 1918-novembre*

Hitler à la suite de ces échauffourées[18]. Le 12 janvier 1922, Hitler fut ainsi condamné à trois jours de prison pour coups et blessures[19]. Ensuite, la SA fut même interdite à l'issue du putsch de la brasserie que Hitler avait conduit à Munich les 8 et 9 novembre 1923[20], avant d'être à nouveau autorisée quelques mois plus tard[21].

Hitler développa dans *Mein Kampf* les missions dévolues à la SA au sein du mouvement nazi, ainsi que la façon dont elle s'était comportée en quelques occasions majeures et l'essor futur qu'il escomptait pour ces unités chères à son cœur : « Si la SA ne devait être ni une organisation de défense militaire, ni une association secrète, il fallait tirer de cela les conséquences suivantes.

1° Leur entraînement devait avoir lieu non pas sous l'angle de leur utilité militaire, mais sous celui de leur conformité aux intérêts du parti. […]

2° Pour empêcher dès l'abord que la SA revête un caractère secret, il faut que, indépendamment de son uniforme auquel tous peuvent immédiatement la reconnaître, ses effectifs, par leur nombre même, soient utiles pour le mouvement et connus de tous. Elle ne doit pas siéger en secret. […] Pour préserver aussi son esprit de toutes les tentations de nourrir son activité par de petites conspirations, on devait, dès le début, l'initier complètement à la grande idée du mouvement et l'entraîner si entièrement à la tâche de la défense de cette idée, que son horizon s'élargirait aussitôt et que chacun de ses membres ne verrait plus sa mission dans l'élimination de tel filou plus ou moins grand,

---

1945, Paris, L'Harmattan 2010.

[18] *Ibid.*

[19] *Ibid.*

[20] Didier CHAUVET, *Hitler et le putsch de la brasserie : Munich, 8-9 novembre 1923, opus cit.*

[21] Le 4 juillet 1926, voir François DELPLA, *Hitler*, Paris, Grasset 1999.

mais le don total de soi en vue de l'édification d'un nouvel État national-socialiste et raciste [...]

3° Les formes de l'organisation de la SA, ainsi que son uniforme et son équipement, ne devaient pas suivre les modèles de l'ancienne armée ; elles devaient se conformer aux besoins de la tâche qui lui incombait.

Ces idées qui me servaient de directives déjà dans les années 1920 et 1921, et que je m'efforçai d'inoculer peu à peu à la jeune organisation, eurent pour résultat le fait que, dès la fin de l'été 1922, nous possédions un nombre appréciable de centuries, qui reçurent, en automne 1922, l'habillement qui les distinguait. Trois événements eurent une importance infinie pour le développement ultérieur de la SA.

1° *La grande démonstration de toutes les associations patriotiques contre la loi de défense de la république sur le Konigsplatz à Munich.*

Les associations patriotiques de Munich avaient alors lancé l'appel de se réunir pour une manifestation gigantesque, à Munich, pour protester contre l'introduction de la loi de défense de la république. Le mouvement national-socialiste devait y participer aussi. Le défilé du parti, en rangs serrés, s'ouvrit par les six centuries de Munich, suivies par les sections politiques du parti. [...] Les membres des associations de protection rouge républicaine, qui essayèrent d'agir par la terreur contre les colonnes en marche, furent dispersés, la tête ensanglantée, en quelques minutes par les centuries des SA. Le mouvement national-socialiste a montré alors, pour la première fois, qu'il était décidé à l'avenir à prétendre défiler dans la rue et à arracher ainsi ce monopole des mains des traîtres internationaux et des ennemis de la patrie.

Le résultat de cette journée fut une preuve incontestable de ce que nos conceptions sur la structure de la SA étaient bonnes, tant au point de vue psychologique qu'au point de vue de l'organisation. Elle fut donc élargie énergiquement sur les bases qui lui avaient apporté le succès et, peu de semaines plus tard, nous avions mis sur pied une quantité double de centuries.

2° *L'expédition à Cobourg*[22] *en octobre 1922*[23].

Les ligues « racistes » avaient l'intention d'organiser, à Cobourg, ce qu'elles nommaient un « Congrès allemand ».[...] Pour m'accompagner, je désignai huit cents hommes de la SA, qui, divisés en quatorze centuries, devaient être transportés de Munich, par un train spécial, à Cobourg [...] des ordres correspondants furent donnés aux autres groupements de SA national-socialistes, qui s'étaient formés entre temps dans d'autres localités. [...] Quand nous arrivâmes en gare de Cobourg, nous fûmes reçus par une délégation du comité des fêtes du Congrès, qui nous transmit un ordre, intitulé « compromis », des syndicats locaux, ainsi que du parti socialiste indépendant[24] et du parti communiste[25], qui stipulait que nous ne devions pas entrer dans la ville ni drapeaux déployés, ni musique en tête [...], ni en colonne serrée.

Je rejetai séance tenante ces humiliantes conditions, et je ne manquai pas de faire entendre à messieurs les dirigeants de cette manifestation que le fait d'avoir engagé des pourparlers et d'avoir conclu des compromis avec la municipalité socialiste me paraissait surprenant ; et je déclarai que les centuries de la SA allaient aussitôt se mettre en rangs et marcher dans la ville, avec leur fanfare et drapeaux déployés. Et c'est ce qu'on fit [...] Comme les cris

---

[22] Ville d'Allemagne. Depuis 1919, Cobourg, qui faisait partie de l'ex-duché de Saxe-Cobourg-Gotha, s'est associée par référendum à l'État libre de Bavière.

[23] « Journée allemande » des groupes « *völkish* » à Cobourg : présent à la tête de 800 SA armés et résolus au combat, Hitler assura la supériorité du NSDAP sur les autres groupes en faisant reculer une contre-manifestation du SPD. Cobourg fut dévastée par les combats.

[24] *Unabhängige Sozialdemokratische Partei Deutschlands*, USPD.

[25] *Kommunistische Partei Deutschlands*, KPD.

et les exclamations insultantes ne pouvaient faire perdre leur sang-froid à nos centuries, ces représentants du vrai socialisme, de l'égalité et de la fraternité, eurent recours aux pierres. Alors notre patience fut à bout et des coups tombèrent comme grêle à droite et à gauche ; un quart d'heure plus tard, plus rien de rouge n'osait montrer le bout du nez dans les rues [...]

La presse bourgeoise, en général, fut piteuse, ou lâche comme toujours, et seuls quelques journaux sincères se réjouirent qu'au moins à Cobourg, on eût su donner enfin sur les doigts aux bandits marxistes.

À Cobourg même, du moins une partie des ouvriers marxistes, celle que nous considérions comme égarée, avait appris, par l'enseignement des poings des ouvriers nationaux-socialistes, que ces ouvriers aussi luttaient pour des idéaux, car on sait par l'expérience qu'on ne se bat que pour ce qu'on croit et ce qu'on aime.

La SA, elle-même, en retira le plus grand profit. Elle crût si rapidement qu'au congrès du parti, le 27 janvier 1923, déjà près de 6000 hommes purent participer à la consécration du drapeau ; à cette occasion, les premières centuries parurent entièrement habillées de leur uniforme nouveau.

L'expérience de Cobourg avait démontré à quel point il était essentiel d'introduire une tenue uniforme pour la SA, non seulement pour fortifier l'esprit de corps, mais aussi pour éviter des confusions et comme signe de reconnaissance. Jusqu'à présent, ils ne portaient que des brassards ; maintenant s'y ajoutèrent la vareuse et la casquette bien connues.

L'expérience de Cobourg eut encore cette importante conséquence : nous commençâmes à briser méthodiquement la terreur rouge dans toutes les localités où celle-ci avait, depuis des années, empêché toute réunion d'autres partis, et à rétablir la liberté de réunions. A partir de ce moment, nous avons concentré nos bataillons nationaux-socialistes dans de telles localités, et peu à peu les citadelles rouges de la Bavière tombèrent l'une après l'autre devant la propagande nationale-socialiste. La SA s'est toujours de plus en plus adaptée à sa tâche, elle s'est éloignée de plus en plus du type d'un mouvement de défense sans but et sans importance vitale, et elle se haussa jusqu'au rôle d'une organisation vivante de combat pour la création d'un nouvel État allemand.

Le développement logique se poursuivit jusqu'au mois de mars 1923. À ce moment se produisit un événement qui me força de faire dévier le mouvement de la voie établie, et de l'amener à une transformation.

3° *L'occupation du territoire de la Ruhr*, par les Français, dans les premiers mois de l'année 1923, eut une grande importance pour le développement de la SA. [...]

L'occupation de la Ruhr, qui ne fut point une surprise pour nous, fit naître l'espoir bien fondé que, maintenant, on allait rompre avec la politique lâche des reculades et qu'on devait assigner aux lignes de défense une tâche parfaitement définie. La SA aussi, qui comptait alors dans ses rangs plusieurs milliers d'hommes jeunes et pleins de force, ne pouvait se refuser de prendre part à ce service national. Au printemps et au cours de l'été de l'année 1923, s'accomplit sa transformation en une organisation militaire de combat. C'est à cette réorganisation qu'il faut attribuer, en grande partie, le développement ultérieur des événements de l'année 1923 en ce qui concerne notre mouvement.

Comme je traite autre part [...] les événements de l'année 1923, je veux seulement établir que la transformation de la SA de cette époque devait être nuisible pour le mouvement, si les conditions qui motivaient cette réorganisation, c'est-à-dire la reprise d'une résistance active contre la France, ne se trouvaient pas remplies.

La conclusion de l'année 1923, si terrible que cela puisse

paraître à première vue, fut presque nécessaire en se plaçant à un point de vue supérieur, parce qu'elle a empêché la transformation définitive de la SA, rendue inutile par l'attitude du gouvernement allemand et nuisible pour le mouvement lui-même ; aussi reprit-on la marche dans la même voie dont on s'était écarté.

Le parti, réorganisé en 1925, doit reconstruire sa SA suivant les principes indiqués au début. Il doit retourner aux saintes conceptions initiales et il doit considérer de nouveau, comme sa tâche la plus essentielle, de créer dans sa SA un instrument pour la représentation et le renforcement de la lutte pour l'idéal du mouvement.

Il ne doit pas tolérer que la SA se rabaisse au rôle d'une ligue de défense ou d'une association secrète ; il doit, au contraire, s'efforcer de créer en elle une garde de cent mille hommes pour l'idéal national-socialiste et raciste[26]. »

Le 3 avril 1924, sous le nom de « Légion des combattants » (*Frontbann*), Röhm redonna vie à la SA interdite depuis le putsch de la brasserie[27] et le 27 février 1925, il fut chargé de réorganiser la SA[28] selon les vœux de Hitler. Peu après, la SA devait redevenir une troupe d'appui du parti nazi et une structure d'entraînement à l'attention des jeunes militants, une armée politique, comme elle l'était avant son intégration au paysage paramilitaire de Bavière au début 1923. Ce fut là un point majeur de désaccord entre Hitler et Röhm, ce dernier désirant que la SA restât une organisation paramilitaire[29]. Le 16 avril 1925, rejetant la nouvelle stratégie légaliste de Hitler, Röhm rompit alors les ponts, se retira du NSDAP et partit chercher l'aventure en

---

26 Adolf HITLER, *Mein Kampf*, Nouvelles éditions latines 1924.

27 Thierry FERAL, *Le nazisme en dates : novembre 1918-novembre 1945*, *opus cit.*

28 *Ibid.*

29 Ian KERSHAW, *Hitler*, Paris, Flammarion 1999.

Bolivie[30]. Hitler attendit un peu plus d'une année avant de proposer la réorganisation de la SA à Franz Pfeffer von Salomon[31] (1888-1968) au milieu de l'automne 1926[32]. Salomon était un vétéran de la Première Guerre mondiale. Il fut connu pour avoir organisé un mouvement de résistance afin de stopper l'occupation française de la Ruhr. Il était *Gauleiter* de Haute-Bavière. Hitler fit de Salomon le commandant de la SA après la conférence de Bamberg (*Bamberger Führertagung*) en 1926.

En mai 1927, Hitler prononça un discours offensif à l'attention des SA en rébellion contre Salomon. À l'issue de son discours, Hitler rejoignit les hommes groupés au pied de l'estrade et serra la main de chacun d'eux, les obligeant de la sorte à renouveler leur serment de loyauté envers lui. Finalement, Salomon fut remercié en 1930 en raison de désaccords avec Hitler sur le rôle de la SA, mais également en raison de son incapacité à empêcher Walter Stennes[33] (1895-1989), commandant de la SA de Berlin, d'occuper brièvement les bureaux du NSDAP dans la capitale suite à des divergences de vues au sujet de la place de la SA dans le mouvement nazi. Après le renvoi de Salomon, Hitler prit lui-même le commandement suprême de la SA.

La SA comptait à l'origine deux tendances, celle anticapitaliste et « de gauche » de l'Allemagne du Nord, et une seconde, la base du mouvement, située à Munich, moins orientée dans ces considérations idéologiques. Bien entendu, la création de cette milice correspondait

---

[30] *Ibid.*

[31] Franz Pfeffer von Salomon avait participé au putsch de Kapp ainsi qu'à des actions anti-françaises dans la Ruhr occupée.

[32] Ian KERSHAW, *Hitler, opus cit.*

[33] Charles DRAGE, *Als Hitler nach Canossa ging, Biografie des Walther Stennes*, Berlin 1982.

parfaitement à l'état de la société allemande de l'immédiate après-guerre gangrenée par la violence politique et le sombre chaos lié aux multiples actions révolutionnaires et contre révolutionnaires[34]. La République de Weimar fut en effet marquée, surtout lors des premières années par de nombreux événements comme la Révolte spartakiste[35], le putsch de Kapp[36], les insurrections communistes[37], les meurtres politiques perpétrés par l'Organisation Consul[38]. L'essor de la SA fut largement favorisée par les conséquences de la terrible crise de 1929, le chômage endémique et ses corollaires qui s'abattirent sur l'Allemagne[39]. La violence de la SA qui avait accompagné l'ascension

---

[34] Didier CHAUVET, *Hitler et le putsch de la brasserie : Munich, 8-9 novembre 1923, opus cit.*

[35] La révolte spartakiste de Berlin est le nom donné à la grève générale et aux combats qui l'accompagnèrent en Allemagne entre le 5 janvier et le 12 janvier 1919. Son déclenchement, puis sa répression par des corps francs sur ordre de Gustav Noske constitue l'un des principaux épisodes de la révolution allemande de 1918-1919. Pour le détail : Didier CHAUVET, *Hitler et le putsch de la brasserie : Munich, 8-9 novembre 1923, opus cit.*

[36] Le putsch de Kapp est une tentative de putsch réalisée entre le 13 mars et le 17 mars 1920 par le politicien Wolfgang Kapp avec l'aide d'une brigade commandée par le général von Lüttwitz. Kapp avait fondé en 1917 le Parti allemand de la patrie avec Alfred von Tirpitz et le général von Lüttwitz. Pour le détail : Didier CHAUVET, *Hitler et le putsch de la brasserie : Munich, 8-9 novembre 1923, opus cit.*

[37] Didier CHAUVET, *Hitler et le putsch de la brasserie : Munich, 8-9 novembre 1923, opus cit.*

[38] Créée en 1920 après l'échec du putsch de Kapp par le capitaine Ehrardt dans la brigade du corps franc qu'il commandait, elle était organisée en société secrète. Fondée sur le refus du Traité de Versailles, elle essaya de déstabiliser le système démocratique de la jeune république par des assassinats politiques. Pour le détail : Didier CHAUVET, *Hitler et le putsch de la brasserie : Munich, 8-9 novembre 1923, opus cit.*

[39] Didier CHAUVET, *Le nazisme et les Juifs : caractère, méthodes et étapes de la politique nazie d'exclusion et d'extermination*, Paris, L'Harmattan 2011.

politique de Hitler et du NSDAP dans les années 1920 ne diminua pas au début des années 1930. En juin 1932, par exemple, plus de 400 batailles de rues secouèrent les grandes villes allemandes en laissant derrière elles 82 morts et plus de 400 blessés graves[40]. Ces violentes bagarres de rues entre la SA et ses opposants communistes furent l'un des éléments qui aboutirent à un rejet de la République de Weimar par la population allemande, même s'il ne fut pas le seul élément, ni le principal. Cette violence récurrente aboutit néanmoins à la prise de mesures autoritaires décidées par le chancelier Franz von Papen[41] (1879-1969) durant la deuxième quinzaine du mois de juillet à la plus grande satisfaction de Hitler[42].

Fidèle de Hitler depuis l'origine, Ernst Röhm, qui tutoyait le *Führer*, fut rappelé le 30 novembre 1930 par son vieux camarade afin de reprendre en main la destinée de la SA, suite à la démission de Franz Pfeffer von Salomon et à l'intérim de Otto Wagener (1888-1971). Röhm souhaitait imprimer sa marque à la SA, la forger à son image, et en faire une organisation capable d'influer réellement sur la politique suivie par le NSDAP. Röhm caressait le projet de rendre la SA incontournable et espérait lui voir jouer un rôle majeur d'aiguillon dans la mise en place d'une politique socialisante du NSDAP à laquelle de si nombreux chômeurs, ouvriers, paysans et laissés pour compte de la société allemande, si profondément atteinte par la crise économique, étaient attachés. Initiateur de l'idée de fusionner la *Reichswehr* et la SA au bénéfice de cette dernière et

---

[40]William Laurence SHIRER, *Le IIIe Reich*, Paris, Stock 1990.
[41] Franz Joseph Hermann Michael Maria von Papen était issu d'une famille aristocratique. Il fut un officier de cavalerie, un diplomate (attaché militaire aux Etats-Unis de 1913 à 1915) et un homme politique allemand. Monarchiste à l'origine, catholique conservateur, il fut exclu du *Zentrum* pour avoir provoqué la chute du gouvernement Brüning.
[42]William Laurence SHIRER, *Le IIIe Reich, opus cit.*

partisan de la mise en place d'une révolution sociale menée parallèlement à la révolution nationale, Röhm draina dans son sillage de nombreux hommes qui se reconnaissaient dans ces objectifs[43]. Mais la SA permit aussi au NSDAP de pénétrer au cœur des quartiers ouvriers des grandes villes allemandes. Enfin, la violence « contrôlée » faisait de la SA un facteur politique indépendant de l'arithmétique parlementaire et, de ce fait, aucun gouvernement ne pouvait ignorer la force de Hitler, puisque celui-ci pouvait, à tout moment, porter le désordre dans les rues. La SA était bien une armée politique qui pouvait devenir un facteur de guerre civile.

Si les élections législatives de 1928 avaient permis l'élection au *Reichstag* de cent cinquante-trois députés[44] du SPD (*Sozialdemokratische Partei Deutschland*), le Parti social-démocrate d'Allemagne, les suffrages, à partir de 1929, se portèrent davantage vers des partis extrémistes. En mai 1929, le NSDAP obtint aux élections au *Landtag* de Saxe le double de voix que l'année précédente. En 1929, le NSDAP comptait déjà cent vingt mille adhérents, en 1930 deux cent dix mille[45]. En janvier 1930, Wilhelm Frick[46]

---

[43]Ian KERSHAW, *Hitler*, *opus cit.*

[44]Il s'agissait là d'un record.

[45] Kurt PÄTZOLD, Manfred WEISSBECKER, *Geschichte der NSDAP, 1920 bis 1945*, *opus cit.*

[46] Né dans une famille paysanne du Palatinat, fonctionnaire de police à Munich, Wilhelm Frick se rallia très tôt au national-socialisme, participant au putsch manqué de la brasserie à Munich en novembre 1923, ce qui lui valut d'être condamné à dix-huit mois de prison. Il faisait partie des proches collaborateurs de Hitler et lorsqu'il prit les fonctions de ministre de l'Intérieur et de l'Éducation de Thuringe en janvier 1930, il était alors le premier dirigeant nazi à accéder à un poste de ministre. Il demeura ministre de Thuringe jusqu'au 1er avril 1931. Le 30 janvier 1933, il entra au cabinet de Hitler, puis, le 1er mai 1934, il fut nommé ministre de l'Intérieur de Prusse. Les mesures du régime de cette époque, notamment la mise au pas des *Länder* effectuée avant

(1877-1946) fut le premier national-socialiste à décrocher le pouvoir en obtenant le poste de ministre de l'Intérieur et de l'Éducation du *Land* de Thuringe. Le 6 janvier 1930, le président Hindenburg sonda Alfred Hugenberg [47] (1865-1951), le leader du DNVP (*Deutschenationale Volkspartei*), le Parti national du peuple allemand, afin d'essayer de savoir si les nationaux-allemands accepteraient d'apporter un soutien direct ou indirect à un cabinet constitué par le président du *Reich*, dans l'hypothèse où la réforme des finances entraînerait une crise gouvernementale [48]. Les réponses d'Hugenberg et d'autres personnalités du même bord furent divergentes. Néanmoins, la dislocation de la large « coalition » qui allait du SPD jusqu'aux populistes de

---

le vote de la loi des pleins pouvoirs de février-mars 1933, étaient signées de son nom, de même que le décret de dissolution des partis du 14 juillet 1933. Il joua un rôle important dans la persécution des Juifs, les « lois de Nuremberg » votées en 1935, et le décret du 1er juillet 1943. Pendant les dernières années de la guerre, Wilhelm Frick, qui laissa le ministère de l'Intérieur à Heinrich Himmler, occupa le poste secondaire de *Reichsprotektor* de Bohême Moravie. En 1946, au procès de Nuremberg, il fut condamné à mort par le tribunal militaire international et exécuté le 16 octobre 1946. Pour les détails de la persécution des Juifs : Didier CHAUVET, *Le nazisme et les Juifs, opus cit.*

[47] Alfred Hugenberg fut, de 1909 à 1918, directeur des établissements Krupp. Ensuite, il créa sa société de presse, le *Hugenberg-Konzern*. Il fut élu député sous l'étiquette du DNVP (*Deutschenationale Volkspartei*) en 1919 et accéda à la présidence du parti en 1928. Très opposé à la République de Weimar, il s'engagea contre le Plan Young qui réglait la question des réparations. Il parcourut alors l'Allemagne, prononça de nombreux discours et participa à de multiples manifestations avec l'aide d'un certain nombre d'industriels. Il fit bénéficier Hitler de son carnet d'adresses. Au début du cabinet Hitler, il possédait une autonomie qui lui permit d'engager des réformes comme l'élévation des tarifs douaniers afin de protéger les produits allemands ou encore la protection des paysans contre les saisies judiciaires. Ensuite, à partir de mars 1933, son influence décrue au bénéfice de Schacht, et le DNVP connut une hémorragie d'adhésions en faveur du NSDAP.

[48] Heinrich-August WINKLER, *Histoire de l'Allemagne XIXe-XXe siècle : Le long chemin vers l'Occident*, Paris, Fayard 2005.

droite était inexorable. Lorsque le cabinet de Hermann Müller (1876-1931) chuta le 27 mars 1930 avec la démission du chancelier incapable de trouver une majorité pour le vote du budget de l'État, la République de Weimar fut dès lors dans l'incapacité de rebondir. Les gouvernements n'étaient plus soutenus que par une minorité de députés. De fait, le régime n'était plus un régime parlementaire. En effet, les trois gouvernements qui se succédèrent, ceux de Heinrich Brüning (1885-1970), de Franz von Papen et de Kurt von Schleicher (1882-1934), n'étaient plus que des gouvernements dits « présidentiels » qui ne vivotaient et subsistaient que par la confiance dont ils bénéficiaient auprès de président Hindenburg. Le *Reichstag* ne jouait plus qu'un rôle mineur. La situation politique était particulièrement instable et les partis extrémistes gagnèrent beaucoup de crédit auprès de la population allemande. La *Reichswehr* pour sa part demeurait le seul élément stable et exerçait une surveillance étroite sur le gouvernement[49]. Ce fut d'ailleurs sous l'insistance du général Schleicher, qui possédait beaucoup d'influence sur le président Hindenburg, que Brüning, qui appartenait au *Zentrum* (Centre catholique), obtint les rênes du gouvernement[50]. L'Allemagne totalisait alors plus de quatre millions de chômeurs. Le chômage connut d'ailleurs ensuite une ascension vertigineuse avec 5 668 000 chômeurs en décembre 1931, 6 128 000 chômeurs en février 1932 et 6 014 000 chômeurs en janvier 1933[51].

Heinrich Brüning avait un doctorat d'économie politique et avait servi en tant qu'officier pendant la Première Guerre mondiale. Catholique fervent, il se trouva en 1920 à la tête de l'union des syndicats chrétiens

---

[49] Klaus Jürgen MÜLLER, *Das Heer und Hitler, Armee und nationalsozialistisches Regime 1933-1940*, Stuttgart 1968.

[50] Detlev J. PEUCKERT, *La République de Weimar : années de crise de la modernité*, Paris, Aubier 1995.

[51] Philippe BOUCHET, *La république de Weimar*, Paris, Ellipses 1999.

d'Allemagne[52]. Il fut élu au *Reichstag* sous l'étiquette du *Zentrum* en 1924 (et jusqu'en 1933) et se hissa à la tête du groupe parlementaire en 1929 (1929-1930 puis 1932-1933). La césure profonde que marqua la chute du cabinet Müller et l'instauration des cabinets présidentiels marquèrent la société allemande. Ainsi, le 28 mars 1930, la *Frankfürter Zeitung* écrivit : « Un jour noir, doublement funeste parce que l'objet de la lutte, dans son insignifiance, entretient une disproportion grotesque avec de lourdes conséquences qui risquent d'en résulter[53]. » La droite parlementaire, mais aussi celle extraparlementaire, était favorable à ce changement politique majeur, seul susceptible d'après elle, d'en terminer avec l'État social de Weimar.

Le choix du président Hindenburg déboucha sur la mise en place d'un cabinet de « concentration bourgeoise » avec des hommes du *Zentrum*, des démocrates, des hauts fonctionnaires, des membres de l'aile agrarienne de la droite nationale en rupture avec Hugenberg. L'homme important de ce gouvernement était l'ancien général Wilhelm Grœner (1867-1939), ministre de la Défense, poste qu'il cumula avec celui de ministre de l'Intérieur à partir de 1931. Grœner imposa l'interdiction de la SA et de la SS, ce qui entraîna à droite de très vives réactions. Lorsqu'il soutint cette politique au *Reichstag*, Grœner fut pris à partie par Hermann Göring. Il essaya alors de se justifier en prenant la parole en personne. Il fut malmené par les élus nazis et sa santé défaillante (il souffrait de diabète) ne lui permit pas de faire efficacement front. Affaibli physiquement et politiquement, il se réfugia chez Schleicher qui lui conseilla de démissionner. Il en appela alors au président Hindenburg qui lui dit qu'il ne pouvait intervenir. Ce désaveu, l'humiliation, et sa santé, firent que Grœner ne réapparut pas sur la scène politique après sa démission le 30 mai 1932.

---

[52] Il occupa ce poste de 1920 à 1930.
[53] *Frankfürter Zeitung* du 28 mars 1930.

Les principaux objectifs de Brüning étaient le règlement de la question des réparations suite au traité de Versailles, la résorption de l'épineux et douloureux problème du chômage ainsi que l'assainissement du budget de l'État par le choix d'une politique déflationniste[54]. Si au début de son action, Brüning avait obtenu la confiance de la droite au *Reichstag* (252 voix contre 187), il fut ensuite mis en minorité le 16 juillet 1930 au sujet de la loi de finance.

De son côté, depuis l'échec du putsch de la brasserie en novembre 1923, Hitler continuait à suivre la ligne politique assez prudente qui était désormais la sienne. Certaines dissidences se firent jour au NSDAP à cette époque en raison du choix de cette stratégie. Par exemple, Otto Strasser fit sécession et monta le Front Noir[55] (*die Schwarze Front*) qui se voulait être une «école des officiers et des sous-officiers de la Révolution allemande». Ce Front Noir fut rejoint par certains membres du *Stahlhelm*[56] (Casque

---

[54] Herbert HÖMIG, *Brüning. Kanzler in der Krise der Republik*, Schöningh, Paderborn 1998.

[55] *Die Schwarze Front* ou NSKD, de l'allemand *National-Sozialistische Kampfgemeinschaft Deutschlands* (Communauté de combat national-socialiste d'Allemagne). N'ayant obtenu le soutien d'aucun dirigeant nazi d'envergure, et même désapprouvé par son frère Gregor, la scission d'Otto Strasser n'eut pas la moindre répercussion, et fut condamnée à rester, selon l'historien Ian Kershaw, une « petite secte de droite ». La base idéologique du mouvement était constituée par une synthèse de 2 textes: les *14 thèses sur la révolution allemande* d'Otto Strasser (1929) et du *Principe programmatique des nationaux-socialistes révolutionnaires* en 15 points d'un adjoint de Strasser, le commandant Buchdrücker. Cela fut adopté par le NSKD lors d'un congrès les 25 et 26 octobre 1930. Otto STRASSER, *Le Front noir contre Hitler,* 1968, coécrit avec Victor Alexandrov.

[56] *Stahlhelm, Bund der Frontsoldaten* (casque d'acier et Ligue des soldats du front) était une des nombreuses organisations paramilitaires, issues des *freikorps* (corps-francs), qui virent le jour après la défaite allemande de 1918. Le *Stahlhelm* fut fondé fin 1918 à Magdebourg par Franz Seldte. Cette organisation regroupait des anciens combattants de

d'acier). Otto Strasser parvint à provoquer quelques mutineries parmi la SA[57], mais il n'arriva jamais à faire réellement décoller son groupuscule. D'autres crises virent le jour au sein du mouvement nazi, ainsi, en 1930, une crise entre la SA et le parti secoua les milieux nazis. Il s'agissait d'un conflit relatif aux élections législatives de septembre 1930. En effet, Walter Stennes, l'un des principaux responsable de la SA dans l'est de l'Allemagne, essaya d'imposer le fait que plusieurs membres de la SA fussent placés en tête de liste dans des circonscriptions favorables aux nazis[58]. Mais, le NSDAP ne céda pas à la pression entraînant la démission le 12 août 1930 du commandant de la SA Pfeffer von Salomon[59]. Finalement, le ton montant largement en raison du jeu trouble de la SS, des SA investirent par la force les bureaux du NSDAP à Berlin, ce qui nécessita l'intervention de la police pour ramener le calme[60]. Hitler fut alors obligé de descendre personnellement dans l'arène et tint le 1er septembre une réunion au cours de laquelle il prononça un discours devant les SA berlinois et reprit les choses en main[61]. Mais, d'autres heurts entre SA, SS et NSDAP se produisirent les jours suivants à Augsbourg, Dachau, Hanau[62]. Lors de chacune de ces crises,

---

la Première Guerre mondiale frustrés par la défaite allemande de 1918 et les humiliantes mesures imposées par le traité de Versailles. Avec un nombre d'adhérents compris entre 500 000 et un million en 1930 (le nombre varie selon les sources) le *Stahlhelm* était la plus grande organisation paramilitaire d'Allemagne. George L. MOSSE, *Les Racines intellectuelles du IIIe Reich, La crise de l'Idéologie allemande,* Paris, Calmann-Lévy, 2006.

[57] Peter LONGERICH, *Die braunen Bataillone. Geschichte der SA*, Munich, Beck 1989.

[58] Peter LONGERICH, *Himmler*, Paris, éditions Héloïse d'Ormesson 2010.

[59] *Ibid.*

[60] *Ibid.*

[61] *Ibid.*

[62] Eberhart SCHÖN, *Die Entstehung des Nationalsozialismus in*

les autorités du parti bénéficièrent de la protection de la SS [63] . L'*Obergruppenführer SA* August Schneidhuber (1887-1934) rédigea le 30 novembre 1930 un mémorandum qui reprenait les critiques souvent développées dans les cercles dirigeants de la SA vis-à-vis de la direction du NSDAP : la SA n'avait pas à se retrouver sous le commandement de politiciens[64].

Le 7 mars 1931 à Munich, Hitler prit la parole devant les SA pour défendre sa conception de la marche à suivre, contestée à l'intérieur du mouvement : « On m'accuse d'être trop lâche pour combattre illégalement. Je ne suis certainement pas trop lâche pour cela. Je suis seulement trop lâche pour exposer les SA au tir des mitrailleuses. Nous avons besoin des SA pour des choses plus importantes, à savoir la construction du troisième *Reich.* Nous respecterons la Constitution et atteindrons tout de même notre objectif. La Constitution prescrit le droit d'accéder au pouvoir. Quant aux moyens que nous employons, c'est notre affaire[65]. »

Une seconde révolte conduite par le capitaine Walter Stennes éclata le 1er avril 1931[66]. Himmler écrivit plus tard au sujet de ces événements : « Les hommes de la SA n'étaient pas dans l'erreur, c'étaient seulement Herr Pfeffer et sa camarilla qui se trompaient, eux qui rêvaient de transformer les SA en corps franc chargé de la protection du NSDAP, d'intervenir ainsi sur les décisions politiques et occasionnellement de faire pression sur le *Führer*[67] ».

Hessen, Meisenham a. Glan 1972.

63 Peter LONGERICH, *Die braunen Bataillone. Geschichte der SA*, *opus cit.*

64 StA München, Pol. Dir. München 6822, 30 novembre 1930.

65 Peter LONGERICH, *Die braunen Bataillone. Geschichte der SA*, *opus cit.*

66 *Ibid.*

67 BAB, NS 19/2817, protocole de mémoire de Himmler sur le retrait

La SA recherchait à attirer le plus souvent des jeunes gens issus de la classe ouvrière et moyenne alors que la SS essayait davantage de séduire des hommes de conditions sociales plus élevées. Les désaccords entre la SA et la SS se poursuivirent si bien qu'à la fin 1932, Röhm fit la constatation dans une circulaire confidentielle adressée aux plus hautes instances de la SA ainsi qu'au *Reichsführer* SS, que de trop nombreuses plaintes au sujet de querelles SA/SS remontaient à ses oreilles et que pour régler ces problèmes il envisageait une réunion au plus haut niveau[68]. Les événements politiques qui suivirent en décembre 1932 et début 1933 ne lui en laissèrent pas le temps.

Cependant, en contrepartie de ces secousses internes, Hitler avait obtenu une certaine confiance de la droite «traditionnelle»[69]. Il avait notamment noué des liens avec le magnat de la presse Alfred Hugenberg, qui était également l'un des principaux actionnaires de la société de cinéma UFA [70]. Hitler entretenait aussi des rapports cordiaux avec le leader du syndicat patronal des mines de la Ruhr, Emil Kirdorf[71] (1847-1938). Lors des élections législatives du 14 septembre 1930, le NSDAP fut en net progrès en passant de douze députés élus au *Reichstag* à cent sept, avec un total de 6 400 000 voix soit 18, 3% des voix et une augmentation de 15,7% et 95 sièges de mieux. Le parti nazi devint le second parti d'Allemagne derrière le SPD et ses 24,5% et 143 sièges et 8 572 000 voix. Hermann Göring, Joseph Goebbels (1897-1945), Heinrich Himmler,

---

du haut responsable SA Pfeffer von Salomon en 1930, rédigé le 4 juin 1941 in Peter LONGERICH, *Himmler, opus cit.*

[68] Peter LONGERICH, *Die braunen Bataillone. Geschichte der SA, opus cit.*

[69] Eberhard KOLB dir., *Die Weimarer Republik*, Oldenbourg, Munich 2000.

[70] John TOLAND, *Adolf Hitler : The Definitive Biography,* New York, Doubleday 1976.

[71] *Ibid.*

Robert Ley (1890-1945), Sepp Dietrich[72] (1892-1966) et Alfred Rosenberg (1893-1946) figuraient parmi les nazis élus. Succès également des nazis aux élections régionales du Brunswick. Conforté par ces résultats électoraux, Hitler s'entretint avec Schleicher, lui proposa de respecter la neutralité de la *Reichswehr* et demanda en retour la libre disposition de ses troupes de combat[73]. Le gouvernement Brüning démissionna début octobre 1931. Le chancelier se succéda à lui-même et forma un gouvernement plus à droite que le précédent[74].

Le 11 octobre 1931 se déroula à Bad Harzburg[75] une vaste manifestation de la droite nationaliste qui vit se réunir Hitler, Hugenberg, Franz Seldte[76] (1882-1947), Heinrich Class[77] (1868-1953), Hjalmar Schacht[78] (1877-1970), Hans

---

[72] En 1932, Sepp Dietrich prit le commandement du *SS Begleit-Kommando Der Führer*, la garde rapprochée de Hitler, et fut nommé *Gruppenführer.* Après la nomination de Hitler en janvier 1933 au poste de chancelier, Sepp Dietrich reçut l'ordre de former une troupe militarisée, le *SS-Stabwache*, chargé de la protection de la chancellerie et embryon de la future Waffen SS. L'unité prit le nom de *Leibstandarte SS-Adolf Hitler*. Charles MESSENGER, *Hitler's Gladiator: The Life and Times of Oberstgruppenführer and Panzergeneral-Oberst Der Waffen-SS Sepp Dietrich,* Potomac Books, 1988.

[73]Ian KERSHAW, *Hitler, opus cit.*

[74] Herbert HÖMIG, *Brüning. Kanzler in der Krise der Republik, opus cit.*

[75]Bad Harzburg est une ville du centre de l'Allemagne.

[76] Franz Seldte fut le co-fondateur de l'organisation paramilitaire du *Stahlhelm, Bund der Frontsoldaten.*

[77] Johannes LEICHT, *Heinrich Claß 1868–1953. Die politische Biographie eines Alldeutschen,* Paderborn, Schöningh 2012,

[78] Hjalmar Schacht fut cadre bancaire à la *Dresdner Bank* jusqu'en 1916 avant de devenir directeur de la *Darmstadt Bank*. Grand technicien de la finance, il fut nommé Commissaire du *Reich* à la monnaie en 1923. Il stabilisa la situation économique en créant le *Rentenmark* puis le *Reichsmark*. Il démissionna de son poste de président de la *Reichsbank* en 1930 afin de marquer son désaccord au sujet du Plan Young sur les

von Seeckt[79] (1866-1936) et leurs nombreux sympathisants respectifs (NSDAP- DNVP- *Stahlhelm-Reichslandbund-Bund der frontsoldaten*). Le *Harzburger Front* fut ainsi créé. Cette réunion de l'ensemble de l'extrême-droite anti-républicaine déboucha sur un « Programme de Harzburg » qui exigeait le renvoi du chancelier Brüning, la tenue de nouvelles élections, le départ du président SPD (Braun) du Conseil de Prusse... Lors de cette manifestation, Hitler attira l'attention sur sa personne en quittant ostensiblement la tribune à l'instant où les hommes du *Stahlhelm* succédèrent au défilé de la SA[80]. Ce geste provocateur devait signifier à tous son indépendance à l'encontre de la « vieille » droite allemande. Il n'était alors plus question de savoir si Hitler allait obtenir le pouvoir, mais plus simplement s'il pourrait agir seul ou avec le nécessaire appui de la droite «traditionnelle».

La contestation des nazis au *Reichstag* était permanente. Ainsi, à titre d'exemple, afin de protester contre une interdiction du port de l'uniforme promulguée par le gouvernement de Prusse, les 107 députés nazis entrèrent, le 17 octobre 1930, dans l'hémicycle vêtus des chemises brunes de la SA. Gregor Strasser [81] (1892-1934),

---

réparations. Il se rapprocha alors des milieux nationalistes. Il aida beaucoup Hitler à séduire les banquiers et les industriels. Norman Edward PETERSON, *Hjalmar Schacht for and against Hitler. A Political Economic Study of Germany 1923-1945*, Boston, CPH 1954.

[79] Hans von Seeckt était un général, membre du *Reichstag* (DVP). Il posa les bases d'une *Reichswehr* forte et déguisa le commandement (un État-major étant interdit) sous le nom de *Truppenamt* (office des troupes).

[80] Larry Eugene JONES, *The Harzburg Rally of October 1931* in *German Studies Review* 29 (2006) S. 483-494.

[81] Pharmacien à Landshut, Gregor Strasser devint l'un des premiers membres du NSDAP. Il établit dans sa ville les premières sections du parti nazi et participa au putsch manqué de novembre 1923 à Munich. A la faveur de la détention de Hitler à Landsberg, Gregor Strasser, élu député à Berlin en 1924, fut un des principaux chef du mouvement, dans

responsable de l'organisation du *Reich* du NSDAP lança : « Nous sommes antiparlementaires par principe.[...] Nous sommes aujourd'hui pour la démocratie de Weimar, nous sommes pour la loi de protection de la République, tant que cela nous conviendra. Et nous réclamerons et maintiendrons toute position de pouvoir sur la base de cette démocratie, aussi longtemps que nous le voudrons[82]. » Le *Reichstag* n'avait plus aucun pouvoir et la politique de l'Allemagne était sous l'influence de groupes extra-parlementaires[83]. Les violences se succédaient dans les rues entre les groupes nazis et communistes. Mais, touchant presque au but, Hitler adopta, par pêché d'orgueil, une tactique qui ne s'avéra pas payante. En effet, en janvier 1932, Brüning lui soumit la proposition suivante: accepter la prorogation pour deux ans du mandat présidentiel de Hindenburg et ne pas recourir à une nouvelle élection[84]. En contrepartie de cet accord, Brüning se retirait de la chancellerie et Hitler était nommé chancelier[85]. Hitler, qui venait depuis peu d'obtenir la nationalité allemande en raison de sa nomination comme fonctionnaire d'État par le gouvernement nazi du *Land* de Brunswick, était persuadé de remporter l'élection

---

lequel il représentait l'aile gauche, favorable à un socialisme radical, et ainsi opposé à la politique « sociale » du *Führer*. Après avoir créé, en 1925, l'*Arbeiter Zeitung*, il fonda les SA de Berlin. Hitler et Strasser, bien que rivaux, firent un bout de chemin ensemble jusqu'au début des années 30. En dépit de son radicalisme, Strasser faillit, en décembre 1932, se laisser débaucher par le chancelier Schleicher, qui lui proposa les postes de vice-chancelier et de Premier ministre de Prusse, ce qui acheva de le brouiller avec Hitler. A la différence de son frère Otto, exclu du parti depuis 1930, il demeura en Allemagne après la prise du pouvoir de Hitler et fut tué lors de la Nuit des longs-couteaux.

[82] Heinrich-August WINKLER, *Histoire de l'Allemagne XIXe-XXe siècle : Le long chemin vers l'Occident, opus cit.*

[83] Philippe BOUCHET, *La république de Weimar, opus cit.*

[84] Christian BAECHLER, *L'Allemagne de Weimar, 1919-1933, opus cit.*

[85] *Ibid.*

présidentielle et il préféra refuser cet arrangement [86]. Finalement, la nouvelle élection présidentielle se déroula les 13 mars et 10 avril 1932. Malgré une campagne offensive, Hitler échoua au second tour face à Hindenburg qui était soutenu par les conservateurs mais également par la gauche non communiste. Cependant, les résultats du deuxième tour n'inspirèrent pas une joie sans partage au vainqueur. Hindenburg était profondément affecté de ne pas devoir son succès à la droite mais principalement aux sociaux-démocrates et aux catholiques. Il déversa sa rancœur sur l'homme qui l'avait soutenu activement pendant la campagne : Brüning. L'interdiction des SA et SS, en vertu du « décret-loi sur la sauvegarde de l'autorité de l'État » du 13 avril lui donna l'occasion de faire des reproches au chancelier. Cette interdiction avait été prononcée à l'instigation des ministres de l'Intérieur des principaux *Länder* — Prusse, Bavière, Wurtemberg, Bade, Hesse et Saxe — et reposait sur des documents concernant la politique militaire secrète des nationaux-socialistes, dont la police prussienne s'était emparée au cours de perquisitions courant mars. Au vu de ces documents, le général Schleicher, chef du service ministériel au ministère de la *Reichswehr*, avait lui aussi recommandé l'interdiction de la SA et de la SS. Mais il changea d'avis avant le second tour de l'élection. Par l'intermédiaire du colonel Oskar von Hindenburg (1883-1960), le fils du président, il réussit à convaincre le vieux maréchal que cette mesure n'était pas opportune, car elle ne pouvait que provoquer un nouveau conflit entre Hindenburg et la droite. Le président signa finalement le décret-loi à contrecœur. L'évolution de la position de Schleicher envers Brüning était principalement en rapport avec l'interdiction de la SA, mais pas uniquement. En effet, il était convaincu depuis déjà quelques temps qu'il

[86] Peter LONGERICH, *Die erste Republik : Dokumente zur Geschichte des Weimarer Staates,* Munich, Piper 1992.

serait difficile de trouver des solutions sans le NSDAP. Il rencontra dans ce sens Hitler le 28 avril puis le 7 mai[87]. L'objet de ces discussions était de savoir si le NSDAP accepterait de tolérer un gouvernement remanié ou un nouveau gouvernement de tendance de droite marquée. Hitler donna son accord mais uniquement si plusieurs conditions se trouvaient réunies : dissolution du *Reichstag*, nouvelles élections et bien entendu levée de l'interdiction qui frappait la SA et la SS[88]. Schleicher fit passer ces informations à Hindenburg[89]. Mais le président refusait d'entendre parler de Hitler pour le poste de chancelier.

À la suite de l'échec de Hitler à l'élection présidentielle, le gouvernement parvint à dégager une courte marge d'action et, malgré les fortes réticences du président Hindenburg, l'interdiction de la SA et de la SS fut décidée dans « l'intérêt de l'autorité de l'État[90] ». Cette mesure fut prise avec l'accord de la *Reichswehr*[91]. De son côté, Schleicher se rapprocha de Gregor Strasser et essaya d'appuyer son action sur les milieux syndicalistes[92]. Après une période agitée, Hitler remit la main complète sur le mouvement nazi et des succès électoraux comme celui du 24 avril 1932 au *Landtag* de Prusse vinrent asseoir son autorité.

Les mesures monétaires et politiques voulues par Brüning échouèrent ce qui entraîna une vive augmentation de la pauvreté et du chômage et renforcèrent l'audience des

---

[87] Friedrich-Karl von PLEHWE, *Reichskanzler Kurt von Schleicher. Weimars letzte Chance gegen Hitler,* Berlin, Ullstein 1990.
[88] *Ibid.*
[89] *Ibid.*
[90] Peter LONGERICH, *Die erste Republik : Dokumente zur Geschichte des Weimarer Staates, opus cit.*
[91] Eberhard KOLB dir., *Die Weimarer Republik, opus cit.*
[92] Peter D. STACHURA, *Gregor Strasser and the Rize of Nazism*, Allen & Unwin, 1983.

partis extrémistes[93]. Le 29 mai, Hindenburg demanda à Brüning la démission de son gouvernement. Sans prendre la peine d'engager des consultations, Brüning démissionna officiellement de ses fonctions le 30 mai 1932[94]. Le départ du chancelier Brüning fut une surprise pour une grande majorité de la population allemande [95]. De tous les chanceliers de la République de Weimar, Brüning fut celui dont l'image fut la plus mouvante. En effet, certains prétendirent qu'il avait ébranlé les bases de la démocratie permettant ainsi, sans l'avoir recherché, l'ascension de Hitler. D'autres, par contre, voyaient en lui une alternative conservatrice au système parlementaire en déliquescence aussi bien qu'à la dictature nazie. Comme le souligne l'historien Heinrich Winkler : « Cette deuxième interprétation fait de la politique de Brüning, dans ses grandes lignes, une nécessité historique et considère que sa chute seule a engagé l'Allemagne sur le chemin menant à la catastrophe[96]. » La chute de Brüning fut une importante rupture historique. En effet, ce fut à compter du 31 mai 1932 la fin de la première période du régime présidentiel, plutôt modéré et encore toléré par le *Reichstag*. Ensuite, s'ouvrit une deuxième période, particulièrement autoritaire et antiparlementaire.

Le cabinet Papen succéda alors au cabinet Brüning pour une courte période. Papen avait la réputation d'être un homme ambitieux, sournois et superficiel[97]. Le diplomate français André François-Poncet[98] (1887-1978) écrivit que « ni ses amis, ni ses ennemis ne le prenaient tout à fait au

---

[93] Herbert HÖMIG, *Brüning. Kanzler in der Krise der Republik, opus cit.*

[94] *Ibid.*

[95] *Ibid.*

[96] Heinrich-August WINKLER, *Histoire de l'Allemagne XIXe-XXe siècle : Le long chemin vers l'Occident, opus cit.*

[97] Philippe BOUCHET, *La république de Weimar, opus cit.*

[98] Ambassadeur à Berlin de 1931 à 1938.

sérieux ». Papen fut exclu du *Zentrum* le 3 juin 1932 pour avoir favorisé la chute du gouvernement Brüning. Fils d'un riche propriétaire terrien, Papen reçut une formation militaire avant d'embrasser une carrière diplomatique (Washington, Mexico). Il fut ensuite élu député au Parlement de Prusse en 1921. Il faisait partie de l'aile droite du *Zentrum* et avait apporté en 1925 son soutien à la candidature de Hindenburg. Le choix de Papen ne pouvait être cohérent que dans la mesure où il débouchait sur une grande réforme de la Constitution ou sur le retour de la monarchie. Ce nouveau cabinet, dit cabinet des barons (*das Kabinett der Barone*) en raison de sa composition, comprenait en effet sept aristocrates et six membres issus de la bourgeoisie. L'équipe gouvernementale était totalement favorable aux intérêts des grands industriels. Le député SPD Julius Leber (1891-1945) écrivit même dans son journal : « la clique des aristocrates de l'ancienne Prusse est de retour » (*Die altpreussische Adelsclique ist wieder da*). Le principal problème du nouveau cabinet résidait là encore dans son absence totale de majorité favorable au *Reichstag*. Ce gouvernement fut mis en minorité le 12 septembre 1932 par cinq cent treize voix contre seulement trente-deux en sa faveur. Un constat édifiant. Sachant parfaitement que ce gouvernement ne tenait qu'à un fil ténu et ne possédait absolument aucune légitimité électorale, le président Hindenburg rencontra Hitler, Göring et Röhm afin d'obtenir de la part des nazis une sorte de « trêve », une mise en retrait de leurs actions contre le gouvernement. Hitler posa alors ses conditions : dissolution du *Reichstag*, organisation de nouvelles élections, rétablissement de l'autorisation de la SA et de la SS, possibilité pour le NSDAP d'utiliser les émissions de radio. Papen céda aux désirs de Hitler. Cependant, la levée de l'interdiction de la SA provoqua une vive recrudescence de l'agitation sociale qui obligea Papen à décider de mettre en place la loi martiale à Berlin. D'autre part, Papen engagea parallèlement à la satisfaction des revendications des nazis la suspension du gouvernement social-démocrate de Prusse. Comme le souligne Ian Kershaw : « la destruction du bastion prussien sans coup férir fut l'œuvre des conservateurs, non pas des nazis. Mais elle servit de modèle à la prise du pouvoir dans les États plus de six mois avant que Hitler ne devînt chancelier[99] ». Mais Papen et son équipe perdirent rapidement tout crédit et tout soutien. Papen obtint finalement la dissolution du *Reichstag* mais les possibilités de succès électoral étaient faméliques. Devant ce constat, il reprit alors des négociations avec les émissaires de Hitler. L'Allemagne était alors en proie à une importante agitation. Comme le souligne l'historien Joseph Rovan : « [...] une grande partie du patronat, fidèle à l'esprit de la Ligue contre la social-démocratie d'avant la guerre de 1914, voulait en finir avec le pouvoir direct ou indirect des socialistes et surtout avec les syndicats qui, appuyés sur les députés sociaux-démocrates, « se mêlaient de tout dans l'entreprise et dressaient les ouvriers contre leurs patrons ». Les industriels voulaient redevenir comme avant 1914 et, mieux encore, maîtres dans leur propre maison. Tous ces mécontents comptaient sur le maréchal [Hindenburg] et ses ministres pour sauver l'essentiel et rétablir un État fort. Hitler leur promettait de les débarrasser de la vermine syndicale. Mais Papen n'avait pas été nommé pour mener la guerre contre le syndicalisme ni pour livrer l'État à Hitler. Pour profiter des sympathies que son action (y compris le succès dans la négociation avec les Alliés sur les réparations où il engrangea le succès préparé par Brüning) et une première lente réduction du chômage pouvaient lui procurer, il obtint alors du maréchal un second décret de dissolution [100][...] »

---

[99]Ian KERSHAW, *Hitler, opus cit.*

[100] Joseph ROVAN, *Histoire de l'Allemagne : des origines à nos jours,*

Hindenburg ne crut jamais à la réussite de Papen. Ainsi, il déclara à Brüning lors d'une entrevue : « Nous avons enfin un gouvernement tel que je l'ai toujours souhaité ; mais j'ai une fois de plus été trompé. Ce chancelier [Papen] n'y arrivera jamais, [...] Vous auriez dû rester, et tout serait resté dans l'ordre[101] ».

Au printemps 1932, Hitler rencontra le général Walter von Reichenau [102] (1884-1942). Les deux hommes conversèrent longuement et chacun trouva dans les paroles de l'autre des motifs d'intérêts[103]. Ainsi, Hitler se rendit compte que Reichenau ne repoussait pas son approche radicale, et Reichenau trouvait avec le NSDAP les moyens de promouvoir un renouveau révolutionnaire vers lequel lui-même tendait[104]. La bonne entente des deux hommes ne se démentit pas par la suite.

Pendant l'été 1932, Hitler confia à un cercle restreint de dirigeants du NSDAP que : « La société sans classes des marxistes est une folie. L'ordre implique toujours une hiérarchie. Mais la conception démocratique d'une hiérarchie basée sur l'argent n'est pas une moindre folie. Une véritable domination ne peut naître des bénéfices

---

Paris, Seuil 1994.

[101] *Informationen zur politischen Bildung*, 109/110, p.38.

[102] Walter von Reichenau combattit lors de la Première Guerre mondiale, puis s'engagea dans un corps-franc qui lutta en Silésie contre les Polonais. Il poursuivit ensuite une brillante carrière militaire et fut nommé chef de bureau du général Blomberg alors ministre de la Défense. Il œuvra à l'endoctrinement nazi au sein de la *Reichswehr*. Il participa plus tard à la Campagne de Pologne, à la Campagne de France et fut promu *Generalfeldmarschall* (plus jeune *Generalfeldmarschall* de l'Allemagne moderne). Il fut impliqué dans l'opération Barbarossa avant de mourir d'un arrêt cardiaque en 1942.

[103] Klaus-Jürgen MÜLLER, *Das Heer und Hitler. Armee und nationalsozialistisches Regime 1933-1940, opus cit.*

[104] *Ibid.*

hasardeux réalisés par la spéculation des gens d'affaires. Le secret de notre succès est précisément d'avoir rétabli au centre de la lutte politique, la loi vitale de la véritable domination. La véritable domination ne peut naître que là où se trouve la véritable soumission. Il ne s'agit point de supprimer l'inégalité parmi les hommes, mais au contraire de l'amplifier et d'en faire une loi protégée par des barrières infranchissables comme dans les grandes civilisations des temps antiques. Il ne peut y avoir de droit égal pour tous. Nous aurons le courage de faire ceci non seulement la maxime de notre conduite, mais encore de nous y conformer. C'est pourquoi je ne reconnaîtrai jamais aux autres nations le même droit qu'à la nation allemande. Notre mission est de subjuguer les autres peuples. Le peuple allemand est appelé à donner au monde la nouvelle classe de ses maîtres[105]. »

La campagne électorale de l'été 1932 fut la plus violente que l'Allemagne eût jamais vue. Toutes ces violences émanaient de la SA ou des groupes communistes. En effet, après la levée de l'interdiction de la SA on vit, et notamment dans les régions industrielles du Rhin et de la Ruhr, de sanglants combats de rue[106]. Pendant la première quinzaine de juin, on nota trois morts en Prusse suite à ces affrontements entre nationaux-socialistes et communistes[107]. Pendant la seconde quinzaine, soit après le retour officiel de la SA sur la scène publique, on totalisa 17 morts. Le mois de juillet fut encore plus terrible avec 86 morts, presque équitablement répartis dans chaque camp[108], sans

---

[105] Hermann RAUSCHNING, *Gespräche mit Hitler*, n/a 1997.
[106] Karl Dietrich BRACHER, Manfred FUNKE, Hans JACOBSEN, *Die Weimarer Republik 1918-1933. Politik- Wirtschaft- Gesellschaft,* Düsseldorf, Droste 1998.
[107] *Ibid.*
[108] *Ibid.*

compter les centaines de blessés. Les nouvelles élections du 31 juillet 1932 permirent au NSDAP de récolter 37,2% des voix et de briguer clairement le pouvoir.

Le 6 août 1932, après de multiples discussions avec Goebbels, Hitler rencontra en secret Schleicher à Füstenberg, au nord de Berlin [109]. Hitler demanda la chancellerie pour lui-même, le ministère de l'Intérieur pour Frick, l'Air pour Göring, le Travail pour Strasser et le ministère de l'Education du peuple pour Goebbels[110]. Mais Hindenburg rejeta en bloc les vœux de Hitler, toujours aussi peu disposé qu'il était à confier les rênes de l'Allemagne à un homme pour lequel, à ce moment-là, il n'éprouvait aucune confiance et dont il doutait de la capacité à gouverner.

Le 10 août 1932 se déroula la fameuse affaire de Potempa qui plaça Hitler dans une situation inconfortable dont il parvint à déjouer tous les pièges pour en sortir vainqueur. En effet, ce jour-là un groupe de SA fut mêlé à l'assassinat d'un chômeur sympathisant communiste au cœur du village de Potempa, en Silésie[111]. Cet assassinat se noya d'abord dans la multitude des violences politiques qui émaillèrent l'été 1932, avant de se retrouver sur le devant de la scène en raison de l'entrée en vigueur du décret d'urgence décidé par le cabinet Papen. En effet, dans le but de ralentir le terrorisme politique, ce décret prévoyait la peine de mort

---

[109] Ian KERSHAW, *Hitler, opus cit.*

[110] Joseph GOEBBELS, *Journal,* entrée du 5 aout 1932, Paris, Tallandier 2006.

[111] Paul KLUKE, *Der Fall Potempa.* In Vierteljahrshefte für Zeitgeschichte, München, 5 (1957), S. 279 ff. http://www.ifz-muenchen.de/heftarchiv/1957_3.pdf, ainsi que Klaus RÜFFLER, *Vom Münchener Landfriedensbruch bis zum Mord von Potempa: Der „Legalitätskurs" der NSDAP.* Lang, Francfort/Berlin 1994

pour les personnes responsables d'assassinats politiques[112]. Le procès des SA incriminés se tint du 19 au 22 août à Beuthen et fut largement couvert par la presse. À la fin des plaidoiries, cinq des accusés se virent condamnés à la peine de mort. Les nazis se révoltèrent contre ce verdict qu'ils mirent en parallèle avec le verdict plus clément dont bénéficièrent deux *Reichsbanner*[113] pour l'assassinat de deux SA à Ohlau le mois précédent. Edmund Heines[114] (1897-1934), le responsable local de la SA prit l'initiative de conduire un mouvement de protestation et ses violents discours entraînèrent du vandalisme anti-Juifs ainsi que l'occupation des bureaux du journal local du SPD[115]. De son côté, Göring déclara publiquement tout le bien qu'il pensait des condamnés et s'occupa de récolter de l'argent pour les familles[116]. Röhm ne demeura pas en retrait dans cette affaire et rendit lui-même visite aux cinq hommes dans leurs cellules[117]. Finalement, même Hitler entra dans la partie puisque le 22 août il envoya un télégramme de soutien aux condamnés : « Mes camarades ! Au vu de ce verdict sanglant (*Bluturteil*) des plus monstrueux, je me sens lié à vous par une indéfectible loyauté. Votre liberté est

---

[112] Ian KERSHAW, *Hitler, opus cit.*

[113] La *Reichsbanner Schwarz-Rot-Gold* était une organisation paramilitaire et militante composée initialement d'anciens combattants ayant pour objectif de lutter pour la défense de la République de Weimar. Fondée par les partis membres de la coalition de Weimar, et leurs syndicats, elle devait défendre la République à la fois des menaces d'extrême-gauche et d'extrême droite qui pesaient sur elle et compta jusqu'à 3 millions de membres réservistes prêts à prendre les armes pour défendre les institutions en cas de menace imminente.

[114] De 1931 à 1934, Edmund Heines fut SA-*Führer* de Silesie et suppléant de Röhm, devenant ainsi le deuxième personnage le plus important de la SA. En mai 1933, il fut de plus nommé chef de la police de Breslau.

[115] Ian KERSHAW, *Hitler, opus cit.*

[116] *Ibid.*

[117] *Ibid.*

désormais pour nous une question d'honneur. Il est de notre devoir de combattre un gouvernement qui a rendu cela possible[118]. » Au terme de la campagne nazie, Papen finit par céder et commua les peines de mort en prison à perpétuité, tout en reconnaissant que cette décision était bien davantage politique que légale[119]. Dès mars 1933, les nazis au pouvoir amnistièrent l'assassinat de Potempa[120].

Le 13 août 1932, Hitler, qui avait fait se rassembler de nombreuses unités de la SA autour de la capitale, rencontra Schleicher en compagnie de Röhm et de Frick[121]. Ensuite, il rencontra Papen qui lui apprit que le président n'envisageait toujours pas de le nommer chancelier[122]. Alors, Papen, constamment à l'affût de nouvelles solutions pour rebondir, proposa à Hitler, sans y être formellement autorisé, le poste de vice-chancelier[123]. Papen alla même plus loin en annonçant à Hitler qu'il se désisterait en sa faveur après une période de collaboration fructueuse et lorsque Hindenburg aurait confiance en lui[124]. Hitler ne voulut rien entendre et repoussa l'offre de Papen. Pour lui, c'était la chancellerie ou rien. Hitler rencontra Hindenburg dans l'après-midi en présence de Papen, Otto Meissner[125]

---

[118] Max DOMARUS, *Hitler. Reden und Proklamationen 1932-1945*, 2 vol., Wiesbaden 1973. Le télégramme est daté du 23 août 1932, jour de sa parution dans la presse.
[119] Franz von PAPEN, *Memoirs*, Londres, Dutton, 1953.
[120] Paul KLUKE, *Der Fall Potempa, opus cit.*
[121] Eberhard KOLB dir., *Die Weimarer Republik, opus cit.*
[122] Heinrich-August WINKLER, *Histoire de l'Allemagne XIXe-XXe siècle : Le long chemin vers l'Occident, opus cit.*
[123] *Ibid.*
[124] *Ibid.*
[125] Otto Meissner fut chef de Cabinet puis secrétaire d'État en 1923. Il fut ensuite secrétaire particulier d'Hindenburg et de Papen. Sous le troisième *Reich*, il accéda au rang de ministre d'État et, à ce titre, fut arrêté par les Alliés le 23 mai 1945. Il fut jugé à Nuremberg lors du procès des ministères, et acquitté le 14 avril 1949.

(1880-1953), Röhm et Frick. Cette rencontre se solda par un échec retentissant pour Hitler, certainement le plus terrible de sa carrière politique avec l'échec du putsch de la brasserie en 1923. D'après les notes de Meissner, Hindenburg prononça un « "non" clair et résolu » au moment où Hitler demanda la chancellerie[126]. « Devant Dieu, devant sa conscience et sa patrie, il ne pouvait prendre la responsabilité de confier l'intégralité du pouvoir gouvernemental à un seul parti et moins encore à un parti qui s'oppose à tous ceux qui ne pensent pas comme lui. S'y ajoutait toute une série d'autres raisons qu'il ne souhaitait pas exposer dans le détail, telles que le risque d'une aggravation des troubles, l'effet sur l'étranger, etc.[127] » Un communiqué officiel très bref fut publié pour annoncer que le président avait refusé de confier le poste de chancelier à Hitler car : « en toute conscience et en raison de ses devoirs à l'égard de la patrie, il ne pouvait prendre la responsabilité de remettre exclusivement au mouvement national-socialiste l'intégralité du pouvoir de l'État, un pouvoir que celui-ci avait l'intention d'employer avec partialité[128] ». Hitler sortit furieux de son entrevue avec le président et il s'en prit vivement à Papen et Meissner pour ne pas l'avoir averti que la religion d'Hindenburg était faite. Il annonça aux deux hommes qu' « en tout état de cause l'avenir conduirait inéluctablement à la solution qu'il avait proposée, ou à la chute du président du *Reich*. Le gouvernement se trouverait en fâcheuse posture : l'opposition serait très vive et il n'était pas responsable de ce qui pourrait advenir[129] ».

---

[126] Otto MEISSNER, *Staatssekretär unter Ebert, Hindenburg, Hitler. Der Schicksalsweg des deutschen Volkes von 1918 – 1945. Wie ich ihn erlebte*, Hambourg, 1951.

[127] Wolfram PYTA, *Hindenburg. Herrschaft zwischen Hohenzollern und Hitler*, Munich, Siedler 2007.

[128] *Ibid.*

[129] Karl Dietrich BRACHER, *Die Auflösung der Weimarer Republik. Eine Studie zum Problem des Machtverfalls in der Demokratie*,

Comme aucune majorité cohérente ne se dégageait du scrutin, Papen demanda à Hindenburg une nouvelle dissolution, qu'il ne parvint pas à faire appliquer devant les députés en raison de l'attitude de Göring, président de séance, qui ne lui donna pas la possibilité de communiquer le message de dissolution, faisant voter une motion de censure proposée par les communistes et les nazis. Le résultat était cependant équivalant et de nouvelles élections furent organisées en novembre 1932. Ces élections furent un échec relatif pour Hitler et le NSDAP puisque le parti nazi enregistra une perte de 4,2% et de trente-quatre sièges de députés. Ne pouvant réunir les conditions nécessaires pour gouverner, Papen présenta sa démission le 17 novembre 1932. Face à cette nouvelle situation, Hindenburg appela au bout du compte le général Schleicher à la chancellerie le 2 décembre 1932. Il fut le dernier chancelier de la République de Weimar avant l'arrivée de Hitler aux affaires. Kurt von Schleicher était le fils d'un officier prussien. Il entra à l'école des officiers de Lichterfelde en 1896 et il rencontra Paul von Hindenburg à l'académie de guerre. Il participa à la Première Guerre mondiale et termina le conflit en tant que commandant. Il fut ensuite nommé directeur du bureau politique du ministère de la Guerre. Il œuvra avec Eugen Ott[130] (1889-1977), Fedor von Bock [131] (1880-1945) et Kurt von Hammerstein[132] (1878-1943) au réarmement secret de la *Reichswehr*[133]. Il fut ensuite avec Oskar von Hindenburg,

---

Düsseldorf, Droste 1984.

[130] Jürgen W. SCHMIDT, *Eugen Ott - Freund und Quelle von Richard Sorge.* In: Heiner TIMMERMANN, *Spionage, Ideologie, Mythos - der Fall Richard Sorge.* LIT Verlag, Münster 2005.

[131] Klaus GERBET, *Generalfeldmarschall Fedor von Bock. Zwischen Pflicht und Verweigerung – Das Kriegstagebuch.* Munich, Herbig 1995.

[132] Hans Magnus ENZENSBERGER, *Hammerstein oder Der Eigensinn. Eine deutsche Geschichte.* Francfort, Suhrkamp 2008.

[133] Rainer WOHLFEIL, *Reichswehr und Politik 1918–1933.* Deutsche

Otto Meissner et Wilhelm Grœner à la base de l'idée du gouvernement présidentiel qui était basée sur les articles 25, 48 et 53 et qui aboutit à la formation en mars 1930 du premier cabinet Brüning. Le 1er juin 1932, il devint ministre de la Défense au sein du cabinet de Papen. Schleicher qui n'était pas un démocrate se rendait néanmoins parfaitement compte que l'Allemagne ne reviendrait jamais à la monarchie d'avant-guerre. Son action fut de très courte durée. Il essaya de mettre en pratique une politique différente de celle de Papen à l'endroit des nazis. Dans un premier temps, il s'attela à diviser le NSDAP en jouant la carte de Gregor Strasser auquel il proposa un poste de ministre. Strasser se montra très intéressé par la proposition du nouveau chancelier, mais il y renonça au tout dernier moment, notamment en raison de la virulence des menaces proférées par Goebbels[134]. Mais, ne désarmant pas pour autant, Schleicher envisagea alors d'interdire simultanément le NSDAP et le KPD (*Kommunistische Partei Deutschland*), le Parti communiste d'Allemagne, de suspendre *sine die* le *Reichstag* et de mettre en place une dictature militaire soutenue par un syndicat unique. Il voulait réunir les syndicats chrétiens et socialistes, en dehors des formations politiques, au sein d'une dictature du socialisme national [135] . Beaucoup de dirigeants syndicalistes hésitèrent[136]. Mais, sous la pression du SPD, les responsables du ADGB, *Allgemeine Deutsche Gewerkschaftsbund* (Confédération Générale Syndicale Allemande), repoussèrent finalement le projet proposé par Schleicher. Cette guerre frontale avec les nazis voulue par le nouveau chancelier était susceptible de déboucher sur

---

Militärgeschichte VI, Munich 1983.

[134]Claude DAVID, *Hitler et le nazisme*, Paris, PUF 1979.

[135] Joseph ROVAN, *Histoire de l'Allemagne : des origines à nos jours, opus cit.*

[136]*Ibid.*

une guerre civile mais avait l'appui d'une large partie de la *Reichswehr*[137], à l'exception d'officiers proches du NSDAP comme le général Werner von Blomberg[138] (1878-1946). Cependant, les idées de Schleicher se heurtèrent au souci de la légalité qui animait le président Hindenburg à ce moment-là, ainsi qu'aux agissements de Papen qui œuvra largement en coulisse à l'échec de Schleicher et de ses idées. Afin d'avoir un peu de marge de manœuvre, Schleicher demanda au président le décret de dissolution du *Reichstag*, mais Hindenburg refusa malgré les arguments pertinents développés par Schleicher.

Après l'échec des entretiens entre Schleicher et Strasser, Papen et Hitler se rencontrèrent le 4 janvier 1933 à Cologne, dans l'appartement du riche banquier Kurt von Schröder, avec la bénédiction du président Hindenburg[139]. Il s'agissait de préparer d'ores et déjà l'après Schleicher et d'élaborer une première ossature d'un nouveau gouvernement. Selon l'historien Heinrich Winkler : « L'hypothèse selon laquelle

---

[137]Claude DAVID, *Hitler et le nazisme, opus cit.*

[138] Werner von Blomberg était le fils d'un militaire. Il fit une carrière militaire en Prusse et entra à l'Académie de Guerre à Berlin en 1907 puis à l'Etat major en 1910. Il passa la guerre à l'État-major et en 1919 entra au ministère de la Guerre de la *Reichswehr* où il s'occupa de la formation des soldats. Il fit la connaissance de Hitler en août 1930. Il participa au réarmement clandestin de l'Allemagne. En 1933, Hitler le nomma ministre de la Guerre sur ordre du Président Paul von Hindenburg. Il le demeura jusqu'en 1938. En 1936, il fut nommé maréchal. En janvier 1938, il épousa Erna Gruhn, une ancienne prostituée. Hitler se saisit de cette occasion pour se débarrasser de lui. Le 4 février, Werner von Blomberg se retira de toute activité politique et fut congédié de l'armée, en même temps que Werner von Fritsch. Il fut remplacé par Wilhelm Keitel à la tête d'une nouvelle administration militaire, l'OKW. En 1945, Blomberg fut interné par les Alliés et cité comme témoin au tribunal de Nuremberg. Il mourut le 22 mars 1946 dans un hôpital militaire américain. Cf Kirstin A.SCHÄFER, *Werner von Blomberg -Hitlers erster Feldmarshall,* Schöningh, Paderborn 2006.

[139] Peter LONGERICH, *Himmler, opus cit.*

Hitler ne se serait pas opposé catégoriquement à une solution intérimaire sous la direction nominale de Papen à la chancellerie est confirmée par les informations que l'ancien chef du gouvernement laissa transpirer confidentiellement au cours des journées suivantes. Le 7 janvier, quand Papen rencontra à Dortmund les grands industriels Gustav Krupp (1870-1950), Hermann Reusch (1896-1971), Fritz Springorum (1886-1942) et Albert Vögler (1877-1945) pour les informer de ce qui s'était passé à Cologne, il leur donna l'impression qu'Hitler accepterait un simple rôle d' « associé » dans un cabinet dominé par les forces conservatrices [140] . » Une telle solution convenait parfaitement à l'aile droite de l'industrie lourde. Si Papen obtenait la réalisation de cette solution, il pouvait alors se trouvait assuré du soutien de plusieurs grands patrons, même si Krupp n'était pas dans cette optique, pas plus que le *Reichsverband der Deutschen Industrie*[141] duquel il était à la tête. En effet, malgré quelques réserves à l'égard de Schleicher, cette confédération ne voyait aucune raison d'échanger le gouvernement en place contre un cabinet dont on pouvait redouter qu'il n'aggravât encore l'agitation politique au sein de la population. Le 18 janvier, Papen et Hitler se rencontrèrent à nouveau dans la villa berlinoise de Joachim von Ribbentrop[142] (1893-1946). Röhm et Himmler étaient également présents. Hitler demanda à cette occasion le poste de chancelier que Papen n'était pas prêt à lui accorder[143]. Finalement, Papen changea d'avis quelques

---

[140] Heinrich-August WINKLER, *Histoire de l'Allemagne XIXe-XXe siècle : Le long chemin vers l'Occident*, *opus cit.*

[141] Gustav Krupp en fut le président de 1931 à 1934 .

[142] Henry TURNER, *Hitlers Weg zur Macht. Der Januar 1933*, Munich, Beck 1997. Joachim von Ribbentrop fut ambassadeur d'Allemagne de 1936 à 1938, puis ministre des Affaires étrangères du 4 février 1938 au 30 avril 1945. Il fut condamné à mort lors du procès de Nuremberg en 1946.

[143] *Ibid.*

jours plus tard et fit tout pour influencer le président Hindenburg[144]. Le 22 janvier 1933, sans que Schleicher fût mis au courant, Hindenburg chargea Papen de négocier avec Hitler la nomination de ce dernier au poste de chancelier [145]. Le 23 janvier, Schleicher demanda à Hindenburg de déclarer l'état d'urgence. Mais la politique fiscale énergique de Schleicher s'était attaquée aux grands domaines des propriétaires prussiens et aux industriels, ce qui avait irrité Hindenburg et le président n'était donc pas disposé à satisfaire Schleicher. Ne voyant aucune possibilité crédible se profiler pour poursuivre sereinement son action, Schleicher déclara devant ses ministres qu'à ses yeux la solution Hitler serait moins dangereuse que la solution Papen ou Hugenberg car « ayant contre elle la volonté virulente des larges masses, elle pourrait [la solution Papen] entraîner rapidement une crise de l'État et de la présidence du *Reich*[146] ». Finalement, le 28 janvier, Schleicher annonça laconiquement sur les ondes qu'il quittait son poste et « recommandait » la personne de Hitler pour lui succéder[147]. La rivalité exacerbée entre Papen et Schleicher permit incontestablement à Hitler de faire avancer ses pions. Néanmoins, l'obstination de Hindenburg à ne chercher que des solutions à droite permit également à Hitler de s'avancer tout droit vers le pouvoir. Après d'intenses négociations menées entre les dirigeants nazis et l'entourage de Hindenburg — négociations auxquelles fut associé le fils du maréchal et pendant lesquelles Franz von Papen, très apprécié du président, joua un rôle déterminant — le président accepta de limoger Schleicher et de nommer Hitler chancelier. Il ne s'agissait pas là d'un accident de

---

144 *Ibid.*

145 Friedrich-Karl von PLEHWE, *Reichskanzler Kurt von Schleicher. Weimars letzte Chance gegen Hitler, opus cit.*.

146 *Ibid.*

147 *Ibid.*

parcours malencontreux. Ainsi, l'historien Ian Kershaw écrit à juste titre : « Hindenburg lui-même et ceux qui étaient en position de l'influencer étaient si occupés à chercher une solution à droite qu'ils ne prirent pas la peine d'envisager une issue parlementaire[148]. »Kershaw poursuit encore : « L'accession de Hitler au pouvoir n'était aucunement inéluctable. Hindenburg eût-il concédé à Schleicher la dissolution qu'il avait si volontiers accordée à Papen et décidé une prorogation au-delà des soixante jours prévus par la Constitution, que la nomination de Hitler à la chancellerie aurait sans doute pu être évitée[149]. » Le lundi 30 janvier 1933, peu après midi, les membres du futur cabinet Hitler pénétrèrent chez le président, agacés d'avoir attendu fort longtemps avant d'être introduits. La réunion fut de courte durée et s'acheva sur cette phrase de Hindenburg en réponse aux propos de Hitler: « Et maintenant, messieurs, Dieu vous accompagne[150]. »

Le 8 février 1933, Hitler déclara à son gouvernement : « Les cinq prochaines années doivent être consacrées à restaurer la capacité de défense du peuple allemand [...] Cette idée doit toujours et partout être placée au premier plan[151] ». Le 9 février, Hitler surenchérit : « Des milliards sont nécessaires pour le réarmement de l'Allemagne [...] L'avenir de l'Allemagne dépend exclusivement de la reconstruction des forces armées. Toutes les autres dépenses doivent être subordonnées au réarmement [152] [...] » La *Reichswehr* ne pouvait que se réjouir des propos et des projets de Hitler. Peu à peu, et suite à des montages financiers complexes, la *Reichswehr* disposa d'un budget

---

[148]Ian KERSHAW, *Hitler*, *opus cit.*

[149]*Ibid.*

[150]*Ibid.*

[151] Akten der Reichskanzlei. Reg. Hitler, p. 50-51.

[152] *Ibid.*, p.66.

réel de trente-cinq milliards de RM sur huit ans au lieu des huit cents millions de RM officiels par an[153]. Le choix fait par Hitler d'accorder la priorité à la *Reichswehr* fut la base de l'entente entre le *Führer* et l'armée et il fut, malgré quelques épisodes d'incompréhension et d'escarmouches, l'un des fondements majeurs du troisième *Reich*. Selon l'analyse de Ian Kershaw : « Quant aux chefs des armées, leurs intérêts étaient servis parce qu'ils étaient attachés, de leur point de vue, à un prête-nom capable de nationaliser les masses et de rendre à l'armée la position de force qui lui revenait légitimement au sein de l'État. Ce qu'ils n'avaient pas prévu, c'est que, en l'espace de cinq ans, l'élite traditionnelle du corps des officiers serait transformée en simple élite fonctionnelle, servant un maître politique qui l'entraînerait dans un territoire inconnu[154] ».

Dès le 31 janvier 1933, « Hindenburg se laissa persuader d'accorder à Hitler ce qu'il avait refusé à Schleicher à peine quatre jours plus tôt : la dissolution du *Reichstag*[155].», qui déboucha, aux élections du 5 mars, sur une progression substantielle du NSDAP qui obtint 43,9 % des voix, soit 288 sièges sur 647[156]. Hitler avait espéré franchir les 50% mais cette barre ne fut pas atteinte et il fut de ce fait contraint de maintenir sa coalition, dans un premier temps, avec le DNVP. La campagne électorale avait été d'une férocité incroyable. Du côté des nazis, cette campagne avait été financée par une souscription de trois millions de marks

---

[153] Heinz HÖHNE, *Die Zeit der Illusionen, Hitler und die Anfänge des 3. Reiches 1933 bis 1936*, Düsseldorf, Droste 1991 ainsi que Michael GEYER, *Deutsche Rüstungspolitik 1860-1980*, Francfort 1984.
[154] Ian KERSHAW, *Hitler*, *opus cit.*
[155] *Ibid.*
[156] Dans les zones à l'est de l'Elbe, les nazis obtinrent plus de 50 % des voix. À Berlin et Hambourg, ils obtinrent moins de 35 %. Dans l'ensemble du pays, le SPD obtint 18,3% des voix, le KPD 12,3% des voix et le *Zentrum* 11,2% des voix.

obtenue grâce à l'action de Hjalmar Schacht auprès des puissants milieux industriels (Krupp, Schnitzler, Vögler). La présidence de Hindenburg était alors encore estimée, notamment par des dirigeants syndicaux, comme la « meilleure garantie que la Constitution ne serait pas violée[157].» Nous avons exposé dans le préambule de ce livre comment Hindenburg ne fut pas le bouclier espéré par certains et comment les nazis se jouèrent des événements. Du côté de la *Reichswehr,* peu de temps après l'accession de Hitler au pouvoir, Reichenau avait clarifié la position de l'armée au sujet de la terreur policière antimarxiste orchestrée notamment en Prusse-Orientale par Göring : « Force est de reconnaître que nous sommes en pleine révolution. Ce qui est pourri dans l'État doit être éliminé, et cela ne peut se faire qu'à travers la terreur. Le parti sera implacable contre le marxisme. La tâche des forces armées : se tenir au repos. Aucun soutien si les persécutés cherchent refuge auprès des troupes [158] ». Dans le cadre de la campagne électorale, Göring avait ordonné à la police de coopérer avec la SA, la SS et le *Stahlhelm*, ces « associations nationales » qui devinrent même « police auxiliaire » à partir du 22 février 1933, ce qui accentua la possibilité pour la SA de mener à bien ses coups de force contre les communistes notamment.

Le premier cabinet Hitler ne comportait que deux ministres issus des rangs du NSDAP[159]. Les autres postes ministériels[160] étaient occupés par des conservateurs avec

---

[157]Ian KERSHAW, *Hitler, opus cit.*

[158] Klaus-Jürgen MÜLLER, *Das heer und Hitler. Armee und nationalsozialistisches Regime 1933-1940*, *opus cit.*

[159] Il s'agissait de Wilhelm Frick, ministre de l'Intérieur, et de Hermann Göring, ministre sans portefeuille. A ces deux hommes vint ensuite s'ajouter Joseph Goebbels le 11 mars 1933 nommé au ministère de l'Éducation du Peuple et de la Propagande tout nouvellement créé.

[160] Franz Gürtner (DNVP), ministre de la Justice, Konstantin von Neurath (conservateur indépendant), ministre des Affaires Étrangères,

notamment Franz von Papen comme vice-chancelier. La composition de ce gouvernement était censée rassurer ceux qu'inquiétait la puissance du NSDAP, mais il était évident que les nazis ne se sentirent pas tenus en laisse par cet état de fait et purent agir à leur guise sans trop de difficultés. Néanmoins, malgré une situation politique favorable, Hitler ne détenait pas alors un pouvoir absolu. En tant que chancelier, il n'avait pas autorité sur la *Reichswehr* qui dépendait de l'autorité du président Hindenburg. Toutefois, de nombreux officiers se montrèrent enclins à apporter un large soutien à Hitler dont les idées sur un retour de la conscription, sur une politique étrangère davantage tournée vers l'offensive, sur une augmentation des effectifs en dépit des termes du traité de Versailles, plaisaient beaucoup dans les milieux militaires. Pour certains journaux, Hitler paraissait incapable de rester à son poste de chancelier plus que quelques semaines. Il allait être à leur sens inévitablement victime des mêmes manœuvres que celles qu'il mena contre Brüning, Papen et Schleicher. Son entente avec Papen et Hugenberg était jugée éphémère. Mais, ces mêmes journaux se posaient les questions suivantes : Quel mal Hitler allait-il faire avant de quitter le pouvoir ? Et s'il refusait de laisser sa place, comment allait-on s'y prendre pour le déloger ? D'autres journaux affirmaient que Papen et Hugenberg s'étaient montrés certes habiles en phagocytant Hitler au sein d'un gouvernement dans lequel les nazis étaient minoritaires, mais ils avaient peut-être aussi été bien imprudents. D'ailleurs Papen avoua bien plus tard : « Nous avions sous-estimé l'insatiable soif de pouvoir de

---

Alfred Hugenberg (DNVP), ministre de l'Économie et de l'Agriculture, Lutz Schwein von Krosigk (conservateur indépendant), ministre des Finances, Werner von Blomberg (conservateur indépendant), ministre de la Défense, Franz Seldte (*Stahlhelm*), ministre du Travail, Paul Freiherr von Eltz-Rübenach, ministre des Postes et des Transports. A noter que Franz Seldte, Konstantin von Neurath et Lutz Schwein von Krosigk rejoignirent plus tard les rangs du NSDAP.

Hitler, et nous ne nous rendions pas compte du fait qu'elle ne pouvait être combattue qu'en employant ses propres méthodes. De plus, toute notre formation et tout notre état d'esprit nous empêchaient de prévoir les conséquences de ces méthodes[161] ». Certes, mais comme l'analyse justement le germaniste Thierry Feral : « En premier lieu, il convient de bien insister sur le fait que, contrairement à une antienne qui a la vie dure, les nazis n'ont pas « pris le pouvoir » (*Machtergreifung*) le 30 janvier 1933. Certes accréditée *a posteriori* par les forces conventionnelles de droite et les milieux d'affaires qui y virent un moyen commode de nier leur propre responsabilité dans l'accession de Hitler à la chancellerie et pour se refaire une virginité, cette notion revient en effet à négliger que jusqu'au 27 juin 1933 le gouvernement allemand fut un gouvernement de coalition de la NSDAP, du DNVP et de quelques monarchistes. Tous étaient d'accord pour éliminer les communistes, puis les socialistes et les syndicats, et ce avec la bénédiction du président Hindenburg, lequel donnera jusqu'à la fin sa caution à l'instauration de l' « État total[162] » »

---

[161] Franz von PAPEN, *Memoirs*, *opus cit.*

[162] Thierry FERAL, *Le national-socialisme*, Paris, Ellipses 1999.

II

LA MENACE D'UNE SECONDE RÉVOLUTION

Depuis « l'absorption » du *Stahlhelm* (Casque d'acier) par la SA au début du mois de juillet, Röhm se trouvait à la tête d'une vaste organisation qui comprenait près de 1 million 500 000 hommes déterminés. Une organisation qui d'autre part recevait une subvention mensuelle de 3 millions de marks[163]. L'accession au pouvoir des nazis ne calma pas les ardeurs de la SA qui continua plus que jamais à répandre la terreur en Allemagne en menant la chasse à tous les opposants. Les hommes de la SA en venaient également parfois aux mains avec la police[164]. À Berlin, la SA créa une cinquantaine de locaux ressemblants à des camps de concentration miniatures installés dans des caves ou dans des entrepôts et qui abritèrent d'innombrables scènes de torture et des meurtres[165] ainsi que le souligne l'historien Ian Kershaw : « Une forte proportion des quelque cent mille personnes incarcérées au cours des premiers mois de 1933 croupissaient dans les prisons et les camps de fortune de la SA […] Maintes victimes étaient sauvagement torturées. Les quelque cinq cents à six cents personnes assassinées au cours de la révolution prétendument légale et sans effusion de sang étaient largement à porter à l'actif des SA[166] ». Le témoignage que fit après la guerre Rudolf Diels[167] (1900-

---

[163]Claude DAVID, *Hitler et le nazisme*, *opus cit.*

[164]Richard J EVANS, *Le troisième Reich*, Paris, Flammarion 2009.

[165] Heinz HÖHNE, *Der Orden unter dem Totenkopf: Die Geschichte der SS,* Bassermann Verlag 2008.

[166] Ian KERSHAW, *Hitler, opus cit.*

[167] En avril 1933, Göring le nomma à la tête de la nouvelle section de la police prussienne, chargée des crimes politiques, le département 1A rapidement renommé Gestapo. Diels fut le principal interrogateur de Marinus van der Lubbe accusé de l'incendie du *Reichstag*. Il attira rapidement l'attention des rivaux politique de Göring. À peine nommé à la tête de la Gestapo, Himmler le révoqua en avril 1934. Diels occupa ensuite brièvement la fonction de président suppléant de la police de Berlin avant de devenir *Regierungspräsident* du gouvernement régional de Cologne. Ses relations demeurèrent étroites avec Göring, dont il épousa une cousine. Göring lui évita la prison à plusieurs reprises,

1957), le premier chef de la Gestapo, est à ce titre particulièrement instructif : « Les interrogatoires [dans l'une des prisons berlinoises de la SA] avaient commencé et fini par un passage à tabac. À quelques heures d'intervalles, une douzaine de gars avaient frappé leurs victimes avec des barres de fer, des matraques en caoutchouc et des fouets. Dents brisées et os cassés témoignaient des tortures. A notre entrée, ces squelettes vivants couverts de plaies suppurantes étaient allongés les uns à côté des autres sur leur paillasse putréfiée[168] ». Cependant, Göring avait fait accorder à la SA le statut de police auxiliaire ce qui rendait plus compliquée l'intervention des organes qui restaient vivement attachés à la légalité. Du fait de sa grande violence, la SA fut très souvent l'objet de plaintes dans les premiers mois qui suivirent la nomination de Hitler à la chancellerie. La police et parfois même certains ministères, comme celui des Affaires étrangères, suite à diverses agressions touchant des diplomates étrangers[169], firent remonter leur plus vive réprobation au sujet des violences commises, souvent impunément, par la SA. De tels agissements heurtaient les classes moyennes allemandes mais également la bourgeoisie conservatrice et la *Reichswehr*. Des protestations énergiques relatives au comportement et aux terribles débordements de la SA s'élevèrent aussi des milieux industriels, des administrations locales, de l'Église protestante... Des pans entiers de la société allemande se retrouvèrent en un même discours d'exaspération et de peur à l'encontre de la SA. Les leaders nazis ne pouvaient plus faire la sourde oreille face à ce front qui se dressait contre la SA et, bien que n'agissant qu'avec peu de vigueur en vérité pour endiguer ce phénomène de violence, le ministre

---

notamment en 1940 lorsque Diels refusa d'arrêter des Juifs, puis lors de la vague de répression qui suivit l'opération Walkyrie en juillet 1944.

[168] Rudolf DIELS, *Lucifer ante Portas*, Stuttgart 1950.

[169] Ian KERSHAW, *Hitler, opus cit.*

nazi de l'Intérieur, Wilhelm Frick, déclara que : « les actes répréhensibles commis par des membres de la SA devront faire l'objet de poursuites énergiques[170] ». Mais en fait, malgré les déclarations de Frick, toutes ces affaires où se retrouvait mêlée la SA furent le plus souvent étouffées, notamment grâce à l'action du système judiciaire et de Franz Gürtner[171] (1881-1941) lui-même, le ministre de la Justice du *Reich*[172].

En février 1933, Röhm déclara à Hermann Rauschning [173] (1887-1982), le président du Sénat de Dantzig, que : « La base de la nouvelle armée doit être révolutionnaire. On ne peut la gonfler par la suite. On n'a qu'une seule fois l'occasion de faire quelque chose de grand qui nous permettra d'ébranler le monde sur ses bases. Mais Hitler m'éconduit avec de belles paroles... Il veut hériter d'une armée toute faite, prête à marcher. Hitler prétend que plus tard il fera de tous les soldats des nationaux-socialistes. Mais il commence par les abandonner aux généraux prussiens. Je ne vois pas où il trouvera un esprit révolutionnaire chez ces gens-là[174].» Röhm confia également à Kurt Lüdecke (1890-1960), homme d'affaires allemand, sa profonde détermination : « Je ne veux pas être à la merci de

---

[170] Max GALLO, *La nuit des longs couteaux*, Paris, Tallandier 2007.

[171] Ekkehard REITTER, *Franz Gürtner, politische Biographie eines deutschen Juristen.* Duncker & Humblot, Berlin 1976.

[172] Lothar GRUCHMANN, *Justiz im Dritten Reich 1933-1940. Anpassung und Unterwerfung in der Ära Gürtner*, Oldenbourg, Munich 2001.

[173] Hermann Rauschning adhéra à la NSDAP en 1926 et présida le Sénat de la ville de Dantzig de 1933 à 1934. Il finit ensuite par s'éloigner de la politique nazie et se réfugia en Suisse en 1935 avant de gagner les États-Unis. Il publia plusieurs livres dont *Gespräche mit Hitler* (Entretiens avec Hitler) qui regroupe ses conversations échangées avec Hitler de 1932 à 1934. Certains passages de son livre sont néanmoins aujourd'hui très controversés.

[174] Hermann RAUSCHNING, *Gespräche mit Hitler*, n/a 1997.

Göring et de Blomberg. Les effectifs de mes SA ne cessent d'augmenter [...] Hitler sait que je ne laisserai jamais s'éteindre la flamme de notre révolution. Bien sûr, il est confronté à un dilemme, et comme d'habitude, il hésite à trancher nettement [...] Il veut nous utiliser comme moyen de pression sur la *Reichswehr* et les gros capitalistes, ici et à l'étranger. Mais s'il croit qu'il peut me manipuler indéfiniment pour servir ses intérêts, et un beau jour me jeter à la poubelle, il se trompe. Les SA peuvent aussi servir à contenir Hitler lui-même[175]. »

Dans la nuit du 27 au 28 février 1933 se produisit un événement majeur inattendu qui permit à Hitler d'accroître son emprise sur le pays et d'anéantir toutes formes d'oppositions officielles à sa politique à l'extérieur du mouvement nazi. En effet, l'incendie du *Reichstag* [176] survenu cette nuit-là, lui offrit la possibilité d'un coup de force implacable. Même aujourd'hui, il demeure difficile de déterminer si Marinus Van der Lubbe[177] (1909-1934), un jeune militant communiste néerlandais arrêté sur place, fut le seul auteur de l'incendie, s'il fut ou non manipulé par les nazis et si ces derniers avaient également introduit une deuxième équipe par le souterrain qui conduisait du bureau d'Hermann Göring jusqu'au *Reichstag*. Car, si Hitler et les nazis furent les bénéficiaires politiques des flammes, il n'est

---

[175] Kurt G. W. LÜDECKE, *I Knew Hitler: The Story of a Nazi Who Escaped the Blood Purge*. E. Scribner's Sons, New York 1937.

[176] Lire : Fritz TOBIAS, *Der Reichstagsbrand – Legende und Wirklichkeit*, Grote, Rastatt 1962, *Livre brun sur l'incendie du Reichstag et la terreur hitlérienne*, Paris, Le Carrefour 1933, Thierry FERAL, *Justice et nazisme*, Paris, L'Harmattan 1997, Alexander BAHAR, Wilfried KUGEL, *Der Reichstagbrand*, édition q, 2001, Gilbert BADIA, *Feu au Reichstag. L'acte de naissance du régime nazi*, Paris, Editions sociales 1983.

[177] Nico JASSIES, *Marinus Van der Lubbe et l'incendie du Reichstag*, Paris, Editions Antisociales 2004.

cependant pas certain qu'ils furent les instigateurs de l'incendie, bien que de nombreux éléments puissent le faire envisager. La controverse entre les historiens est toujours farouche à ce sujet, faute de documents irréfutables. Depuis des semaines, les nazis alertaient inlassablement l'opinion de l'imminence d'une révolution communiste. Mais, Joseph Goebbels avait beau annoncer que les communistes allaient mettre l'Allemagne à feu et à sang, ceux-ci ne bougèrent pas, tout en se préparant activement à l'illégalité. Présent dans la capitale au moment du sinistre, Hitler demeura d'abord perplexe, avant de se décider finalement à jouer la dramatisation et de voir dans l'incendie le début du soulèvement communiste tant prédit. Les nazis avancèrent également que le SPD était impliqué dans l'événement. Aussitôt, la chasse aux communistes fut lancée ; des milliers furent arrêtés à travers tout le pays — dont Ernst Thälmann (1886-1944) le leader, mais aussi des personnalités diverses comme le journaliste et écrivain pacifiste Carl von Ossietzky (1889-1938) ou encore l'écrivain anarchiste Erich Mühsam (1878-1934) — et le KPD subit des dommages décisifs. La violence nazie prit un nouvel élan. Le caractère providentiel de l'incendie survenue en pleine hystérie anticommuniste fit tout de suite dire que les nazis et notamment Göring étaient à l'origine du sinistre, mais rien ne pouvait le prouver. Après avoir rejoint les lieux vers 22h30, environ une heure après Göring, Hitler déclara à Papen également sur place : « C'est un signe de Dieu ! Si ce feu, comme je le crois, est l'œuvre des communistes, nous devons écraser cette peste meurtrière d'une main de fer [178] ! » Mais, peu importe au final l'incendiaire, ce qu'il faut retenir de cette affaire, c'est la façon dont les nazis s'en servirent pour avancer leurs pions avec fulgurance. Dès le lendemain des faits, Hitler obtint d'Hindenburg la signature du très fameux décret

[178] Ian KERSHAW, *Hitler, Opus cit.*

présidentiel « pour la protection du peuple et l'État ». Le *Reichstagsbrandverordnung*, ou, sous sa dénomination officielle le *Verordnung des Reichspräsidenten zum Schutz von Volk und Staat vom 28. Februar 1933,* suspendit immédiatement *sine die* les libertés individuelles et politiques établies par la Constitution. Ce décret fut la première dispostion législative qui ouvrit la voie à l'établissement du pouvoir total des nazis[179]. Nous l'avons vu plus haut, des milliers d'arrestations, de perquisitions, notamment dans les milieux communistes et socialistes, suivirent la promulgation du décret. Le décret ne fut accompagné d'aucune circulaire d'application par le gouvernement. Cette omission permit une large liberté d'interprétation, que les nazis, notamment Göring, ministre de l'Intérieur de Prusse, mirent à profit. Les Länder qui n'étaient pas encore sous le contrôle des nazis se limitèrent généralement à interdire la presse communiste, les manifestations et les réunions communistes, et à arrêter quelques dirigeants du KPD. En Prusse, en revanche, les arrestations sommaires des membres du KPD furent extrêmement nombreuses. Le nombre total d'arrestations sur la base du décret, en deux semaines, avoisina les 10 000. Le 3 mars, Göring publia une directive pour la police prussienne selon laquelle, en plus des droits constitutionnels, « toutes les autres restrictions sur les actions de la police imposée par les lois du *Reich* et du Land » étaient abolies « pour autant que cela soit nécessaire […] à l'application des objectifs du décret ». Göring alla jusqu'à dire que « dans l'esprit des buts et objectifs du décret, les mesures supplémentaires […] viseront les communistes dans un premier temps, mais aussi ceux qui collaborent avec les communistes et leurs buts criminels. […] Je voudrais préciser que toute mesure utile à l'encontre des membres ou des établissements autres que ceux des partis

[179] Thierry FERAL, *Justice et nazisme*, Paris, L'Harmattan 1997.

communistes, anarchistes ou sociaux-démocrates ne se justifient au sens de ce décret [...] que s'ils servent à défendre contre les activités communistes dans leur acceptation la plus large. » Moins de trois mois après la proclamation du décret, les nazis accentuèrent leur main mise sur le pays en faisant adopter la loi des pleins pouvoirs, qui donnait au gouvernement d'Hitler le pouvoir légal de décréter les lois sans en référer au *Reichstag*. Ainsi, la *Reichstagsbrandverordnung* fut l'une des étapes clés par lesquelles les nazis détruisirent la séparation des pouvoirs et établirent officiellement une dictature de parti unique.

Le 21 mars 1933, à l'occasion de l'anniversaire de l'inauguration du premier *Reichstag* par Otto von Bismark (1815-1898), se déroula la journée de Potsdam que les nazis surent parfaitement mettre à profit pour valoriser l'image de Hitler. En effet, ce jour-là, le leader nazi, vêtu pour la circonstance d'une jaquette, s'inclina solennellement devant le président Hindenburg, vêtu pour sa part en grand uniforme. À l'intérieur de l'église de la garnison de Potsdam (*Garnisonkirche*), fondée au début du XVIIIe siècle et sanctuaire de la tradition prussienne, face à tous les députés nouvellement élus, face aux généraux et aux ministres, Hitler remercia dans son discours le président d'avoir permis l'union « entre les symboles de notre ancienne grandeur et notre nouvelle puissance. » Organisé de main de maître par Joseph Goebbels, cette journée avait pour but évident de démontrer aux Allemands que Hitler était bien le continuateur de la tradition nationaliste allemande.

Hitler avait besoin d'une majorité des deux tiers pour recueillir le vote de la loi des pleins pouvoirs (*Gesetz zur Behebung der Not von Volk und Reich vom 24. März 1933)*, qu'il obtint finalement après avoir persuadé le *Zentrum* de voter en sa faveur et après de multiples pressions de la SA. Le projet de loi fut voté le 23 mars. Seul le SPD s'opposa à la mesure, qui entra en vigueur le 27 mars. Les députés communistes, représentant 17 % des élus du *Reichstag*, avaient été arrêtés avant le vote suite à l'incendie du *Reichstag*. Bien que la loi des pleins pouvoirs n'était censée être effective que pendant quatre ans, elle fut officiellement prolongée à deux reprises.

En avril 1933, l'ambassadeur de France à Berlin, André François-Poncet, informa le gouvernement français de la popularité grandissante de Hitler auprès de la population allemande : « Un mouvement croissant de sympathie porte vers lui des couches de plus en plus étendues de la nation... On sait gré au Chancelier d'avoir tenu le langage d'un chef, d'avoir substitué à l'hésitation, au flottement... des certitudes, mêmes brutales, des consignes, mêmes écrasantes, une loi, même tyrannique. On lui sait gré d'avoir incarcéré des riches et des profiteurs. On lui sait gré aussi d'avoir malmené des Juifs... On sait gré enfin à Hitler d'avoir unifié le *Reich* par quelques gestes décisifs qui l'égalent aux grands fondateurs de l'Empire[180]... »

En juin 1933, le Bulletin mensuel national-socialiste (*Nationalsozialistische Monatshefte*) rendit public un article programmatique rédigé par Ernst Röhm qui ne masquait pas les attentes politiques et les ambitions de la SA : « [...] Si les esprits petits-bourgeois pensent qu'il suffit que l'appareil d'État se soit placé sous un autre insigne, s'ils estiment que la révolution « nationale » n'a que trop duré, pour une fois, nous leur donnons volontiers raison. Il est grand temps, il est vrai, que cesse la révolution nationale et qu'elle se transforme en révolution national-socialiste ! Que cela leur plaise ou non — nous poursuivrons notre combat.

---

[180] Dépêche d'André François-Poncet, ambassadeur de France à Berlin, le 19 avril 1933. André FRANCOIS-PONCET, *Souvenirs d'une ambassade à Berlin, septembre 1931-octobre 1938*, Paris, Flammarion, 1947.

S'ils comprennent enfin de quoi il retourne — nous agirons *avec* eux. S'ils s'y refusent — *sans* eux ! Et s'il le faut — *contre* eux[181] ! »

Du 1er au 3 juillet 1933 se déroula à Bad Reichenhall une réunion majeure à laquelle assistèrent Hitler, Röhm, ainsi que beaucoup d'officiers dont le général Walter von Reichenau, chef du *Ministeramt*[182] et le colonel Wilhelm Keitel [183] (1882-1946), directeur de la section T2 du *Trupperamt*[184]. Déjà, dès le 21 juin, il avait été décidé par Hitler et Seldte que le *Jungstahlhelm* (17 à 23 ans) serait dorénavant intégré aux effectifs de la SA. Il est évident que la subordination du *Kernstahlhelm* (24 à 35 ans) à la SA venait directement d'une intervention de la *Reichswehr*[185]. Suite à ces décisions, cette réunion était destinée à préparer les conditions morales et à définir les modalités de cette union forcée[186]. À cette occasion, Hitler prit longuement la parole et développa ses arguments. L'État était maintenant placé devant l'obligation de réussir la mobilisation totale de la nation afin de venir à bout du chômage. Pour Hitler, le rôle de la SA dans cette mobilisation des forces vives de l'Allemagne était capital. Ainsi que le souligne l'historien Jean Philippon : « Elle [la SA] enseignerait à la jeunesse allemande une simplicité spartiate, elle l'endurcirait physiquement et moralement, elle l'accoutumerait à obéir aveuglément à l'autorité de ses *Führer*. SA, SS, *Stahlhelm* donneraient en acceptant de se fondre en un seul corps, l'exemple de l'unité nationale. Ils formeraient une armée de

---

[181] *Nationalsozialistische Monatshefte*, 4, 1933, p.251-254.
[182] Office ministériel, cabinet politique du ministre de la Défense.
[183] Wilhelm Keitel fut pendant la Seconde Guerre mondiale maréchal et commandant suprême des forces armées allemandes.
[184] Office des troupes, état-major de l'armée de terre.
[185] Jean PHILIPPON, *La Nuit des longs couteaux : histoire d'une intox*, Paris, Armand Colin 1995.
[186] *Ibid.*

« soldats politiques ». Le *Führer* prit soin de dissiper deux équivoques dont la formule était lourde de sens. Cette armée n'était pas destinée à remplacer la *Reichswehr*. Cette dernière serait seule à « porter les armes » (*Waffenträger*) de la nation [...] Quant à la SA, elle serait prête à briser toutes les entreprises de la « réaction » afin de renverser l'ordre existant. Elle n'avait pas pour autant à propager ce que certains nommaient déjà une « seconde révolution » dont les conséquences risquaient d'être le chaos. La mission de la nouvelle SA était donc d'incarner aussi parfaitement que possible le « soldatisme » au service de la défense nationale, en vue de la mobilisation totale de la nation. Toutes les mesures d'intégration des *Wehrverband*[187] à la SA favorisaient sans aucun doute la collaboration de la *Reichswehr* et de la SA dans les différentes régions militaires. En revanche, la dissolution de ce qui restait du *Stahlhelm* (hommes de plus de 35 ans), prononcée par Seldte le 27 février 1934 apparut à beaucoup d'officiers comme une brimade sans profit pour la constitution de réserves clandestines[188][...] »

Le soutien de la hiérarchie militaire était absolument nécessaire à Hitler pour briguer la succession de Hindenburg le moment venu. Ainsi, afin de rassurer la *Reichswehr* et les milieux conservateurs, Hitler annonça le 6 juillet 1933 au cours d'une réunion au sein de la chancellerie en présence des gouverneurs du *Reich*, le succès total de la révolution national-socialiste et donc l'achèvement de celle-ci : « La révolution ne saurait être un état permanent, elle ne doit pas devenir une situation durable. Il est nécessaire de détourner le fleuve de la révolution qui a débordé dans le lit sûr de l'évolution.

[187] Il s'agissait des associations d'anciens combattants qui servaient de couverture à la reconstitution de réserves clandestines.
[188] Jean PHILIPPON, *La Nuit des longs couteaux, opus cit.*

Aujourd'hui, le parti est devenu l'État. Il n'est plus d'autre pouvoir que celui du *Reich.* Il faut éviter que le centre de gravité de la vie allemande se déplace à nouveau vers certaines régions particulières, voire vers certaines organisations [...] Il faut surtout maintenir l'ordre dans l'appareil économique [...] car l'économie est un organisme vivant que l'on ne peut transformer d'un seul coup[189] ». Cette déclaration de Hitler fut ensuite largement relayée par Rudolf Hess[190] (1894-1987), Hermann Göring, Joseph Goebbels, et Wilhelm Frick notamment[191]. Le *Führer*

---

[189] Max DOMARUS, *Hitler. Reden und Proklamationen 1932-1945, opus cit.*

[190] Né à Alexandrie en Égypte au sein d'une famille de négociants franconiens, Rudolf Hess fréquenta l'école de commerce de Neuchâtel. En 1914, il s'engagea dans un régiment bavarois et servit dans l'infanterie, puis dans l'aviation de chasse. Après la guerre, il suivit des études d'économie, d'histoire et de géopolitique. En 1919, il rejoignit la société antisémite de Thulé et fut blessé lors des troubles munichois. En 1920, il s'inscrivit au NSDAP. En novembre 1923, il participa au putsch de la brasserie à Munich aux côtés de Hitler, qu'il suivit à la forteresse de Landsberg où le *Führer*, emprisonné, lui dicta *Mein Kampf.* À sa sortie de prison, il demeura le secrétaire particulier de Hitler. Après la chute de Gregor Strasser, il assuma en 1931 au sein du NSDAP la présidence de l'importante commission politique. En avril 1933, il fut nommé «adjoint du *Führer*» et, à la fin de l'année, devint ministre sans portefeuille. Mais son influence tendit à décliner et il fut supplanté par Hermann Göring. Le 10 mai 1941, le monde apprit stupéfait que Hess s'était secrètement envolé d'Allemagne et avait sauté en parachute au-dessus de l'Écosse. A quelques semaines de l'invasion de l'URSS par la *Wehrmacht*, il avait pour projet de conclure un «accord» avec le Royaume-Uni dans le but de créer un front anti-soviétique. Il fut aussitôt arrêté et Hitler le déclara fou. En Allemagne, c'est Martin Bormann qui prit alors en charge ses fonctions. Le tribunal de Nuremberg condamna Hess à la prison à vie. Il fut interné à la prison interalliée de Spandau (Berlin) où il demeura le seul détenu après la libération de Baldur von Schirach et d'Albert Speer, l'URSS refusant obstinément de le relâcher. C'est là qu'il se suicida en 1987.

[191] Peter LONGERICH, *Die braunen Bataillone, Geschichte der SA, opus cit.*

poursuivit dans le même sens dix jours plus tard à l'occasion d'un long discours prononcé à Leipzig : « Les révolutions ayant réussi au départ sont beaucoup plus nombreuses que les révolutions, qui, une fois réussies, ont pu être contenues et stoppées au moment opportun[192] ». Autant de gages donnés à la hiérarchie de la *Reichswehr* et aux milieux financiers et industriels. Ces deux discours de Hitler associés à la timidité des réformes économiques et sociales entreprises par le gouvernement Hitler laissèrent un bon nombre de SA circonspects, désabusés. En effet, pour eux, il était plus que temps de lancer une seconde révolution sociale et non pas de s'arrêter ainsi au milieu du guet. Comme le précise l'historien Alan Bullock : « À l'origine, les nationaux-socialistes ont été un parti radicalement anticapitaliste, et cet aspect du programme national-socialiste n'était pas seulement pris au sérieux par de nombreux loyaux membre du parti, mais il était d'une importance croissante dans une période de dépression économique. La manière dont Hitler prend en compte le caractère socialiste du national-socialisme reste l'une des principales sources de désaccord et de division au sein du parti nazi jusqu'à l'été 1934[193] ».

Afin de mettre un terme ou un frein aux actions violentes de la SA qui nuisaient à ses projets et pour affaiblir cette organisation prospère qui ne cessait de recruter des membres, Hitler décida de prendre des mesures d'ampleur. Ainsi, il fut imposé à la SA le retrait de son rôle de police auxiliaire qu'elle détenait jusqu'alors en Prusse. Il lui fut également imposé de procéder au démantèlement de toutes les structures clandestines destinées à torturer et assassiner les opposants[194]. Dans le même ordre d'idée, la SS hérita du

---

[192] Max GALLO, *La nuit des longs couteaux, opus cit.*
[193] Alan BULLOCK, *Hitler. A Study in Tyranny,* Penguin 1990.
[194] Ian KERSHAW, *Hitler, opus cit.*

contrôle du camp de concentration de Dachau qui auparavant incombait à la SA[195]. L'historien Ian Kershaw livre une analyse pertinente des éléments de désaccord qui existaient en germe entre Hitler et les chefs de la SA depuis les premiers mois de sa création : « C'était une organisation immense, bien plus grande que le parti lui-même [...] Et elle avait été le fer de lance de l'activisme et des violences qui avaient forcé le rythme de la révolution nazie depuis l'accession de Hitler à la chancellerie. Or, les ambitions de Röhm [...] n'avaient jamais été les mêmes que celles de Hitler. Depuis les années 1920, cette grande organisation paramilitaire n'avait jamais accepté sa subordination à l'aile politique du parti [...] Défier la direction de la SA, c'était risquer de perdre sa loyauté. Il [Hitler] ne pouvait y consentir aisément, ni l'envisager à la légère[196]. »

Mais, les objections de Hitler sur une éventuelle poursuite de la révolution national-socialiste n'empêchèrent pas les SA, Ernst Röhm en tête, d'appeler publiquement à cette poursuite quitte à entamer un bras de fer avec le *Führer*. Ainsi, en juin 1933, quelques jours avant les deux discours de Hitler, Röhm avait développé sa vision des choses au cours d'un discours : « Le moment est venu pour la révolution nationale de venir à son terme et de devenir une révolution nationale-socialiste [...] Il y a encore des hommes occupant aujourd'hui des positions officielles qui n'ont pas la moindre idée de l'esprit de la révolution. Nous nous débarrasserons d'eux sans pitié s'ils osent mettre en pratique leurs idées réactionnaires [197] ». Un discours particulièrement clair et offensif. Mais Röhm n'était pas isolé et n'était pas le seul à désirer s'engager dans une seconde révolution. En effet, dès le 9 mai 1933, le président

---

195 *Ibid.*

196 *Ibid.*

197 William Laurence SHIRER, *Le IIIe Reich, opus cit.*

de Haute-Silésie dénonça le train de vie fastueux des riches industriels allemands [198]. Des protestations émanèrent également de la Fédération ouvrière nazie de Berlin qui dénonça le fait que : « Le capitalisme s'arroge le droit exclusif de pouvoir donner du travail à des conditions qu'il fixe lui-même. Cette domination est immorale et il faut la briser[199] ». De même, en juillet 1933, Wilhelm Kube[200] (1887-1943), leader du groupe nazi au parlement de Prusse, déclara que : « le gouvernement national-socialiste doit obliger les grands propriétaires fonciers à morceler leurs terres et à en mettre la plus grande partie à la disposition des paysans[201] ». Malgré l'éloignement de Gregor Strasser voulu par Hitler en 1932, l'aile « sociale » du NSDAP était toujours vivace. Contrairement à Hitler pour qui le nationalisme à base raciste était le socle essentiel, Strasser essaya pour sa part de faire une synthèse entre nationalisme et socialisme. De même, si l'aile gauche du NSDAP faisait encore preuve d'esprit combattant, les revendications de la SA au niveau militaire ne furent pas mise plus davantage sous l'éteignoir par la promotion dont bénéficia Ernst Röhm en décembre 1933 lorsqu'il fut nommé ministre sans portefeuille en même temps que Rudolf Hess. L'engagement de Hitler de ne pas retoucher à la composition de son

---

[198]Jacques DELARUE, *Histoire de la Gestapo*, Paris, Fayard 1996.
[199]*Ibid.*
[200] Nazi de la première heure, Wilhelm Kube fut *gauleiter* de l'Ostmark en 1928 puis en 1933 du Kurmark. Député du parti pour la Prusse, puis chef du groupe nazi au parlement de Prusse. Il fut nommé en 1933 gouverneur du district de Brandebourg-Berlin. Mais, soupçonné de détournements de fonds, il se vit ensuite privé de toutes ses charges. Réhabilité en 1941, il fut nommé commissaire général de Biélorussie et commissaire du *Reich* pour l'Ostland. Il établit son quartier général à Minsk. Il entra rapidement en conflit avec les SS et particulièrement avec Eduard Strauch, en ce qui concernait le « traitement de la question juive ». Il fut assassiné le 22 septembre 1943 par l'explosion d'une bombe posée par un domestique, J-G. Mazanik, partisan soviétique infiltré.
[201]Jacques DELARUE, *Histoire de la Gestapo, opus cit.*

cabinet, déjà rompu par la nomination de Goebbels, était alors complètement bafoué. D'autre part, une nouvelle série de lois complétèrent la mise au pas des *Länder* et abrogèrent les diètes[202]. La suite logique de ces décisions fut l'abolition de leur assemblée représentative au niveau du *Reich*, le *Reichsrat*, dès le 14 février 1934[203].

Du 21 septembre au 23 décembre 1933 se déroula à Leipzig devant 125 journalistes accrédités en provenance du monde entier, le procès des incendiaires présumés du *Reichstag*, dont un certain Georgi Dimitrov[204] (1882-1949), haut dignitaire communiste bulgare et futur chef du *Komintern* (Internationale communiste). Or, si Marinus Van der Lubbe[205] fut condamné à mort pour haute trahison (il fut décapité le 10 janvier 1934), Dimitrov et ses deux compagnons, Blagoï Popov (1902-1968) et Vasil Tanev (1897-1941) furent acquittés contre toute attente par le tribunal nazi, de même que le député communiste allemand Ernst Torgler (1893-1963). Un incontestable camouflet diplomatique pour le pouvoir nazi. Dimitrov, Popov et Tanev avaient été arrêtés le 9 mars 1933 par les nazis alors qu'ils voyageaient clandestinement en Allemagne. Ils furent inculpés pour « tentative de subversion de l'État et complicité d'incendie sur un édifice public. » La défense

---

202 Marlis STEINERT, *Hitler*, Paris, Fayard 1991.

203 *Ibid.*

204 G. DIMITROV, *Reichstagsbrandprozeß. Dokumente, Briefe und Aufzeichnungen*, Berlin 1978.

205 Le 21 avril 1967, un tribunal de Berlin transforma la condamnation à mort de Marinus Van der Lubbe à huit ans de prison pour « tentative d'incendie avec effraction ». En 1980, Robert Kempner, un des procureurs américains des procès de Nuremberg, obtint l'acquittement du jeune néerlandais, mais ce verdict fut cassé en appel. Finalement, le 10 janvier 2008, les services du procureur fédéral allemand, jugeant la condamnation officiellement « illégale » annulèrent le verdict soixante-quinze ans après. La demande en avait été faite par un avocat berlinois, Reinhard Hillebrand, qui dit avoir agi par «intérêt historique».

très incisive de Dimitrov bouscula les accusations des nazis, notamment celles de Göring, qui laissa des plumes dans cette affaire. Ainsi, Dimitrov revint sur la soi-disant implication des communistes dans le sinistre : « Qu'est-il résulté de l'instruction judiciaire, messieurs les juges ? La légende visant à faire croire que l'incendie du *Reichstag* était l'œuvre des communistes, s'est effondrée complètement. Je ne vais pas citer les témoignages apportés, ainsi que l'ont fait les autres défenseurs. Mais cette question peut être considérée comme entièrement élucidée pour tout homme au jugement normal. L'incendie du *Reichstag* ne se trouve en aucune liaison avec l'activité du Parti communiste, non seulement avec une insurrection, mais avec une démonstration, une grève ou tout autre action de ce genre. Ceci a été parfaitement prouvé par l'instruction. L'incendie du *Reichstag* – je ne parle pas des affirmations de malfaiteurs et d'anormaux, – n'a été compris par personne comme le signal de l'insurrection. Personne n'a remarqué, en liaison avec l'incendie du *Reichstag*, aucun acte, action ou tentative d'insurrection. Personne n'avait alors rien entendu à ce sujet. Tous les racontars sur ce point se rattachent à une période beaucoup plus récente. La classe ouvrière se trouvait alors en état de défense contre l'attaque du fascisme. Le Parti communiste allemand s'efforçait d'organiser la résistance des masses. Mais il a été démontré que l'incendie du *Reichstag* a fourni le prétexte, a été le prélude d'une campagne destructrice largement conçue contre la classe ouvrière et son avant-garde, le Parti communiste. Il a été irréfutablement prouvé que les représentants responsables du gouvernement n'avaient même pas songé les 27 et 28 février que l'insurrection communiste était imminente[206]. »

[206] Dernier plaidoyer de Georgi Dimitrov devant le tribunal de Leipzig, le 16 décembre 1933, sténogramme du procès.

À l'occasion de son accession au rang de ministre, Röhm prononça dans les locaux du ministère de la Propagande, le 7 décembre 1933, un discours devant les diplomates. Au cours de ce discours, il expliqua ses positions et ses objectifs : lutte contre le communisme, la SA comme instrument d'éducation pour la jeunesse allemande, la SA pour favoriser l'apprentissage des valeurs sociales. Il s'ingénia aussi à dissiper les craintes des diplomates en précisant que la SA n'était nullement une armée dissimulée sous des apparences civiles. Il ajouta : « on ne peut pas du jour au lendemain, par une simple distribution d'engins, transformer en soldats terribles, menaçant la sécurité du monde, des hommes désarmés, non exercés, de façon permanente, au maniement des armes[207] ». Mais cette conférence se solda plutôt par un échec auprès des diplomates qui demeurèrent peu enclins à croire la parole de Röhm. Ce discours fut également très sévèrement jugé par Goebbels qui écrivit dans son journal : « Son discours était quelque peu maladroit, et d'un style détestable. Il ne me fait pas bonne impression[208]. » Mais Röhm en voulait davantage et lorgnait vers le poste de ministre de la Défense alors détenu par le général Werner von Blomberg qui bénéficiait de l'appui du président Hindenburg. Le général von Blomberg occupait une place particulière sur l'échiquier politique allemand. Il n'était pas membre du NSDAP malgré un grand nombre de points de vue communs et il jouait en quelque sorte un rôle de relais entre la *Reichswehr* et le NSDAP. Il exprima sa vision des choses notamment lors d'un discours prononcé au cours d'une réunion d'officiers le 1er juin 1933 : « La raison pour laquelle la révolution n'a pas touché la *Reichswehr* doit être uniquement recherchée dans le fait que nous étions apolitiques […] Maintenant, c'en est fini de cette attitude

---

[207] Jean PHILIPPON, *La Nuit des longs couteaux, opus cit.*

[208] Joseph GOEBBELS, *Journal*, entrée du 8 décembre 1933, *opus cit.*

apolitique et il ne reste plus qu'une chose : servir le mouvement national avec un total dévouement [209] ». Blomberg partageait l'avis de très nombreux officiers de la *Reichswehr* pour la plupart issus de la noblesse prussienne qui n'avaient que très peu de considération pour la SA en qui il ne voyait qu'un groupe d'illuminés sans scrupules qui essayait de battre en brèche la position de l'armée comme dépositaire unique de la puissance militaire de l'Allemagne[210]. La déclaration faite par un officier allemand auprès de l'attaché militaire de l'ambassade de France à Berlin est de ce point de vue tout à fait significative : « Je suis intimement convaincu qu'un conflit sanglant est inévitable et peut être nécessaire entre la *Reichswehr* et la SA. Ce qui ne pourra être imposé à cette dernière par la seule persuasion devra l'être sans doute par la force[211] ». Mais, si la *Reichswehr* n'affichait que du mépris envers la SA, cette dernière n'était pas avare de griefs envers la *Reichswehr* à qui elle reprochait en premier lieu son manque flagrant d'engagement dans la révolution nationale-socialiste. À ce titre, la déclaration d'un chef SA de Rummelsburg[212] au cours d'une réunion est éclairante sur les ambitions de la SA et sur sa vision de l'état-major de la *Reichswehr* : «Certains des dirigeants de la *Reichswehr* sont des porcs. La plupart des officiers sont trop vieux et doivent être remplacés par des plus jeunes. Nous voulons attendre jusqu'à ce que « papa » Hindenburg soit mort, et alors la SA marchera contre la *Reichswehr*[213] ». Mais les rapports très conflictuels entre la SA et la *Reichswehr* semblaient pouvoir être aplanis aux yeux de certains qui ne

---

[209]Charles BLOCH, *La nuit des longs couteaux,* Paris, Julliard 1973.
[210] John WHEELER-BENNETT, *The Nemesis of Power : The German Army in Politics 1918-1945*, Palgrave Macmillan 2005.
[211]Charles BLOCH, *La Nuit des longs couteaux, opus cit.*
[212]Quartier de Berlin.
[213]Richard J EVANS, *Le troisième Reich, opus cit.*

souhaitaient pas une guerre ouverte trop féroce. En effet, la SA représentait un vaste vivier de recrues potentielles pour une *Reichswehr* élargie et revigorée. Mais, la SA n'envisageait pas du tout pour sa part de devenir un réservoir pour la *Reichswehr*. Son ambition était de la supplanter et de devenir le centre d'une nouvelle armée du *Reich*. Forte de ses plus de 4 millions d'hommes[214], la SA ne pouvait qu'inspirer de la crainte face à une *Reichswehr* limitée à 100 000 hommes par les clauses du traité de Versailles. La SA n'avait d'ailleurs cessé de voir ses effectifs augmenter au fil des années, passant de 100 000 hommes en 1930 à ces chiffres impressionnants de 1934.

En décembre 1933, Hitler opta pour le rétablissement du service militaire obligatoire. Un aide-mémoire fut rédigé dans ce sens par le général Ludwig Beck (1880-1944). Le 18 décembre, des instructions furent envoyées aux commandements des grandes unités. Le projet devait débuter le 1er octobre 1934 et fut finalement retardé puisque Hitler n'annonça que le samedi 16 mars 1935 la création de la nouvelle *Wehrmacht* de trente-six divisions et l'introduction du service militaire obligatoire pour tous[215]. Mais, devant l'indispensable nécessité de garder ce projet secret jusqu'à l'annonce officielle de très nombreuses difficultés de tous ordres se dressèrent face à la volonté de Hitler. Ce qui n'empêcha pas Reichenau de déclarer : « Il n'y a pas encore eu d'homme d'État qui ait donné à la *Reichswehr* […], dans une telle mesure, des possibilités de développement comme le chancelier Adolf Hitler[216] ».

---

[214] Mario R. DEDERICHS, *Heydrich,* Paris, Tallandier 2007. Ces chiffres comprennent ceux de la SA et ceux du *Stahlhelm, Bund der frontsoldaten* qui était désormais intégré à la SA.

[215] Ian KERSHAW, *Hitler, opus cit.*

[216] Jean PHILIPPON, *La Nuit des longs couteaux, opus cit.*

Le 31 décembre 1933, Hitler adressa à Röhm une lettre pour le remercier de son aide précieuse et de son ardent engagement en faveur du national-socialisme. Cette lettre fut publiée dans les colonnes du *Völkischer Beobachter* (L'observateur populaire) le 2 janvier 1934 :

« Mon cher Chef d'Etat-major,

« J'ai pu mener le combat du mouvement national-socialiste et de la Révolution nationale-socialiste grâce à la SA qui a écrasé la terreur rouge. Si l'armée doit garantir la protection du pays contre le monde extérieur, la SA doit assurer la victoire de la Révolution nationale-socialiste, l'existence de l'État national-socialiste et l'union de notre peuple dans la sphère intérieure. Lorsque je t'ai appelé à ton poste actuel, mon cher chef d'état-major, la SA traversait une crise sérieuse. C'est en tout premier lieu à tes services que cet instrument politique doit d'être devenu en quelques années la puissance qui m'a permis de livrer l'ultime combat pour le pouvoir et de mettre à genoux l'adversaire marxiste. C'est pourquoi à la fin de cette année qui a connu la Révolution nationale-socialiste, je me dois de te remercier mon cher Ernst Röhm, pour les inestimables services que tu as rendus au nationalisme et au peuple allemand. Sache que je rends grâce à la Destinée de pouvoir donner à un homme tel que toi le nom d'ami et de frère d'armes.

Avec toute mon amitié, toute ma reconnaissance et toute ma considération.

Ton Adolf Hitler[217] ».

Si Röhm fut sensible à l'attention de Hitler, il mit néanmoins la pression, dès janvier 1934, sur le général Blomberg auquel il envoya un long mémorandum dans lequel il exprimait son désir que la SA fut désormais la fondation

[217]Max GALLO, *La nuit des longs couteaux, opus cit.*

d'une nouvelle armée du peuple et que l'ensemble des forces armées du pays, c'est à dire la *Reichswehr*, la SA, la SS et les groupes d'anciens combattants, fussent soumis à l'autorité d'un unique ministère de la Défense dont il assumerait volontiers la charge. Le document n'a pas été retrouvé, mais, grâce à des notes prises par le général Curt Liebmann (1881-1960), quelques traces précises sont parvenues jusqu'à nous : « L'ensemble des questions intéressant la défense nationale est le domaine de la SA. La *Reichswehr* a pour tâche de former les hommes et l'encadrement et de remettre ces « produits finis » à la SA. Les officiers assistent les SA *Führer* comme conseillers militaires[218] ».

En clair, la défense nationale devait être confiée désormais à la SA, la *Reichswehr* se contentant pour sa part d'assurer une simple instruction militaire[219]. Il envisageait un échange pur et simple des rôles jusqu'alors dévolus d'un côté à la *Reichswehr* et de l'autre côté à la SA. Blomberg présenta le mémorandum de Röhm aux commandants de districts qui le rejetèrent unanimement[220]. Le projet de Röhm se heurta en effet à une très vive opposition de la hiérarchie de la *Reichswehr* qui ne pouvait supporter l'idée de se soumettre à la SA, comme en témoigne les déclarations que fit plus tard le général Walther von Brauchitsch (1881-1948) : « Le réarmement était une entreprise trop sérieuse et trop difficile pour qu'on y laissât participer des spéculateurs, des ivrognes et des homosexuels[221] ». D'autre part, la comptabilisation de la SA dans les effectifs militaires était un sujet de vives tensions dans les négociations internationales. En effet, les négociations

---

[218] Jean PHILIPPON, *La Nuit des longs couteaux, opus cit.*
[219] Heinz HÖHNE, *Der Orden unter dem Totenkopf: Die Geschichte, opus cit.*
[220] Heinz HÖHNE, *Die Zeit Illusionen, Hitler und die Anfänge des 3. Reiches 1933 bis 1936*, Droste, Düsseldorf 1991.
[221]William Laurence SHIRER, *Le IIIe Reich, opus cit.*

franco-allemandes étaient de nouveau enlisées. Londres essaya alors une médiation en dépêchant un émissaire dans les capitales européennes : Paris, Berlin et Rome, mais sans grand succès.

Le 1er et le 2 février 1934, les *Reichsstatthalter* (gouverneurs impériaux) et les *Gauleiter* furent réunis à Berlin au Kaiserhof et à la chancellerie. À cette occasion, Röhm obtint, le 1er février, une audience auprès de Hitler. Il lui exposa son souhait de voir quelques milliers de SA *Führer* incorporés définitivement dans la *Reichswehr* comme officiers ou sous-officiers. Bien que la Constitution ne lui interdisait pas formellement de s'occuper de la demande de Röhm, l'usage faisait que le chancelier ne s'engageait pas dans ce domaine. Le ton monta alors entre les deux hommes. Fritz Günther von Tschirsky und Boegendorff[222] (1900-1980), diplomate et collaborateur du vice-chancelier Papen, qui attendait dans l'antichambre pour une signature du *Führer* fut le témoin involontaire des éclats tonitruants de la conversation. Hitler déclara : « Je ne peux pas ! Je ne peux pas ! Tu me demandes l'impossible... Tu sais très bien que Hindenburg ne tolère pas que je dise mon mot dans les questions militaires. Jamais il n'acceptera cela. J'ai déjà promis à Blomberg[223] ».

Le 21 février 1934, Hitler, en présence de Konstantin von Neurath[224] (1873-1956), déclara à Anthony Eden[225]

---

[222] Détenu quelques jours au camp de concentration de Lichtenburg pendant la Nuit des longs couteaux,il dut sa libération à son oncle, ambassadeur des Pays-Bas à Berlin et à l'intervention de Papen.

[223] Jean PHILIPPON, *La Nuit des longs couteaux, opus cit.*

[224] Konstantin von Neurath fut ambassadeur à Rome de 1921 à 1930, puis à Londres de 1930 à 1932. Il devint ensuite ministre des Affaires étrangères du gouvernement de Papen ainsi que dans les gouvernements de Schleicher et Hitler. Il fut condamné en 1946 à 15 ans de prison au procès de Nuremberg.

[225] Anthony Eden fut sous secrétaire d'État aux Affaires étrangères

(1897-1977), alors sous-secrétaire d'État aux Affaires étrangères britanniques, qu'il envisageait de réduire de deux tiers les effectifs de la SA et de mettre en place un système d'inspection international qui permettrait de vérifier que le tiers restant ne bénéficierait pas d'instruction militaire, ni d'armement[226].

Tout en demeurant fidèle et loyal à Hitler sur la scène publique, Röhm se répandait en critiques en coulisses envers le *Führer* et vilipendait notamment la dépendance de Hitler vis-a-vis des généraux Werner von Blomberg et Walter von Reichenau. Ses propos trouvaient un écho favorable auprès de tous les SA déçus des premiers mois du pouvoir nazi et qui, trop souvent à leur goût, se retrouvaient éloignés des fonctions officielles et des gratifications financières accaparées par les autorités « bourgeoises ».

Le 22 février 1934, Röhm déclara en Thuringe devant un parterre de chefs de la SA : « L'année de la victoire fut suivie de l'année d'épreuve. La révolution national-socialiste nous impose, au-delà de ce qui a déjà été obtenu, de nouvelles tâches, grandes et importantes, dont l'exécution devra être le couronnement du soulèvement allemand. La nation est préservée du danger de la stagnation et de l'esprit de boutiquier par l'élan révolutionnaire des SA qui sont les garants de la révolution. Nous ne sommes pas un club bourgeois, mais une association de combattants résolus. Cette ligne révolutionnaire sera maintenue au sein de la SA dans l'esprit du passé. Je ne veux pas conduire des hommes qui plaisent aux boutiquiers, mais des révolutionnaires qui entraînent leur pays avec eux[227]... »

---

britanniques de 1931 à 1934, puis il fut ministre des Affaires étrangères en décembre 1935 jusqu'à 1938. Il devint Premier ministre du Royaume Uni du 12 avril 1955 au 14 janvier 1957.

[226] Anthony EDEN, *The Memoirs of the Rt. Hon. Sir Anthony Eden KG, PC, MC: Full Circle.* (3 volumes) Londres, Cassell, 1960, 1962, 1965.

[227]Wolfgang BENZ, *Geschichte des Dritten Reiches*, DTV 2003.

Hitler ne pouvait demeurer muet à ce sujet, et il convoqua le 28 février 1934 le général Blomberg, la hiérarchie de la SA et de la SS afin de trancher ce problème. La base des propos que prononça Hitler avait été vue la vieille par les principaux chefs de la *Reichswehr*[228]. Hitler se déclara favorable à « mettre sur pied une armée populaire, organisée à partir de la *Reichswehr*, parfaitement instruite et dotée des armes les plus modernes[229] ». Hitler insista sur le fait que le NSDAP avait à ses yeux résorbé le chômage, mais, selon lui, une crise économique future avait des chances de survenir si un espace vital destiné à la population excédentaire n'était pas créé[230]. De ce raisonnement découlaient des conséquences militaires : « des coups brefs et décisifs contre l'Ouest, puis contre l'Est, pourraient bien se révéler nécessaires[231] ». À la vue de ces objectifs, les milices que voulait Röhm ne convenaient pas. Hitler penchait pour une armée populaire (*Volksheer*) dans le cadre de la *Reichswehr*[232]. Hitler approuva donc les vues de Blomberg qui envisageait de confier à la SA la formation paramilitaire ainsi que la protection des frontières[233]. Pour le reste, la future *Wehrmacht* « devait être le seul porteur d'armes de la nation[234] ». Hitler parvint à faire reculer Röhm qui se vit contraint de signer un pacte qui précisait que la *Reichswehr* demeurait la seule organisation armée officielle de l'Allemagne alors que la SA se voyait offrir seulement le

---

[228] Karl Dietrich BRACHER, Gerhard SCHULZ, Wolfgang SAUER, *Die nationalsozialistische Machtergreifung*, Francfort 1974.
[229] Heinrich-August WINKLER, *Histoire de l'Allemagne XIXe-XXe siècle : Le long chemin vers l'Occident, opus cit.*
[230] Ian KERSHAW, *Hitler, opus cit.*
[231] *Ibid.*
[232] *Ibid.*
[233] *Ibid.*
[234] Immo von FALLOIS, *Kalkül und Illusion. Der Machtkampf zwischen Reichswehr und SA während der Röhm-Krise 1934*, Berlin 1994.

maigre monopole de la formation pré et post militaire[235]. Bien entendu, les exigences de Hitler furent à la source d'un terrible courroux de Röhm qui s'écria peu après : « Ce que dit le prétendu *Führer* ne compte pas pour nous [...] Hitler n'est pas un homme de parole, il faut qu'on lui fasse prendre des vacances, si les choses ne peuvent se faire avec Hitler, qu'à cela ne tienne, nous les ferons sans lui[236] ». Des propos qui scellaient le profond désaccord entre la SA et Hitler et laissaient déjà présager une fin complexe. Röhm réitéra son attaque contre Hitler les jours suivants lors de plusieurs réunions dans la capitale du *Reich.* Ainsi, il lança à la cantonade : « Adolf est ignoble, il nous trahit tous. Il ne fréquente plus que les réactionnaires et prend pour confidents des généraux de Prusse-Orientale ! Adolf a été à mon école. C'est de moi qu'il tient tout ce qu'il sait des questions militaires. Mais Adolf est et reste un civil, un barbouilleur, un rêveur[237] ». Le divorce semblait bel et bien consommé entre les deux vieux amis, d'autant plus que les propos de Röhm tenus après la réunion du 28 février 1934 furent rapportés à Rudolf Hess par l'*Obergruppenführer* SA Viktor Lutze (1890-1943). Rudolf Hess, alors ministre sans portefeuille au sein du gouvernement et très proche compagnon de Hitler, alla informer le *Führer* des déclarations tonitruantes de Röhm. Hitler préféra ne pas réagir sur le moment et décida de laisser mûrir l'affaire[238]. Viktor Lutze ne se contenta pas d'avertir Hess puisqu'il fit également part des propos de Röhm au général Reichenau proche conseiller du général Blomberg. De son côté, la SS, sentant que les événements risquaient de fortement

---

[235] Heinz HÖHNE, *Der Orden unter dem Totenkopf: Die Geschichte, opus cit.*

[236] *Ibid.*

[237] Jacques DELARUE, *Histoire de la Gestapo, opus cit.*

[238] Heinz HÖHNE, *Der Orden unter dem Totenkopf: Die Geschichte, opus cit.*

s'envenimer entre Hitler et la SA, estimait par l'intermédiaire de ses plus hauts responsables, le *Reichsführer* SS Heinrich Himmler et Reinhard Heydrich[239] (1904-1942), le responsable du *Sicherheitsdienst*[240], qu'un coup de force contre la SA allait s'avérer bientôt indispensable[241]. D'après le témoignage de Rudolf Diels, Hitler demanda dans les premières semaines de 1934 de recueillir des informations sur les actions de la SA[242]. La *Reichswehr* fit de même à compter de la fin février[243]. Pour sa part, Röhm, mis au

---

[239] Sholmno ARONSON, *Reinhard Heydrich und die Frühgeschichte von SA und SD*, Stuttgart 1971.

[240] Le *Sicherheitsdienst (SD)* était le service de renseignements de la SS. Le SD fut créé dès 1931 par Reinhard Heydrich. Il fut officiellement dénommé SD en juillet 1932. Il était en compétition avec la SA qu'il aida à éliminer lors de la Nuit des longs couteaux, et en rivalité constante avec l'*Abwehr*, le service de contre-espionnage militaire dirigé par l'Amiral Wilhelm Canaris. Lors de la prise du pouvoir, le 30 janvier 1933, le SD ne comptait qu'une centaine de fonctionnaires, ainsi qu'une centaine de membres honorifiques. Reinhard Heydrich dota la centrale du SD d'un état-major subdivisé en trois unités opérationnelles – l'intérieur, l'extérieur et les frans-maçons – représentées jusqu'au début de 1934 au sein des sept sections régionales du SD. À partir du 9 juin 1934, le SD devint l'unique service de renseignement du NSDAP, cependant cette réglementation n'entra en vigueur qu'à compter du 15 juillet 1934. En 1936, il fut intégré au *Reichssicherheitshauptamt* (Office central de la sécurité du *Reich*) toujours sous le commandements de Heydrich, aux côtés de la *Sicherheitspolizei* (Police de sûreté) qui regroupait la Gestapo dirigée par Heinrich Müller et la *Kriminalpolizei*, avec à sa tête Arthur Nebe. Ayant la tâche de détecter les ennemis réels et potentiels du NSDAP, il mit en place des centaines d'agents et des milliers d'informateurs. Après l'attentat contre Hitler (Opération Walkyrie) en juillet 1944, son pouvoir quasi absolu de terreur d'État ne devant des comptes qu'à Himmler et Hitler fut encore renforcé avec la prise de contrôle de l'*Abwehr.*

[241] Heinz HÖHNE, *Der Orden unter dem Totenkopf: Die Geschichte, opus cit.*

[242] Rudolf DIELS, *Lucifer ante Portas, opus cit,* et Peter LONGERICH, *Himmler, opus cit.*

[243] Immo von FALLOIS, *Kalkül und Illusion. Der Machtkampf zwischen Reichswehr und SA während der Röhm-Krise 1934, opus cit.*

courant de ces faits, lança en riposte au début du printemps une opération de renseignements au sujet des hostilités envers la SA[244].

Malgré la teneur de l'accord imposé par Hitler, Röhm continuait à caresser l'espoir d'imposer une nouvelle armée avec la SA comme force directrice. Au cours du printemps 1934, la vision de l'avenir de l'armée de Röhm se heurta encore davantage au projet de Hitler qui désirait de son côté asseoir l'autorité de la *Reichswehr* mais aussi développer sa puissance[245]. Les larges divergences entre Röhm et Hitler étaient dès lors irrévocables. De plus, le comportement de Röhm, sa façon de fanfaronner, son attitude envers le *Führer* déplaisaient fortement à un grand nombre de dirigeants nazis qui voyaient en lui un perturbateur et un concurrent pour leurs ambitions personnelles. Peu à peu, certaines alliances se nouèrent pour faire échec à Röhm et à la SA et pour provoquer leurs chutes. Ainsi, Hermann Göring se rapprocha de Heinrich Himmler et de son bras droit Reinhard Heydrich, afin de mettre en place un plan d'action efficace pour écarter Röhm[246]. Les trois hommes prirent ensuite contact avec le ministre de la Défense le général Blomberg pour l'associer à leur démarche[247]. Dans un premier temps, ils envisagèrent de mettre la pression sur Hitler en le mettant fermement en garde sur le danger que Röhm et la SA faisaient peser sur son action et sur l'avenir même du régime[248].

---

[244] Peter LONGERICH, *Himmler, opus cit.*

[245] William Laurence SHIRER, *Le IIIe Reich, opus cit.*

[246] François KERSAUDY, *Hermann Göring : le deuxième homme du IIIe Reich,* Paris, Perrin 2009.

[247] *Ibid.*

[248] *Ibid.*

Début avril 1934, Hitler fut mis au courant de la mort prochaine du président Hindenburg dont l'état de santé s'était dégradé et qui était désormais très affaibli par la maladie[249]. Il lui fallait donc échafauder un plan imparable afin de briguer de manière certaine la succession du vieux président. Pour y parvenir, l'appui de la *Reichswehr* lui était indispensable. Le *Führer* s'employa sans relâche à la séduire. Néanmoins, Hitler n'entendait pas dans l'immédiat trop dévoiler publiquement son jeu vis-à-vis de la SA, comme le démontre son intervention du 4 avril 1934 lorsqu'il accorda un entretien à Louis Paul Lochner de l'*Associated Press* au cours duquel il revint sur les hommes avec lesquels il avait conquis le pouvoir et avec lesquels il travaillait désormais à la tête de l'Allemagne : « [...] Il est exact que je ne suis pas entouré de zéros, mais de vrais hommes. Les zéros sont ronds, ils roulent loin quand les choses vont mal. Les hommes que j'ai autour de moi ont des angles et ils sont droits. Ce sont tous des personnalités, ils sont tous pleins d'ambition... Mais jamais aucun homme de mon entourage n'a essayé de m'imposer sa volonté. Au contraire, ils se conforment entièrement à mes vœux[250] [...] » Mais, ne perdant pas de vue ses ambitions, Hitler passa à l'offensive dès le 11 avril 1934 pour conquérir les faveurs de la *Reichswehr*. Ce jour-là, Hitler, accompagné par le général Blomberg et les commandants en chefs de la *Reichswehr* et de la *Reichsmarine*, le général Werner von

---

[249] Wolfram PYTA, *Hindenburg. Herrschaft zwischen Hohenzollern und Hitler.* Siedler, Berlin 2007.

[250] Heinz HÖHNE, *Der Orden unter dem Totenkopf: Die Geschichte der SS, opus cit.*

Fritsch[251] (1880-1939) et l'amiral Erich Raeder[252] (1876-1960), monta à bord du croiseur *Deutschland*[253] afin de

---

[251] Le baron Werner von Fritsch fut général d'état-major lors de la première Guerre mondiale. Il œuvra ensuite aux côtés de Seeckt au réarmement clandestin de l'Allemagne. Il fut promu par Kurt von Schleicher en 1932 au grade de général. Il fut un ardent partisan du nazisme en 1933 car il voyait ce soutien comme un moyen de renforcer le rôle et la puissance de l'armée. Il était néanmoins hostile à la montée en puissance de la SS et au refroidissement des relations avec l'URSS. Malgré cette distance d'avec une partie du régime nazi, il fut promu au haut commandement allemand (*Oberkommando des Heeres* ou OKH) en 1934. Il fut nommé commandant en chef de l'armée l'année suivante. Il participa alors, au côté du général Blomberg au réarmement de l'Allemagne. Mobilisé en septembre 1939, il servit à la tête de son régiment d'artillerie. Il fut tué devant Varsovie lors de la Campagne de Pologne, alors qu'il inspectait des troupes. Il fut le second général allemand à mourir pendant la Seconde Guerre mondiale, le premier étant le *Brigadeführer* et *Generalmajor* de la *Ordnungspolizei* Wilhelm Fritz von Roettig, tué en Pologne le 10 septembre 1939.

[252] D'abord distant par rapport au nazisme, Erich Raeder se rallia à Hitler suite à la décision de celui-ci de réarmer l'Allemagne. Il devint alors l'un des artisans du renouveau de la *Reichsmarine*. Ses efforts pour rétablir la puissance maritime allemande furent néanmoins entravés par les priorités budgétaires attribuées à la *Wehrmacht* et à la *Luftwaffe*. Il rejoignit en avril 1936 le cabinet Hitler en tant que commandant en chef de la *Kriegsmarine*. En 1939, à quelques jours de son soixantième anniversaire, Hitler le nomma Grand Amiral de la *Kriegsmarine*. Il ne partagea pas un certain nombre d'options militaires de Hitler pendant la guerre. Il fut capturé par les Russes et comparut au procès de Nuremberg. Le 1er octobre 1946, il fut condamné à la détention à perpétuité. Dans son pourvoi, Raeder demanda à être fusillé plutôt que de purger une peine de prison à vie. Son pourvoi fut rejeté par le conseil de contrôle le 10 octobre 1946. Il purgea sa peine à la prison de Spandau jusqu'au 26 septembre 1955, date à laquelle il fut libéré pour raisons médicales.

[253] Le *Deutschland*, plus tard renommé *Lützow* en 1939 à la veille du conflit mondial, fut le premier croiseur lourd de la classe *Deutschland*. Le navire fut construit par les chantiers *Deutsche Werke* à Kiel. Il fut inauguré en février 1929 et terminé en avril 1933. Il emportait deux hydravions de reconnaissance Arado Ar 196 sur son pont et comprenait un système de radar *Funkmess-Ortung (FuMO)*.

gagner Königsberg (Prusse-Orientale) depuis Kiel (Schleswig-Holstein) pour assister à des manœuvres militaires en Prusse-Orientale. Hitler mit à profit ces manœuvres pour exposer les faits à la hiérarchie militaire : la mort prochaine du président Hindenburg allait ouvrir une période d'incertitude et de troubles sauf si lui-même prenait la succession du président défunt[254]. Afin d'obtenir le soutien actif de la *Reichswehr*, Hitler présenta le programme suivant aux militaires : réduction drastique des effectifs de la SA, désarmement de la SA, expansion de la *Reichswehr*[255]. Il fut convenu d'un délai de réflexion avant toute réponse[256].

Pendant ce temps, sur la scène internationale, les relations de l'Allemagne demeuraient très tendues avec ses voisins, comme en témoigne cette note remise le 17 avril 1934 par le ministre des Affaires étrangères françaises Louis Barthou (1862-1934) au chargé d'affaires britanniques : « [...] En réalité, et sans attendre les résultats des négociations qui s'échangeaient, le gouvernement allemand a voulu imposer sa résolution de poursuivre son réarmement sous toutes ses formes, dans les limites qu'il prétend être seul juge... Ils [ces faits] prouvent que le gouvernement du *Reich* a, de propos délibéré ou non, rendu impossibles des négociations dont son ministre a ruiné la base [...] La France doit placer au premier plan de ses préoccupations les conditions de sa sécurité propre, dont elle ne sépare pas du reste celle des autres puissances intéressées[257] [...] » Gaston Doumergue (1863-1937) et André Tardieu (1876-1945) furent à l'origine de l'arrêt des négociations malgré les réticences de Louis Barthou.

---

[254]William Laurence SHIRER, *Le IIIe Reich, opus cit.*

[255]*Ibid.*

[256]*Ibid.*

[257] Jean-Baptiste DUROSELLE, André KASPI, *Histoire des relations internationales : de 1919 à 1945*, Paris, Armand Colin 2012.

Le 18 avril 1934, devant un parterre de journalistes de la presse étrangère, Röhm prononça un discours marquant dans lequel il développa sa conception de la révolution nationale-socialiste et la façon dont il envisageait la poursuite de celle-ci : « La nouvelle Allemagne nationale-socialiste sous le signe de la croix gammée n'a pas que des amis dans le monde. On a beaucoup parlé, on a beaucoup écrit à son sujet... Dans leur ensemble ou presque les étrangers ont compris ni le sens ni la nature de la révolution allemande. On oublie presque toujours qu'il ne s'agit pas d'un changement de main du pouvoir politique. Non ! C'est le surgissement d'une nouvelle conception du monde [...] La révolution nationale-socialiste signifie la rupture spirituelle avec la pensée de la grande révolution française de 1789. Cette pensée, qui ne tient compte que des éléments mesurables et dénombrables, a vu se dresser contre elle dans le national-socialisme une nouvelle forme de l'idéalisme devant lequel la démocratie n'éprouve que désarroi, parce que par une nécessité naturelle elle est incapable d'en saisir le principe intérieur. À la place des valeurs de la démocratie, le national-socialisme a mis des forces que l'on ne peut mesurer avec l'aune et la balance, que l'on ne peut comprendre uniquement par raison et calcul, les forces de l'âme et du sang [...] L'univers moral du national-socialisme et celui de la démocratie se situent donc à deux niveaux conceptuels différents [...] Je vais vous parler de la SA. La SA est l'héroïque incarnation de la volonté et de la pensée de la révolution allemande. On ne peut comprendre la nature et la tâche de la SA que si l'on comprend la nature et les buts de la révolution nationale-socialiste [...] La révolution allemande a commencé par détruire les formes intérieures de la République de Weimar. A la place du système rouge et noir de novembre, elle a institué le régime national-socialiste dont elle a fait l'incarnation de l'autorité politique de l'État. Mais comme conception du monde —

et le but premier et dernier de notre combat durant toutes ces années a été d'imposer intégralement une nouvelle conception du monde — le national-socialisme n'est pas un problème constitutionnel et il n'existe pas entre lui et la forme terrestre de l'État, quel qu'il soit, de rapport causal. La SA, répétons-le, est l'incarnation héroïque de la volonté et de la pensée de la révolution nationale-socialiste. La révolution nationale-socialiste est un processus de pédagogie morale. Il y a longtemps déjà qu'il a commencé et il ne sera terminé que lorsque le dernier Allemand représentera et confessera, par ses actes et ses pensées, le national-socialisme. Lorsque Hitler a commencé son combat, c'était un soldat, un simple soldat... Le combat, le combat et encore le combat, voilà ce qui a marqué sa vie. Aussi, il allait de soi que dans cette lutte il soumette ses auxiliaires à des impératifs militaires. Pour garantir l'exécution cohérente de la ligne politique de sa volonté, le *Führer* a ainsi édifié l'armée brune de la révolution sur deux piliers solides : l'autorité du chef et la discipline. Une seule décision du SA est volontaire : celle d'entrer dans les rangs des troupes d'assaut de la rénovation allemande. Dès l'instant où il revêt l'uniforme brun, il se soumet sans restriction à la loi de la SA. Celle-ci est : obéissance jusqu'à la mort au chef suprême de la SA : Adolf Hitler. Mes biens et mon sang, ma force et ma vie, tout ce que j'ai appartient à l'Allemagne. Dès le début, Hitler n'a pas lutté pour des buts mesquins... Dès le premier jour, quand sept hommes sans nom, sans alliés, sans journaux, sans argent songèrent à relever l'Allemagne de ses ruines, ce qui était en jeu, c'était le pouvoir tout entier. Dans ce combat, son arme fut la SA. Ce n'est pas une bande de conjurés intrépides mais une armée de croyants et de martyrs, d'agitateurs et de soldats qu'il lui fallait dans cette lutte gigantesque dont l'enjeu était l'âme du peuple allemand. Comme ces tâches l'exigeaient, Adolf Hitler a créé un type nouveau de combattant : le soldat d'une idée politique. À ses soldats politiques, il a donné le drapeau rouge à croix gammée, symbole nouveau de l'avenir allemand, il a donné la chemise brune que revêt le SA dans le combat, les honneurs et dans la mort. Par l'éclat de la couleur, la chemise brune distingue pour tous le SA de la masse. C'est dans ce fait qu'elle trouve sa justification : elle est le signe distinctif du SA ; elle permet à l'ami comme à l'ennemi de reconnaître au premier coup d'œil celui qui professe la conception du monde national-socialiste [...] La SA est l'incarnation du national-socialisme. À coups de poing, la SA a ouvert à l'idée nationale-socialiste la voie qui mène à la victoire. Et dans sa marche, la SA a entraîné les sceptiques, les hésitants au milieu de cette prodigieuse levée en masse de la nation. L'assaut de la vague brune sous le signe de la croix gammée ne cessait de crier aux attentistes : viens avec nous, camarade ! Des centaines de milliers de travailleurs n'auraient pas retrouvé le chemin de la patrie s'il n'y avait pas eu la SA... C'est la SA qui les a enlevés à la rue, à la faim, et au chômage. Les bataillons bruns ont été à l'école du national-socialisme. Car dans leurs rangs il n'y a ni privilège de naissance, de rang ou de fortune : seuls comptent l'homme et les services qu'il a rendus au mouvement. Aujourd'hui, l'État national-socialiste repose sur des bases solides. Par millions, les soldats politiques du national-socialisme veillent sur le nouvel État qui est leur État [...] Malheureusement à la suite de la révolution nationale-socialiste des cercles réactionnaires se sont accrochés à nos chausses. Certes, ils se sont « alignés », ils ont même piqué à leurs revers la croix gammée en affirmant vivement qu'ils avaient toujours été des nationaux. Mais nous n'avons pas fait une révolution nationale, mais une révolution nationale-socialiste et nous mettons l'accent sur le mot socialiste... Par une inconcevable clémence le nouveau régime, quand il a pris le pouvoir, n'a pas éliminé impitoyablement tous les représentants de l'ancien système et de celui qui l'avait précédé... Nous leur tordrons le cou sans le moindre mouvement de pitié s'ils osent mettre en pratique des convictions réactionnaires. Réactionnaires, conformistes bourgeois, spécialistes du dénigrement, tous par disposition naturelle d'esprit, considèrent la révolution comme une monstruosité. Il est vrai en revanche que nous avons envie de vomir lorsque nous pensons à eux. Mais, rempart inébranlable de la révolution, la SA se dresse contre la réaction, le dénigrement et le conformisme. En elle est incarné tout ce qui fait l'esprit de la révolution. Dans les années de lutte, la chemise brune était costume d'apparat. Elle était aussi linceul. Après la victoire, elle est devenue symbole de l'unité nationale-socialiste, elle est devenue le costume de l'Allemand et le restera. L'ordre et la discipline de la SA ont été tout d'abord une nécessité. C'est la SA qui faisait l'unité des forces révolutionnaires qui, à l'origine, ne constituaient qu'un agrégat mal lié. Plus tard, la SA est devenue un instrument d'éducation et le ciment de la communauté nationale qui ne peut subsister si l'individu ne se soumet en tout. Aujourd'hui, elle est l'expression du nouveau style de vie allemand. Ayant son origine dans la SA, il s'impose à toutes les formes de la vie en Allemagne. La SA c'est la révolution nationale-socialiste! [258]. »

Cette fois-ci, le discours de Röhm fut bien accueilli par Goebbels, pourtant pas avare en critiques envers le chef d'état-major de la SA[259].

Le 20 avril 1934 parut dans la *National-Zeitung* un article qui indiquait que la répression contre les ennemis de l'État devait se montrer implacable et : « par ennemis de l'État il ne faut nullement entendre uniquement les agents et les agitateurs bolcheviques, par ennemis de l'État il faut entendre tous ceux qui, par la parole ou l'action, quels que

---

[258] Max GALLO, *La Nuit des longs couteaux, opus cit.*
[259] Joseph GOEBBELS, *Journal, opus cit.* Entrée du 20 avril 1934.

soient leurs motifs, compromettent l'existence du *Reich* [...] Depuis la fin de la révolution, l'ennemi politique ne court plus de risques. Dans les premières semaines, il y a eu des actions brutales : aujourd'hui, ceux qui font de l'agitation, du dénigrement, les saboteurs et les calomniateurs sont exposés tout au plus à être internés préventivement pour une durée plus ou moins longue dans un camp de concentration. Cette détention a des formes qui ne sont pas totalement effrayantes, mais cela va changer maintenant. Nous ne torturerons et ne tourmenterons personne, mais nous les fusillerons et tout d'abord les communistes[260]. »

Quelques semaines plus tard, Edmund Heines, l'adjoint de Röhm et *Obergruppenführer-SA* développa un argumentaire équivalent : « Nous avons assumé le devoir de rester révolutionnaires. Nous ne sommes qu'au commencement. Nous ne nous reposerons que lorsque la Révolution allemande sera achevée[261] ».

Le 16 mai 1934, à Bad Nauheim (Hesse), la hiérarchie militaire décida sur la base du « programme du *Deutschland* », et après de longues et vives discussions, de suivre Hitler dans sa démarche et dans sa quête de cumuler les postes de chancelier et de président[262]. Cette victoire incontestable de Hitler qui venait de trouver des alliés de poids signifiait aussi la chute prochaine de la SA que le *Führer* s'était engagé à faire implacablement rentrer dans le rang.

Fin mai, cédant aux arguments de Göring et Himmler, et afin de désamorcer les projets belliqueux de la SA et lui faire comprendre qu'elle ne devait pas aller trop loin et qu'il demeurait le seul maître d'œuvre de la politique nazie,

---

260 *National-Zeitung* du 20 avril 1934.
261 Jacques DELARUE, *Histoire de la Gestapo, opus cit.*
262 Ian KERSHAW, *Hitler, opus cit.*

Hitler décida de retirer le droit à la SA d'effectuer des manœuvres militaires[263]. À cette époque, les plus folles rumeurs circulaient dans la capitale du *Reich*. Complots et contre-complots se succédaient à tous les coins de rues si l'on en croyait certaines sources « avisées[264] ». Entente entre Schleicher et Röhm, listes de cabinets fantômes[265]... Göring et Himmler se servirent évidemment de ces événements pour faire encore davantage avancer leurs pions contre Röhm et la SA. Si bien que Hitler accentua sa politique au début juin en ordonnant la mise en congé de la SA pour un mois[266]. Pendant la permission de la SA, les hommes n'avaient pas le droit de porter l'uniforme ni de participer à des défilés ou des exercices. Bien entendu, ces décisions furent mal acceptées par Röhm qui, bien que se pliant de mauvaise grâce aux ordres du *Führer*, n'abandonna pas pour autant son ton très offensif avant de s'éloigner pour un « congé de maladie » : «Afin de tordre le cou dès à présent à toutes les fausses interprétations qui pourraient en résulter, le chef d'état-major précise qu'après avoir recouvré la santé, il reprendra ses fonctions avec toutes leurs attributions. Si les ennemis de la SA se bercent de l'espoir que la SA ne réintégrerait pas ses fonctions après sa permission, ou ne le ferait que partiellement, nous voulons bien les laisser profiter brièvement de ce plaisir. Ils recevront, au moment venu et sous la forme qui paraîtra nécessaire, la réponse appropriée. La SA est et reste le destin de l'Allemagne[267] ». Les déclarations de Röhm et de ses adjoints suscitèrent une vive réprobation de la part de Göring et Himmler, mais également de Hess qui déclara le

---

[263]*Ibid.*

[264]William Laurence SHIRER, *Le IIIe Reich, opus cit.*

[265]*Ibid.*

[266]Ian KERSHAW, *Hitler, opus cit.*

[267] Guido KNOPP, *Les SS : un avertissement de l'Histoire*, Paris, Presses de la Cité 2006. Communiqué de presse publié le jeudi 7 juin par l'OSAF , *Oberste SA. Führung* (Commandement suprême de la SA).

25 juin 1934 à Cologne au cours d'une allocution à la radio : « Le grand stratège de la révolution c'est Adolf Hitler. C'est lui qui connaît les limites de ce que l'on peut atteindre et les moyens à employer dans les situations données. Il agit après un calcul froid qui peut paraître influencé par les circonstances mais qui, en vérité, est perspicace et dicté par les buts lointains de la révolution [...] Malheur à qui rompt son serment en croyant servir la révolution par la rébellion[268] ».

Le mercredi 6 juin 1934, Hitler reçut Röhm à la chancellerie. Cette rencontre fut la dernière avant la descente de Hitler à Bad Wiessee[269], où séjournait Röhm. Les deux hommes parlèrent à bâtons rompus de 18 h 30 jusqu'à minuit. La conversation fut assez agitée et Hitler ne mâcha pas ses mots. Il mit sur la table les informations alors en sa possession. Mais, à ce moment-là, il gardait encore confiance en Röhm pour remettre de l'ordre dans le fonctionnement de la SA au sujet des débordements de certains de ses membres. Hitler lui demanda aussi d'agir au sujet des rumeurs d'actions nationales-bolcheviques et des rumeurs de sabotage au niveau de la collaboration avec la *Reichswehr*. Bien entendu, Röhm se défendit de toutes les accusations et s'engagea à agir en conséquence pour mettre un terme aux agissements de certains fautifs mais, comme le souligne l'historien Jean Philippon : « Comme il l'avait fait tant de fois, il [Röhm] obéit et chercha à remédier aux abus incontestables, mais tout en agissant avec bonne volonté, il en gâcha le mérite par des rodomontades, des menaces lancées à la cantonade[270] ».

Peu avant son départ à Bad Wiessee, Ernst Röhm déjeuna avec Baldur von Schirach (1907-1974), le chef des

---

[268] Ian KERSHAW, *Hitler, opus cit.*, ainsi que Marlis STEINERT, *Hitler, opus cit.*

[269] Petite ville située dans les Préalpes bavaroises, sur la rive occidentale du lac Tegernsee.

[270] Jean PHILIPPON, *La Nuit des longs couteaux, opus cit.*

Jeunesses hitlériennes (*Hitlerjugend*) et lui confia ses projets mais aussi affirma avec force sa fidélité à Hitler : « Ce qu'il nous faut, c'est une armée populaire. Mais ces crétins de la Bendlestrasse[271] ne veulent pas le comprendre, et pour Adolf, la *Reichswehr* est maintenant l'enfant chéri [...] Je suis fidèle à Adolf. S'il me dit maintenant que je suis une charge pour lui, je retourne en Bolivie. Je ne pourrai jamais entreprendre quoi que ce soit contre lui [...] Le principal est que nous tenions. Tout s'est arrangé entre nous. Je m'entendrai toujours avec Adolf. C'est mon ami et je l'aime bien[272]. »

Le 8 juin 1934, depuis Munich, Röhm fit connaître un ordre du jour : « Je me suis résolu à suivre le conseil de mes médecins et à rétablir pleinement, par une cure, mes forces sérieusement diminuées, au cours des dernières semaines, par une douloureuse affection des nerfs. L'intérim sera assuré par le chef du *Führungsamt*, l'*Obergruppenführer* von Krausser[273]. L'année 1934 exigera toutes les forces de tous les combattants de la SA. Aussi, je recommande à tous les SA *Führer* d'établir, dès le mois de juin, un calendrier des permissions. En particulier, tous les SA *Führer* et les hommes qui devront assurer un service de permanence en juillet, prendront leur congé en juin. Ainsi, le mois de juin sera, pour une partie limitée des hommes et des cadres, le mois de juillet, pour la masse de la SA, une période de détente et de repos. J'attends que la SA soit présente à l'appel le 1er août, fraîche et dispose, afin de remplir les tâches glorieuses que le peuple et la patrie sont en droit d'exiger d'elle [...] La SA est et demeure le destin de l'Allemagne[274] ».

---

[271] Siège du ministère de la Guerre.
[272] Baldur von SCHIRACH, *J'ai cru en Hitler*, Paris, Plon 1968.
[273] Il s'agissait de Friedrich Wilhelm Ritter von Krausser (1888-1934), également député au *Reichstag*.
[274] Jean PHILIPPON, *La Nuit des longs couteaux, opus cit.*

Mais la réprobation aux discours et aux menaces de la SA ne vint pas que du côté de la SS et des ministres nazis. En effet, les milieux conservateurs effrayés par une possible prise en main de l'Allemagne par la SA, se montraient très inquiets de l'arrogance de cette dernière et des tergiversations de Hitler qui, malgré quelques décisions défavorables à l'organisation dirigée par Röhm, semblait hésiter à frapper véritablement du poing sur la table. Le vice-chancelier Franz von Papen issu de ces milieux conservateurs — qui au départ pensait et disait : « On va le [Hitler] pousser dans un coin et l'écraser lentement contre le mur jusqu'à ce qu'il pousse des cris de goret[275] » — et ayant toute l'attention du président Hindenburg, se saisit d'une visite à l'université de Marburg[276] le dimanche 17 juin 1934 pour y prononcer un discours retentissant[277], le fameux « discours de Marburg » (*Marburger Rede*), discours éloquent dans sa forme et très digne dans le ton, un discours « téméraire et provocant[278] » afin de faire réellement bouger les choses et amener Hitler à trancher la question dans le vif avec célérité. Ce discours fut en effet, depuis le discours d'Otto Wels[279] (1873-1939) relatif à la loi des pleins pouvoirs, la critique la plus acérée portée publiquement contre les méthodes terroristes du NSDAP et de la SA, le caractère primitif de leur omniprésente propagande et l'obséquiosité de cette dernière à l'égard du *Führer*. De son côté, Hitler quitta Munich en avion vers 8 h 25 et gagna ensuite la petite ville

---

[275] *Ibid.*

[276] L'université de Marburg fut fondée en 1527 par Philippe Ier de Hesse. Il s'agit de la plus ancienne université protestante au monde.

[277] Le discours de Papen fut prononcé dans le *Landgrafenhaus*, un des bâtiments de l'université, dans la principale salle de conférence.

[278] Ian KERSHAW, *Hitler, opus cit.*

[279] Il fut le seul orateur à s'opposer, malgré les menaces, à l'adoption de la loi des pleins pouvoirs voulue par Hitler lors de la séance du *Reichstag* du 23 mars 1933. Cf Didier CHAUVET, *Georg Elser et l'attentat du 8 novembre 1939 contre Hitler*, Paris, L'Harmattan 2009.

de Gera (Thuringe) où il évoqua avec les responsables du NSDAP l'état de la situation intérieure de l'Allemagne ainsi que le bilan très mitigé de son séjour à Venise avec Benito Mussolini (1883-1945) qui lui aurait conseillé de se débarrasser de Röhm et des éléments les plus turbulents de la SA[280]. Il assista également depuis la tribune officielle, en compagnie de Goebbels, à un vaste défilé de 20 000 hommes.

Défense de la propriété, retour à une société conservatrice et chrétienne, refus d'une économie socialisée et planifiée, rétablissement de la liberté de la presse furent les thèmes abordés par Papen, mais ce discours du vice-chancelier dénonçait également clairement les risques d'une « seconde révolution » menée par la SA et stigmatisait les excès violents de cette dernière ainsi qu'un abusif et mensonger culte de la personnalité : « [...] Nous avons vécu cette unité spirituelle dans l'ivresse de milliers de manifestations, de drapeaux, de cérémonies d'une nation qui s'est retrouvée. Or maintenant que l'enthousiasme se dilue, que le travail tenace réclame son droit sur ce processus, il se révèle qu'un processus de décantation ayant de telles dimensions historiques produit aussi une gangue de ce genre dans tous les domaines de notre vie, dans les domaines matériels et spirituels. L'étranger, qui nous observe avec malveillance, montre cette gangue du doigt et l'interprète comme un processus sérieux de décomposition [...] Si la révolution libérale de 1789 était une révolution du rationalisme [...] la contre-révolution qui se produit maintenant au XXe siècle ne peut être que conservatrice dans ce sens qu'elle ne rationalise pas et ne dissout pas, mais replace toute l'existence de nouveau sous les lois naturelles de la création [...] De ce qui précède ressortent ces déductions nettes dans le domaine politique : le temps de

---

280 Thierry FERAL, *Le nazisme en dates : novembre 1918-novembre 1945, opus cit.*

l'émancipation de la classe inférieure contre les classes supérieures est passé. Il ne s'agit pas de maintenir une classe en bas – ce serait être réactionnaire – mais d'empêcher qu'une classe ne se soulève, ne s'empare du pouvoir et réclame en sa faveur le droit de représenter la totalité [...] J'ai dessiné aussi nettement les problèmes de la révolution allemande et mon attitude à cet égard parce que les commérages relatifs à une deuxième vague, qui devrait achever la révolution, ne veulent pas cesser. Quiconque joue en irresponsable avec de telles idées ne doit pas fermer les yeux sur la possibilité d'une troisième vague succédant à la seconde. Il doit se dire que celui qui menace autrui de la guillotine peut se trouver plus vite que d'autres sous le couperet. On ne voit d'ailleurs pas où cette seconde vague doit nous conduire. On parle beaucoup d'une future socialisation. Avons-nous vécu une révolution anti-marxiste pour ensuite réaliser le programme du marxisme ?... Bien entendu, un problème social existe, dû à des processus économiques et démographiques. Mais on n'en viendra à bout qu'en rendant à la propriété sa responsabilité et non pas en élevant l'irresponsabilité collective au rang de principe dominant [...] Ce n'est pas la propagande qui fait les grands hommes, ce sont leurs actions. Aucune nation ne peut vivre dans un état de troubles perpétuels, dont nul ne voit la fin [...]. S'il veut se faire une place dans l'histoire, aucun peuple ne saurait supporter l'insurrection constante d'en bas. Il faut qu'à un moment le mouvement s'arrête, il faut qu'à un moment se mette en place un ordre social solide dont la cohésion soit assurée par une administration de la justice impartiale et par une autorité publique incontestée. L'Allemagne ne doit pas se transformer en train qui avance à l'aveuglette et dont nul ne sait quand il s'arrêtera [...] Il est grand temps de serrer les rangs, dans la fraternité et le respect de nos compatriotes, de ne pas troubler le travail des hommes sérieux et de réduire au silence les doctrinaires fanatiques[281] ». Ce discours, fort applaudit, considéré à juste titre comme la dernière action publique en Allemagne émanant d'une haute personnalité politique contre le nazisme, fut rédigé[282] principalement par Edgar Julius Jung (1894-1934), brillant avocat munichois et proche conseiller du vice-chancelier, avec la participation de Herbert von Bose (1893-1934), le secrétaire personnel de Papen, et de Erich Klausener (1885-1934) le chef de l'Action catholique[283] et ancien directeur de la police au ministère prussien de l'Intérieur.

Aussitôt que Joseph Goebbels apprit la teneur de l'intervention publique de Papen, il œuvra sans tarder pour essayer au maximum d'en réduire la diffusion et la portée. Il décréta - alors qu'il n'était que ministre et Papen vice chancelier ! - l'interdiction de la retransmission à la radio d'un enregistrement sonore du discours qui devait faire l'objet d'une émission le soir-même[284]. Il décréta également l'interdiction pour la presse écrite d'imprimer le texte du discours[285]. Il ordonna même à la police de procéder à la saisie d'exemplaires de la *Frankfurter Zeitung*[286] qui

---

[281] Franz von PAPEN, *Memoirs*, *opus cit.*, ainsi que *Rede des Vizekanzlers von Papen vor dem Universitätsbund, Marburg, am 17. Juni 1934*, Germania, Berlin 1934.

[282] Christian HUNGERHOFF, *Franz von Papen und der Röhm-Putsch*, Grin Verlag 2007.

[283]L'Action catholique s'opposait à la politique anticléricale de Hitler.

[284] Christian HUNGERHOFF, *Franz von Papen und der Röhm-Putsch, opus cit.*

[285]*Ibid.*

[286] La *Frankfurter Zeitung* était un journal allemand qui a paru de 1856 à 1943. Il était issu d'une lettre de marché qui était publiée à Francfort. Après la création de l'Empire allemand en 1871, la *Frankfurter Zeitung* devint un important porte-parole de l'opposition de la bourgeoisie libérale extra-parlementaire. Il fut l'avocat de la paix avant et pendant la Première Guerre mondiale. Durant la République de Weimar, le journal fut confronté à l'hostilité des cercles nationalistes car il s'était prononcé en faveur du traité de Versailles en 1918. À l'époque il

faisaient déjà référence au discours de Marburg prononcé par Papen[287] dans le grand amphithéâtre de l'université Philippe, le réformateur de la Hesse. Néanmoins, en habile politicien, Papen avait au préalable pris quelques précautions, se doutant bien que son discours allait susciter de vives réactions de la part des nazis, et il avait judicieusement fait distribuer le texte de son intervention aux diplomates présents à Berlin ainsi qu'aux journalistes étrangers[288]. Il avait de même fait secrètement imprimer sur les presses du journal *Germania*, des centaines d'exemplaires du discours qui circulèrent sous le manteau[289]. Le texte du discours fut aussi envoyé en Suisse, en France, aux Pays-Bas, au Luxembourg. Le *Journal de Genève* revint dans ses colonnes sur le discours de Papen : « Depuis quelques temps, déjà, se dessine dans les milieux des vieilles familles prussiennes un mouvement de désaffection à l'égard du régime hitlérien. Ces milieux s'inquiètent de projets qui compromettraient leurs droits de propriété ; les atteintes portées par l'État à l'indépendance des Églises les émeuvent [...] M. von Papen est aujourd'hui leur porte-parole. Pour qu'il ait osé prononcer son sensationnel discours de Marburg, il faut qu'il se soit senti soutenu par un courant très puissant [...] Sa parole a retenti comme un sévère

---

soutenait le gouvernement et la politique de réconciliation de Gustav Stresemann. La *Frankfurter Zeitung* était l'un des quelques journaux démocrates de cette époque. Durant le régime nazi, il fut considéré comme le seul journal à forte diffusion qui n'était pas complètement sous le contrôle du ministère de la Propagande de Joseph Goebbels. Mais finalement Hitler fit cesser sa parution en 1943. La *Frankfurtet Allgemeine Zeitung* se considère un peu comme son successeur, beaucoup d'anciens journalistes de la *Frankfurter Zeitung* ayant aidé à son lancement en 1946.

[287] Christian HUNGERHOFF, *Franz von Papen und der Röhm-Putsch, opus cit.*

[288]*Ibid.*

[289]*Ibid.*

avertissement aux maîtres de l'heure[290] ». De son côté, l'ancien chancelier Brüning écrivit à l'ancien ambassadeur de Grande-Bretagne à Berlin, Sir Horace Rumbold (1869-1941), dans une lettre datée du 9 juillet 1934, que Papen n'aurait jamais dû prononcer un tel discours sans avoir préalablement pris la précaution de prévenir la *Reichswehr* et le président Hindenburg[291].

Hitler réagit à ce discours en prononçant une allocution pour le rassemblement du parti du *Gau* de Thuringe. Il traita Papen, sans toutefois prononcer son nom[292], de : « pygmée qui s'imagine qu'il peut arrêter, en quelques phrases, la gigantesque renaissance de tout un peuple[293]. S'ils devaient jamais essayer, fût-ce modestement, de passer de la critique à un nouveau parjure (*Meineidstat*), ils peuvent être assurés qu'ils trouveront face à eux, non pas la bourgeoisie lâche et corrompue de 1918, mais le poing du peuple tout entier. C'est le poing serré de la nation qui frappera quiconque ose entreprendre ne serait-ce que la plus infime action de sabotage ».

Mais, après son discours, Papen adressa un télégramme à Hitler dans lequel il disait : « Je vous prie d'agréer les félicitations les plus cordiales que je vous adresse à l'occasion du brillant déroulement de la rencontre de Venise [avec Mussolini] qui a montré à quel point l'ensemble du monde politique accorde attention et prête l'oreille à l'Allemagne nouvelle. Dans la vieille cité universitaire, je viens de rompre une lance pour que votre Révolution soit poursuivie sans détour et sans falsification jusqu'à son achèvement. Avec toute l'expression de ma vénération et de

---

290 *Journal de Genève* du 21 juin 1934.

291 Heinrich BRÜNING, *Briefe und Gespäche 1934-1945*, Claire Nix, Stuttgart 1974.

292 Joachim PETZOLD, *Franz von Papen. Ein deutsches Verhängnis.* Munich/Berlin 1995.

293 Max DOMARUS, *Hitler. Reden und Proklamationen 1932-1945*, *opus cit.*

ma loyauté. Papen[294] ». Hitler consulta ce télégramme le 18 juin. Surprenant au premier abord, le contenu de ce télégramme n'était pas forcément en contradiction avec le texte du discours de Marburg. Mais, quand même, il marquait un recul considérable avec la flamboyance de Marburg et semblait être un désaveu des phrases chocs précédemment prononcées. En vérité, toute l'indécision et toute l'ambiguïté de Papen s'y reflétaient.

Hitler se trouvait désormais coincé entre deux mâchoires d'un étau et il lui faudrait vaincre simultanément la SA « révolutionnaire » et la « réaction » monarchiste. Si Hitler s'était contenté de s'en prendre à la tendance représentée par Papen, la SA aurait alors obtenu un succès dangereux pour lui. Si Hitler ne s'en prenait qu'à la SA, il renforçait de fait les représentants de la bourgeoisie. Une action double était donc nécessaire pour le *Führer*. Le discours de Papen lui offrit cette occasion de régler radicalement la crise intérieure. Il allait lui falloir faire preuve de doigté dans le choix du moment de l'action et d'une bonne dose de manipulation pour se jouer des conservateurs. Comme le souligne l'historien Peter Longerich : « Hitler résolut la crise en choisissant de ne pas s'en prendre prioritairement aux conservateurs. Il leur proposa plutôt de faire front contre la SA. En écartant la direction de la SA, calculait-il, il serait possible de démêler d'un seul coup le nœud des problèmes politiques internes : la masse des mécontents dans les rangs de la SA perdrait son porte-voix, c'en serait fait de la menace d'une « seconde révolution », la question de la constitution militaire serait réglée, la majorité de la population accepterait avec soulagement la mise au pas de ce facteur d'instabilité — et l'alliance entre les nationaux-socialistes et les élites conservatrices en sortirait renforcée. Dans la mesure où l'on y verrait la neutralisation d'une

---

[294] Jean PHILIPPON, *La Nuit des longs couteaux, opus cit.*

menace de coup d'État, même les conservateurs accepteraient sans doute que quelques-uns de ceux d'entre eux qui critiquaient le régime soient également mis sur la touche, voire liquidés[295] ».

Hitler rencontra Papen dans l'après-midi du 18 juin. Il écouta le vice-chancelier, se montra attentif et prévenant et parvint parfaitement à manœuvrer Papen et à gagner du temps. Lorsque Hitler eut la quasi certitude que Papen n'était le porte-parole ni du président Hindenburg, ni de la *Reichswehr*, il retrouva une complète sérénité. Mais il lui fallait l'entendre de la bouche de Hindenburg pour être définitivement fixé sur la tournure des événements.

Finalement, le 20 juin 1934, Papen donna sa démission à Hitler en précisant qu'il avait parlé : « en tant qu'homme de confiance du président[296] » et en protestant vivement contre l'action de Goebbels[297]. Le 21 juin, afin de dégager des certitudes au sujet de l'ouverture d'une sorte de fronde conservatrice qui venait s'ajouter à la fronde de la SA, Hitler s'entretint à Neudeck[298] (Prusse-orientale) avec le président Hindenburg et le général Blomberg. Le président, très affaibli par la maladie, reçut le *Führer* pour tirer un bilan de la rencontre du chancelier avec Mussolini. Ils discutèrent aussi du sort du chancelier autrichien Engelbert Dollfuss[299] (1892-1934). Le sujet Röhm fut également abordé. Le

---

[295] Peter LONGERICH, *Himmler, opus cit.*

[296] Max DOMARUS, *Hitler. Reden und Proklamationen 1932-1945, opus cit.*

[297] Peter LONGERICH, *Goebbels. Biographie.* Munich, Siedler Verlag 2010.

[298] Neudeck était la propriété de Hindenburg.

[299] Engelbert Dollfuß fut chancelier fédéral de l'Autriche du 20 mai 1932 au 25 juillet 1934. Il fut assassiné par des nazis autrichiens lors d'une tentative de coup d'État. Dieter ROSS, *Hitler und Dollfuß. Die deutsche Österreich-Politik 1933–1934.* Leibniz, Hambourg 1966 ainsi que Heinrich BUßHOFF, *Das Dollfuß-Regime in Österreich.* Duncker & Humblot, Berlin 1968.

président Hindenburg déclara alors que si la tension qui pesait sur l'Allemagne en raison de la menace représentée par la SA ne prenait pas fin dans les plus brefs délais, il se verrait à ce moment-là dans l'obligation de déclarer la loi martiale et de remettre à la *Reichswehr* le contrôle de l'État[300]. Hitler s'engagea à y mettre bon ordre. Le cas Papen et le discours de Marburg, dont Hindenburg fut mis au courant le 18 ou le 19 juin par le secrétaire d'État Walther Funk (1890-1960) que le chancelier, sur une idée de Göring, avait dépêché chez le président, furent également abordés. Hindenburg, dont la santé fortement déclinante ne lui permettait plus d'analyser finement et complètement des situations complexes aurait simplement déclaré : « Si M. von Papen n'est pas capable d'obéir, il lui faudra sentir le bâton[301] ». Finalement, Hitler fut satisfait de son déplacement à Neudeck. L'attitude de Hindenburg lui confirma le relatif isolement de Papen, même si certains milieux conservateurs lui demeuraient encore fidèles.

Les collaborateurs de Papen essayèrent de rattraper ce qui pouvait l'être et se mobilisèrent pour obtenir une audience de Papen avec Hindenburg. Ils contactèrent à cet effet Fritsch, qui reçut Papen, mais qui n'était pas prêt à lui apporter son soutien. Il se contenta de lui lancer : « [...] Vous avez prononcé un discours magnifique à Marburg. Quel dommage que ce soit vous qui ayez parlé et non Goebbels[302] ! »

Le 21 juin 1934, Goebbels prononça dans le stade Neukölln au cœur d'un quartier ouvrier de Berlin un discours agressif dont la cible principale se trouvait être Papen et tous ceux qui se permettaient d'émettre des

---

[300] Anna von der GOLTZ, *Hindenburg. Power, Myth, and the Rise of the Nazis.* Oxford University Press, Oxford 2009.

[301] Jean PHILIPPON, *La Nuit des longs couteaux, opus cit.*

[302] *Ibid.*

critiques sur la politique menée par Hitler. Il était évident qu'à cet instant, le ministre de la Propagande, possédait lui aussi l'assurance que Papen était un homme désormais isolé qui ne bénéficiait pas du soutien du président ni de la *Reichswehr*, et dont le coup d'éclat de Marburg aussi tonitruant fut-il demeurait sans lendemain et n'était pas le catalyseur d'une large action qui pouvait secouer le pouvoir nazi, sans quoi les mots qu'il prononça auraient immanquablement provoqué de multiples et très vifs remous : « Le NSDAP est un parti populaire. Aussi, toutes les petites critiques mesquines et ridicules, dont l'écho nous parvient de toute part, ne sauraient avoir d'influence sur le nouveau régime... À l'intérieur, une œuvre de reconstruction grandiose s'accomplit. Et, à ce moment, dans le pays, un quarteron de « criticailleurs » s'est rassemblé et tente, dans la pénombre propice du café du commerce, de saboter notre travail... Soudain, on s'écrie : le national-socialisme, c'est très bien, mais le cœur n'y est plus, il faut changer ceci ou cela. Voilà des gens qui n'ont pas su nous empêcher de prendre le pouvoir et qui prétendent aujourd'hui nous interdire de l'exercer. Ce sont de ridicules galopins... Au fond d'eux-mêmes, ils se moquent bien que les salaires versés aux travailleurs soient insuffisants, mais ils espèrent détourner, grâce à leurs campagnes de dénigrement, les travailleurs de l'État national-socialiste. Dieu soit loué ! L'intelligence n'est pas assise dans les confortables fauteuils de ces messieurs. Le peuple n'a pas encore oublié l'époque où ces messieurs étaient au pouvoir et gouvernaient. Puisqu'ils ont été trop faibles à cette époque pour garder le pouvoir, comment seraient-ils capables de se l'approprier aujourd'hui ? Nous avons conquis le droit de gouverner. Nous l'avons fait parce que personne d'autre ne revendiquait ce droit : pas de *kronprinz*, pas de conseiller commercial, pas de grand banquier, pas de cacique parlementaire ! Le gouvernement national-socialiste a commis une erreur. Il aurait mieux fait de mettre ces messieurs, sans attendre, sous les verrous[303] ».

Goebbels fit ensuite un petit tour d'Allemagne (Essen, Duisbourg, Oberhausen, Osnabrück, Kiel, Cologne) pour répendre la bonne parole, soutenu même par Göring qui se rendit en Franconie, à Hambourg et également à Cologne.

Au terme de sa longue hésitation, Hitler comprit qu'il se devait absolument de trancher dans le vif, d'annihiler la force de la SA, mais également de museler certains milieux conservateurs opposés à son action[304]. Mais, le moment propice et la forme que devait recouvrir cette inévitable action n'étaient pas aisés à choisir. Comment agir ? Quelles cibles ? Jusqu'où aller ? Les choix étaient multiples, délicats et l'échec n'était absolument pas de mise. Hitler justifia plus tard sa période d'hésitation : « [J'hésitai] longuement avant de prendre une décision... Je nourrissais encore le secret espoir que je pourrais épargner au mouvement et à mes SA la honte d'un tel désaccord et qu'il serait possible de remédier au mal sans grave conflit. Il faut avouer que les derniers jours de mai ne cessèrent de révéler des faits de plus en plus inquiétants[305] [...] » L'évolution de la pensée de Hitler dans un sens très favorable à leur plan entraîna une vive satisfaction chez Göring et Himmler qui entrevoyaient enfin le terme de la toute-puissance de la SA, libérant ainsi un vaste espace pour leurs ambitions personnelles respectives. Les deux hommes redoublèrent alors de zèle pour convaincre Hitler de frapper fort. La Gestapo, le *Sicherheitsdienst*, le *Forschungsamt*[306] furent mis en état

---

[303] *Ibid.*

[304] Ian KERSHAW, *Hitler, opus cit.*

[305] William Laurence SHIRER, *Le IIIe Reich, opus cit.*

[306] Il s'agissait d'un service d'écoute téléphonique placé sous l'autorité de Göring. Ce service fut dirigé par l'ancien officier de marine Hans Schimpf jusqu'en 1935 et était composé de six sections principales : I. Administration, II.Personnel, III.Tri et orientation des renseignements, IV. Décryptage, V. Évaluation, VI. Services techniques.

d'alerte permanent afin d'espionner les conversations et les déplacements des principaux chefs de la SA. Des rapports précis et étayés, le plus souvent basés sur des informations fallacieuses, partielles et orientées, furent régulièrement déposés sur le bureau de Hitler[307]. Des documents fabriqués de toutes pièces par les services de Göring, Himmler et Heydrich mirent en évidence une alliance conclue entre Röhm, Schleicher et Strasser afin de barrer la route à la politique voulue par Hitler et même peut-être à sa personne[308]. D'après ces documents mensongers remis à Hitler le 24 juin 1934, cette alliance bénéficiait du soutien de la France[309]. Un gouvernement provisoire était même déjà formé [310] avec la présence notamment du prince August-Wilhelm Hohenzollern[311] (1887-1949). D'après la déposition que fit Wilhelm Frick au procès de Nuremberg, ce fut Himmler qui se montra le plus adroit pour convaincre Hitler d'agir sans plus attendre contre la SA : « Röhm voulait faire un putsch. Le *Führer* ordonna à Himmler de réprimer ce putsch. Himmler en Bavière et Göring à Berlin[312]. » Heydrich s'attela à la tâche sous le contrôle de Himmler et il fut établi une liste des principales personnes à éliminer[313]. Rapidement cette liste s'allongea avec l'ajout de nombreuses personnes extérieures à la SA mais ayant toutes en commun de gêner d'une façon ou d'une autre

---

[307]François KERSAUDY, *Hermann Göring*, opus cit.

[308]*Ibid.*

[309]*Ibid.*

[310]*Ibid.*

[311] Il s'agissait de Auguste-Guillaume de Hohenzollern. En 1933, il devint député au *Reichstag* en tant que membre du NSDAP. Le prince allemand fut un nazi convaincu, faisant des discours et écrivant des articles servant le nazisme. Suite à ces rumeurs d'alliance avec Röhm au printemps 1934, il fut un temps écarté par Hitler.

[312]William Laurence SHIRER, *Le IIIe Reich, opus cit.*

[313] Heinz HÖHNE, *Der Orden unter dem Totenkopf: Die Geschichte, opus cit.*

Hitler, Göring et Himmler[314]. Une liste contenait même le nom de Rudolf Diels qui fut finalement retiré par les services de Göring[315] en raison des liens qui unissaient les deux hommes. Le 25 juin 1934, les événements s'accélérèrent encore davantage et le général Fritsch annula l'ensemble des permissions des soldats et des officiers de la *Reichswehr* et consigna les troupes à l'intérieur des casernes[316]. Ce même jour, Himmler rencontra Udo vom Woyrsch [317] (1895-1983), ancien responsable de la *SS-Oberabschnitt* Sud-Est, en compagnie de Hildebrand, le responsable de la *SS-Abschnitt* XXI, et il précisa à ses deux interlocuteurs qu'il fallait se préparer à une révolte des SA et que certainement la Silésie serait le principal foyer de dissension[318]. Le 26 juin 1934, le capitaine Konrad Patzig (1888-1975) reçut à son bureau de l'*Abwehr*[319](service de renseignement de l'état-major) un document qui indiquait que Röhm avait ordonné l'armement de la SA dans le but d'attaquer la *Reichswehr*[320]. Cet ordre était cependant un faux dont l'auteur ne fut jamais identifié. Dès le lendemain, ce faux document se retrouva sur le bureau de Hitler à l'initiative de Blomberg et Reichenau[321].

Le 27 juin 1934, Papen rencontra Oskar von Hindenburg et lui exposa les motifs de sa colère. Mais le fils du président ne fut pas convaincu par le vice-chancelier qu'il jugea

---

314 *Ibid.*

315 Max GALLO, *La Nuit des longs couteaux, opus cit.*

316 Hagen SCHULZE, *Kleine deutsche Geschichte.* Munich, Beck 1998.

317 Député au *Reichstag*, il conduisit également un *Einsatzgruppe* lors de l'invasion de Pologne.

318 IfZ, GM 07.06, déclaration d'Udo vom Woyrsch le 12 juillet 1949.

319 L'*Abwehr* fut mise en place en 1921, au lendemain de la Première Guerre mondiale. L'*Abwehr* se trouva régulièrement en conflit avec le SD et la Gestapo. Karl BARTZ, *Die Tragödie der deutschen Abwehr. Verrat oder Verantwortung?* Salzbourg, Pilgram Verlag 1955.

320 Ian KERSHAW, *Hitler, opus cit.*

321 Karl Martin GRAß, *Edgar Jung. Papenkreis und Röhmkrise 1933-1934,* Heidelberg 1966.

blessé dans son amour propre. Les arguments avancés par Papen lui parurent fragiles et parfois même futiles. Finalement, Papen abandonna toute tentative crédible d'agir pour bousculer les nazis en prononçant le 28 juin devant l'assemblée des représentants des chambres de commerce allemandes à l'étranger un discours qui sur le fond et la forme s'avéra particulièrement inoffensif.

La *Reichswehr* décida de sa coopération avec Hitler le 27 juin 1934[322]. Les généraux Blomberg et Reichenau firent expulser Röhm de la Ligue des officiers allemands et décrétèrent le placement en alerte de l'ensemble de la *Reichswehr*[323]. Dans la foulée, Sepp Dietrich obtint de la part du général Reichenau des armes ainsi que les moyens de transport nécessaires pour acheminer jusqu'en Bavière les 700 hommes de la *Leibstandarte*[324] (LSSAH) pour mener à bien : « une mission de la plus haute importance confiée par le *Führer*[325]. »

Certaines importantes personnalités militaires, comme le général Gotthard Heinrici (1886-1971) ou le général Ewald von Kleist (1881-1954) se montrèrent très sceptiques sur les informations qui circulaient autour d'un putsch fomenté par la SA et décidèrent de se faire leur propre opinion en se livrant à une enquête dont ils firent part du

---

[322] Robert O'NEILL, *The German Army and the Nazi Party 1933-1939*, New York, James H. Heineman 1967.

[323] Alan BULLOCK, *Hitler : A Study in Tyranny, opus cit.*

[324] La *Leibstandarte* (LSSAH) fut officiellement fondée le 17 mars 1933 par l'officier SS Joseph Sepp Dietrich sous le nom de *SS-Stabswache Berlin.* Début 1934, Himmler renomma la *Leibstandarte* en *Leibstandarte SS Adolf Hitler*. Avec des unités de la *Landespolizeigruppe* et des *SS-Totenkopfverbände*, elle participa à la Nuit des longs couteaux. En récompense de son action, la *Leibstandarte SS Adolf Hitler* fut portée à la taille d'un régiment et motorisée. Charles Trang, *Dictionnaire de la Leibstandarte*, Bayeux, Éditions Heimdal, 2011.

[325] Heinz HÖHNE, *Der Orden unter dem Totenkopf: Die Geschichte, opus cit.*

résultat au général Fritsch. Ce dernier, convaincu par les arguments de Kleist, en informa à son tour le général Reichenau qui l'écouta attentivement mais lui répondit laconiquement : « C'est bien possible, mais de toute façon, il est trop tard[326] ». De son côté, Hitler ne bouscula pas son programme et se rendit comme prévu le 28 juin à Essen (Westphalie) pour y assister au mariage d'un *Gauleiter*[327] nazi local, Josef Terboven (1898-1945)[328], avec Ilse Stahl, une ancienne secrétaire de Goebbels. Selon certaines sources, Hitler se serait rendu à ce mariage pour détourner l'attention et masquer son réel état d'esprit du moment, alors que pour d'autres sources sa présence à ce mariage était une idée des ennemis de Röhm afin d'éloigner pendant un temps le *Führer* de Berlin pour pouvoir agir à leur guise. Hitler retrouva à Essen l'*Obergruppenführer* SA Viktor Lutze qui, pour sa part, pensait en effet que : « certaines personnes avaient intérêt à profiter de l'absence de Hitler pour accélérer le train de l'affaire et parvenir à une conclusion rapide[329]. » Hitler ne s'attarda pas trop longtemps aux

---

[326] *Ibid.*

[327] Le *Gauleiter* était à la fois responsable régional politique du NSDAP et responsable administratif d'un *Gau,* subdivision territoriale de l'Allemagne nazie.

[328] Né le 23 mai 1898 à Essen, Josef Terboven se porta volontaire en 1915 lors de la Première Guerre mondiale. Il acheva la guerre comme lieutenant et fit ensuite des études de droit à Munich et Fribourg, pour travailler à partir de 1923 dans une banque à Essen. Il s'inscrivit au NSDAP le 4 août 1925 et grimpa rapidement dans la hiérarchie à Essen. En août 1929 il fut nommé *Gauleiter* de Essen. Il fut député au *Reichstag* à partir de 1930. Le 24 avril 1940, il abandonna son poste pour devenir *Reichskommissar* en Norvège. Il procéda à la destitution du roi et du gouvernement Nygaardsvold pour installer un nouveau gouvernement de collaboration. Le nom de Terboven allait devenir pour les Norvégiens synonyme de terreur. Il se suicida le 8 mai 1945 en faisant exploser 50 kg de dynamite à l'intérieur d'un bunker à Skaugum, près d'Oslo.

[329] Heinz HÖHNE, *Der Orden unter dem Totenkopf: Die Geschichte, opus cit.*

festivités et gagna son hôtel d'où il entra en contact téléphonique avec les proches collaborateurs de Röhm afin de convenir d'un rendez-vous pour le 30 juin à Bad Wiessee[330]. D'après le témoignage de Lutze, la tension était palpable : « dans la chambre d'hôtel, le téléphone fonctionnait presque sans interruption. Le *Führer* était absorbé dans ses pensées, mais il semblait évident qu'il serait désormais obligé de passer à l'action[331] ».

Désormais en possession d'assez alarmantes nouvelles au sujet de la santé du président Hindenburg, Hitler était décidé a donné des gages sérieux à la *Reichswehr* et il chargea Göring de mettre en place les éléments nécessaires à la réussite de ses plans[332]. Au final, la date et l'heure de l'action furent certainement arrêtées le soir du 28 juin alors que Hitler se trouvait à Essen. Là, Hitler apprit par un message de Himmler qu'Oskar von Hindenburg essayait d'arranger une rencontre entre son père et Papen, sous l'effet des efforts de Bose et de Tschirschky, secrétaire particulier de Papen. Selon l'historien Ian Kershaw : « [...] c'était une ultime tentative pour faire approuver par le président diverses mesures visant à limiter le pouvoir de Röhm et de la SA, mais aussi celui du chancelier lui-même[333] ». D'après Lutze, ce fut bien à ce moment-là que Hitler décida de frapper[334]. En effet, Viktor Lutze nota dans son journal : « Dans la chambre d'hôtel, le téléphone fonctionnait presque sans interruption. Le *Führer* était absorbé dans ses pensées, mais il semblait évident qu'il serait désormais obligé de passer à l'action[335]. »

Le lendemain, Hitler se rendit à Bad Godesberg, station

---

[330] Richard J. EVANS, *Le troisième Reich, opus cit.*

[331] *Frankfurter Rundschau* du 14 mai 1957.

[332] François KERSAUDY, *Hermann Göring, opus cit.*

[333] Ian KERSHAW, *Hitler, opus cit.*

[334] Karl Martin GRAß, *Edgar Jung. Papenkreis und Röhmkrise 1933-1934, opus cit.*

[335] Frankfurter Rundschau, 14 mai 1957.

thermale aux petites rues pittoresques. Il descendit à l'hôtel Dreesen[336]. En face de l'hôtel, sur l'autre rive du Rhin, s'élevaient les Sept Montagnes, vestiges volcaniques qui donnaient au visiteur une impression d'apaisement. Là, il mit la dernière main à son programme des prochaines heures.

Hitler devait effectuer des visites d'inspection dans les camps du service allemand du travail, à Schloß Buddenberg, près de Lünen. Le matin même, le journal nazi *Völkischer Beobachter*[337] publia un article marquant dans lequel le général Blomberg en personne apportait son entier soutien à Hitler : « l'armée est derrière Adolf Hitler [...] qui est toujours l'un d'entre nous ». Ce soutien officiel de Blomberg ouvrait en grand les portes de la future succession d'Hindenburg pour le *Führer*, à condition pour lui de se montrer habile et de juguler sans tarder la puissance et les ambitions de la SA. La *Reichswehr* poussait à une action rapide et implacable contre la SA sans toutefois vouloir se salir directement les mains.

---

[336] Ce fut dans ce même hôtel, de la terrasse duquel on voyait le fleuve, qu'Hitler rencontra en 1938 Arthur Neville Chamberlain (1869-1940), le Premier ministre du Royaume-Uni.

[337] Ce journal était financé par les dons de riches personnalités comme Hélène Bechstein, Gertrud von Seidlitz ou encore Ernst Hanfstaengl (éditeur d'art issu d'une ancienne et fortunée famille munichoise). Le rachat du journal fut mené par Ernst Röhm qui ajouta aux dons de la bourgeoisie certains fonds secrets de l'armée. Roland V.LAYTON, *The Völkischer Beobachter: The Nazi Party Newspaper in the Weimar Era*, Central European History 1970.

III

ADOLF HITLER ARRÊTE ERNST RÖHM

Le 29 juin 1934, Hitler procéda donc à une inspection des camps de travail de Westphalie avant de rejoindre dans l'après-midi Bad Godesberg où il rencontra un ancien camarade de guerre. Joseph Goebbels vint ensuite rejoindre le *Führer* à la demande de ce dernier. Goebbels écrivit dans son journal le déroulement des événements : « Vendredi [le 29 juin 1934] : je reçois un coup de fil d'Essen, départ immédiat pour Godesberg. C'est donc parti. Encore un peu de travail à Berlin, puis je pars. Grohé[338] m'accueille à Hangelar [aéroport de Bonn]. Il faut agir. Le *Führer* arrive à 4 heures. Il est très grave. Il me fait sur-le-champ un récit complet : il passe à l'action samedi contre Röhm et ses rebelles. Dans le sang. Ils doivent savoir que la révolte a un coût mortel. J'approuve. Puisqu'on en est là, il faut agir brutalement. Il y a des preuves que Röhm complotait avec François-Poncet, Schleicher et Strasser. Donc, à l'action ! » Il faut préciser cependant, qu'au mois de juin 1934, Goebbels était persuadé que le danger numéro un pour le régime nazi était la Réaction et non pas la SA. Il fut particulièrement surpris lorsqu'il apprit que l'objectif était cette dernière[339]. Ainsi, son journal ne cessait à cette époque de fustiger la Réaction : « Partout, des soucis avec la Réaction[340] » ou encore : « je suis de plus en plus déprimé. La Réaction est partout à l'œuvre[341]. » D'ailleurs le 28 mars 1945, il revint encore sur ces événements du printemps 1934 : « J'explique par le menu au *Führer* que nous avons malheureusement négligé de réformer la *Wehrmacht* [en une armée plus populaire avec à sa tête des hommes de conviction et de « tripes »] en 1934, alors que nous en avions l'occasion. C'était ce que voulait Röhm et c'était bon en soi, mais, en pratique, on ne pouvait pas en confier la

[338] Il s'agissait du *Gauleiter* Josef Grohé (1902-1987).
[339] Ian KERSHAW, *Hitler, opus cit.*
[340] Joseph GOEBBELS, *Journal*, entrée 29 juin 1934, *opus cit.*
[341] *Ibid.*

réalisation à un homosexuel anarchiste. Si Röhm avait été une personnalité intègre et de premier plan, c'est vraisemblablement des généraux et non des chefs SA qui, par centaines, auraient été passés par les armes le 30 juin 1934. Toute cette évolution est profondément tragique et il nous est donné aujourd'hui d'en ressentir les effets. Jadis, l'heure aurait été propice à une révolution dans la *Reichswehr*. Le *Führer* n'a pas pu saisir cette heure-là en raison des circonstances[342] [...] »

Paul Körner[343] (1893-1957), secrétaire d'État et adjoint de Göring apporta des renseignements inquiétants à Hitler au sujet de la SA, renseignements corroborés par des informations de putsch imminent provenant de Himmler. Il était précisé que Karl Ernst (1904-1934), le commandant des SA de Berlin-Brandebourg, ne serait pas présent au rendez-vous de Bad Wiessee, mais qu'il s'apprêtait à faire occuper les principaux bâtiments publics de la capitale[344]. Hitler s'écria : « c'est un putsch », sans même prendre la peine de vérifier la véracité des informations qu'on venait de lui transmettre[345] . Dès le 29 juin 1934, Göring prit l'initiative de placer la *Leibstandarte* ainsi que la *Landspolizeigruppe General Göring*[346] en alerte maximale. De même des groupes d'hommes aguerris aux missions les plus délicates furent mis sur pied par Reinhard Heydrich et Heinrich Müller[347] (1900-1945). Deux compagnies de la

---

342 *Ibid.*, entrée du 28 mars 1945.

343 Paul Körner fut condamné lors du procès des ministères en 1947 à 15 ans de prison, réduits à 10 en 1951, il fut ensuite libéré la même année.

344 Hans-Bernd GISEVIUS, *Jusqu'à la lie*, vol. 1, Paris, Calmann-Levy 1948.

345 John TOLAND, *Adolf Hitler : The Definitive Biography, opus cit.*

346 Il s'agissait de policiers lourdement armés.

347 Heinrich Müller était l'un des plus importants collaborateurs d'Heydrich. Il fut plus tard le responsable de la Gestapo de 1934 à 1945. Selon l'historien Jacques Delarue : « Pour se concilier les bonnes grâces

Leibstandarte Adolf Hitler sous le commandement de Jürgen Wagner et d'Otto Reich furent envoyées à Munich en préparation de l'élimination de la SA. Ce même jour à Munich, compte tenu des absences de Röhm et de Friedrich von Krausser, respectivement à Bad Wiessee et à Berlin, le *Obergruppe* VII et le *Gruppe Hochland* furent livrés un peu à eux-mêmes. Le *Gruppe Hochland* reçut l'ordre de se placer en état d'alerte. Une menace de la *Reichswehr* justifiait cette mise en alerte[348]. Dans l'après-midi, le *Obersturmbannführer* SA Barth qui était à la tête du 1er *Standarte Schützen* (1er régiment de tirailleurs) informa son groupe que la *Reichswehr* et la police se liguaient contre la SA. Il fut décidé de défendre les armes. À partir de 17 h 30, la compagnie placée sous les ordres de l'*Obertruppführer* Mayr se regroupa. Les armes furent distribuées aux hommes. Après quelques tergiversations et de longues heures d'attente, Mayr déclara aux hommes : « Je suis chargé de vous dire, au nom du *Standartenführer*, que la situation est très grave pour la SA. Les organisations parallèles et paramilitaires du Parti sont contre nous[349] ». Finalement, le 30 juin vers 1 heure du matin l'alerte fut levée et les hommes regagnèrent leurs domiciles. D'autres unités de la SA parcoururent Munich mais rentrèrent vers 4 heures du matin[350]. Les incidents qui impliquèrent la SA furent au bout du compte peu nombreux et ne ressemblaient

---

de Heydrich, [...] il [Müller] participa à toutes les machinations montées par Himmler : il fut chargé de mener à bien la plupart des missions délicates » et pour Richard J. Evans : « Müller était obsédé par le devoir et la discipline, et approchait toutes les tâches qui lui étaient confiées comme si elles étaient des ordres militaires. C'était un vrai bourreau du travail qui ne prenait jamais un jour de congé. Müller était déterminé à servir l'État allemand, et cela sans distinction de son régime politique et était convaincu que c'était le devoir de tous que d'obéir à ses ordres. »

[348] Jean PHILIPPON, *La Nuit des longs couteaux, opus cit.*

[349] *Ibid.*

[350] *Ibid.*

nullement à une sédition. Mais la tension était terrible. Tous ces atermoiements, ces ordres, ces contres-ordres, ces informations, ces contres-informations vraies ou fausses mettaient les nerfs de tout le monde à rude épreuve.

Craignant qu'une discussion d'homme à homme entre Hitler et Röhm à Bad Wiessee ne déboucha sur la mise au grand jour de l'absence de véracité d'un grand nombre des informations transmises à Hitler, Göring, Himmler et Reichenau essayèrent de dissuader le *Führer* de se rendre lui-même à Bad Wiessee et de faire plutôt procéder aux arrestations nécessaires par la police[351]. De son côté, Röhm prépara le texte de l'allocution qu'il entendait prononcer devant Hitler et dans lequel il rappelait sa fidélité absolue à son vieux camarade[352]. Il était évident qu'il n'imaginait pas tout ce qui se préparait du côté de Hitler et de la SS, même s'il était lucide sur l'état des relations entre la SA et l'appareil nazi. Il ne pouvait l'imaginer car il était innocent des faits qui lui étaient reprochés et qui n'étaient que le fruit d'inventions ou d'interprétations douteuses. Le 30 juin, Hitler, toujours accompagné de Goebbels, décolla de l'aéroport de Hangelar, situé près de Bonn, vers 2 heures du matin, en direction de Munich. En plus de Goebbels, Lutze et Otto Dietrich, le responsable du bureau de presse (*Reichspressechef*), ainsi que les aides de camp Brückner, Peter Schaub (1897-1945), Schreck, voyageaient avec le *Führer* [353]. Ils arrivèrent à destination, à l'aéroport d'Oberwiesenfeld à côté de Munich, aux premières lueurs de l'aube. Tout ce beau monde fut accueilli par le *Gauleiter* Adolf Wagner[354] (1890-1944), le ministre de l'Intérieur de

---

[351] *Ibid.*

[352] *Ibid.*

[353] Peter LONGERICH, *Die braunen Bataillone. Geschichte der SA, opus cit.*

[354] Adolf Wagner rejoignit le NSDAP en 1923 et participa au putsch de la brasserie. Il fut élu en 1924 au sein du "*Völkischen Block,*" une organisation politique nationaliste proche du NSDAP. En 1928, il devint

Bavière, et deux officiers de la *Reichswehr,* le lieutenant-colonel Sintzenich et le major Nebauer. Des véhicules blindés cernaient le secteur et des troupes d'infanterie s'étaient déployées. Wagner apprit à Hitler que 3000 SA en armes avaient arpenté les rues de Munich en hurlant des slogans comme : « le *Führer* est contre nous, la *Reichswehr* est contre nous, la SA est dans la rue[355] ». Hitler s'entretint également avec le lieutenant-colonel Sintzenich et le major Nebauer. Le *Führer* déclara après avoir écouté les deux hommes : « Les traîtres m'ont fourni les dernières preuves. La SA a été mise en état d'alerte cette nuit. Elle s'est rassemblée en armes devant la Feldherrnhalle. Je n'attendrai pas que sonnent 11 heures[356] [heure prévue du rendez-vous à Bad Wiessee]». Le chef de la police de Munich (*Polizeipräsident der Polizeidirektion München*), l'*Obergruppenführer SA* (*Obergruppe VII*) August Schneidhuber[357] (1887-1934) avait déjà été mis en état d'arrestation[358] à l'initiative du commandant Walter Buch[359]

Gauleiter à Munich. En mars 1933, il devint *Staatskommissar* au ministère de l'Intérieur bavarois. Il fut ensuite élu en novembre 1933, au *Reichstag.* Sur son initiative, en tant que ministre de l'Intérieur et en coopération avec le chef de la police de Munich, Heinrich Himmler, fut conçu le camp de concentration de Dachau.

[355] Heinz HÖHNE, *Mordsache Röhm. Hitlers Durchbruch zur Alleinherrschaft 1933-1934,* Reinbek bei Hamburg 1984.

[356] Jean PHILIPPON, *La Nuit des longs couteaux, opus cit.*

[357] August Schneidhuber participa à la Première Guerre mondiale au cours de laquelle il fut décoré de la Croix de fer de première et de deuxième classe et de la Croix d'honneur des combattants du front (*Ehrenkreuz für Frontkämpfer*). En 1928, il rejoignit la SA. Il y occupa successivement les postes de *SA-Führer* du groupe sud (1929), du groupe ouest (1931) puis de l'*Obergruppe* 7 à Munich. La même année, il devint membre du *Reichstag.* Il fut nommé responsable de la police de Munich en 1933.

[358] Nils BLOCK, *Die Parteigerichtsbarkeit der NSDAP,* Francfort, Lang 2002.

[359] Il fut responsable de l'USCHLA de 1927 à 1945.

(1883-1949), le responsable de l'USCHLA [360] (*Untersuchung und Schlichtungs-Ausschuss),* et d'Adolf Wagner, suite à une « émeute » où les fameux slogans hostiles au *Führer* furent scandés[361]. De l'aéroport, Hitler se rendit au ministère de l'Intérieur de Bavière. Il déclara : « c'est le jour le plus sombre dans ma vie, mais je vais aller à Bad Wiessee et sévir durement[362] ». En proie à une vive colère, Hitler arracha les épaulettes de la vareuse d'August Schneidhuber. Finalement, Hitler et son escorte, plusieurs hommes de la SS et de l'*Ordnungspolizei*[363], prirent la route de Bad Wiessee à environ 60 km, sur la rive ouest du Tegernsee, et de la pension Hanselbauer, où se trouvaient Röhm et ses hommes après une soirée très largement arrosée. Décidé à agir au plus vite, Hitler ne prit pas la peine d'attendre le renfort des troupes conduites par Dietrich[364] retardées par l'état des routes et la vétusté des véhicules fournis par l'armée, et, à 6 h 30, il se trouva devant la pension Hanselbauer[365]. Les trois voitures stoppèrent net. Là, sans marquer un temps d'arrêt, Hitler pénétra à l'intérieur pistolet au poing accompagné par des membres de son entourage ainsi qu'un certain nombre de policiers[366], trouva la chambre 21 qu'occupait Röhm, ouvrit la porte avec fracas, et le plaça lui-même sur le champ en état d'arrestation en l'accusant de traîtrise[367], ce que Röhm nia

---

[360] Il s'agissait d'un tribunal interne nazi chargé de régler les problèmes internes du NSDAP. Ce tribunal d'enquête et de règlement fut créé par Hitler en 1926.

[361] Heinz HÖHNE, *Der Orden unter dem Totenkopf: Die Geschichte, opus cit.*

[362] John TOLAND, *Adolf Hitler : The Definitive Biography, opus cit.*

[363] L'*Ordnungspolizei (OrPo)* était la police régulière allemande de 1936 à 1945. Ses membres portant un uniforme vert, elle fut également connue sous le nom de *Grüne Polizei* (police verte)

[364] Alan BULLOCK, *Hitler. A Study in Tyranny, opus cit.*

[365] Ian KERSHAW, *Hitler, opus cit.*

[366] *Ibid.*

[367] *Ibid.* Le fait que Hitler pénétra dans la pension pistolet au poing et

avec la plus grande véhémence. Mais Hitler ne s'arrêta pas au seul Röhm et poursuivit l'ouverture des chambres de la pension Hanselbauer avec toujours son arme à la main[368]. Il trouva ainsi Edmund Heines, chef de la SA de Breslau et adjoint de Röhm, dans la chambre 31 en face de celle de Röhm, couché en compagnie d'un jeune SA[369]. Heines essaya de s'échapper en gagnant l'étage supérieur, mais il n'y parvint pas[370]. Alors que les deux hommes étaient placés en état d'arrestation à leur tour, Hitler se chargea d'ouvrir les portes restantes[371]. Tous les hommes de la SA présents à l'intérieur de la pension furent arrêtés sans ménagement par les SS qui accompagnaient Hitler. Ils furent ensuite conduits au sous-sol de la pension et enfermés jusqu'à l'arrivée d'un autobus spécialement affrété pour les évacuer vers la prison de Stadelheim[372] à Munich. Röhm fut pour sa part installé dans le hall avec deux policiers puis il fut placé dans une voiture[373]. Les autres hommes arrêtés étaient notamment : Heines, Robert Bergmann (1886-1966), Hans-

---

procéda à l'ouverture des chambres fut confirmé notamment par le témoignage de Robert Bergmann (1886-1966), proche collaborateur de Röhm, au cours du procès de Dietrich et Lippert à Munich. Cf, *Le Figaro* du 9 mai 1957.

368 Heinz HÖHNE, *Der Orden unter dem Totenkopf: Die Geschichte, opus cit.*

369 *Ibid.*

370 Heinz HÖHNE, *Mordsache Röhm. Hitlers Durchbruch zur Alleinherrschaft 1933-1934, opus cit.*

371 Heinz HÖHNE, *Der Orden unter dem Totenkopf: Die Geschichte, opus cit.*

372 Plus de 1000 personnes y moururent sous le troisième *Reich*. Un mémorial aux personnes qui y furent exécutées par les nazis a été construit en 1974, mémorial qui peut être visité sur demande par des groupes. À l'occasion du 65e anniversaire de l'exécution de Sophie et Hans Scholl et de Christoph Probst, le mémorial a été pour la première fois ouvert au grand public le 22 février 2008.

373 Heinz HÖHNE, *Mordsache Röhm. Hitlers Durchbruch zur Alleinherrschaft 1933-1934, opus cit.*

Erwin von Spreti-Weilbach (1908-1934), Julius Uhl (1903-1934), *Standartenführer* et chef de la garde personnelle de Röhm, Helmuth Brückner (1896-1954), Erich Schieweck (1913-1934), Hans Karl Koch (1897-1934). Hitler quitta les lieux sans s'attarder et se trouva soudain face à la garde armée de l'état-major de Röhm alors qu'il regagnait son véhicule[374]. Nullement décontenancé, il leur annonça qu'il venait de reprendre lui-même la direction de la SA[375] et leur ordonna de retourner prestement à Munich[376]. Le convoi avec Hitler et l'autobus repartit en passant par la rive sud du Tegernsee de façon à échapper à une éventuelle poursuite des hommes de Röhm. Les arrestations de Bad Wiessee furent décrites ainsi par le communiqué officiel du service de presse du NSDAP : « [...] des images si déplorables moralement que toute trace de pitié devait être effacée. Quelques SA *Führer* s'étaient fait accompagner par leurs mignons. L'un d'entre eux fut comme frappé d'effroi lorsqu'il fut surpris dans la situation la plus répugnante. Le *Führer* donna l'ordre de curer impitoyablement cet abcès empoisonné. Il ne tolérera plus, à l'avenir, que des millions d'hommes respectables soient compromis et déshonorés par quelques individus aux dispositions morbides[377] ». L'action entreprise à la pension Hanselbauer fut poursuivi en Bavière par des arrestations à la gare de Munich, où des SS mirent la main sur des groupes de SA qui s'apprêtaient à rejoindre Röhm à Bad Wiessee[378]. D'autres groupes de SA furent interceptés sur la route de Bad Wiessee au moment où ceux-ci croisèrent le convoi qui conduisait les

---

[374] Heinz HÖHNE, *Der Orden unter dem Totenkopf: Die Geschichte, opus cit.*

[375] Heinz HÖHNE, *Mordsache Röhm. Hitlers Durchbruch zur Alleinherrschaft 1933-1934, opus cit.*

[376] Ian KERSHAW, *Hitler, opus cit.*

[377] Heinz HÖHNE, *Mordsache Röhm. Hitlers Durchbruch zur Alleinherrschaft 1933-1934, opus cit.*

[378] Richard J. EVANS, *Le Troisième Reich, opus cit.*

prisonniers de la pension Hanselbauer vers la prison de Stadelheim[379]. De retour à Munich aux alentours de 10 heures, Hitler s'entretint avec Franz Ritter von Epp (1868-1946), *Reichsstatthalter* de Bavière, et lui raconta le déroulement des événements. Ce dernier proposa à Hitler de traduire les coupables devant le Conseil de guerre, mais le *Führer* repoussa cette suggestion. Plus tard, Hitler décida de tenir une réunion afin de statuer sur le sort de la trentaine de chefs de la SA qui se trouvaient derrière les barreaux de la prison de Stadelheim. Plusieurs personnalités de haut rang furent conviées à cette réunion : Max Amann[380] (1891-1957), Martin Bormann[381] (1900-1945), Joseph Goebbels, Rudolf Hess notamment[382]. Hess demanda qu'il lui fût fait l'honneur d'abattre Röhm[383]. Cette réunion enflammée déboucha sur une liste de six noms que Hitler cocha sur la liste des hommes prisonniers à Stadelheim[384]. Il s'agissait de Hans Hayn[385] (1896-1934), SA-*Gruppenführer* à Dresde,

---

[379] Jean PHILIPPON, *La Nuit des longs couteaux, opus cit.*

[380] Max Amann était responsable de la maison d'édition *Eher-Verlag* qui publiait le périodique le *Völkischer beobachter*. Vieil ami de Hitler avec qui il avait participé au putsch de la brasserie en 1923, ce fut lui qui persuada Hitler de nommer son ouvrage *Mein Kampf* à la place du titre initialement prévu « *Quatre ans et demi de lutte contre les mensonges, la stupidité et la couardise* ». Cf Jeffrey HERF, *L'Ennemi juif - La propagande nazie, 1939-1945*, Paris, Calmann-Levy 2011.

[381] Conseiller de Hitler, Martin Bormann devint un des hommes les plus puissants du troisième Reich. Il rencontrait régulièrement Hitler au Berghof. À ce titre, il devint chef du *Parteikanzlei* (chancellerie du NSDAP) et secrétaire particulier de Hitler. Il disparut durant la bataille de Berlin et, présumé en fuite, fut condamné à mort par contumace pour crimes contre l'humanité au procès de Nuremberg. Son corps ne fut découvert et identifié que dans les années 1970.

[382] Jean PHILIPPON, *La Nuit des longs couteaux, opus cit.*

[383] Heinz HÖHNE, *Mordsache Röhm. Hitlers Durchbruch zur Alleinherrschaft 1933-1934, opus cit.*

[384] Jean PHILIPPON, *La Nuit des longs couteaux, opus cit.*

[385] *Parteikorrespondenz zu Hans Hayn* (Bundesarchiv: Bestand PK Film D 332 „Hein, Herbert – Hein, Marianne", Bilder 983-994).

Edmund Heines, SA-*Obergruppenführer*, Peter von Heydebreck[386] (1889-1934), SA-*Gruppenführer* à Stettin, Wilhelm Schmid[387] (1889-1934), SA-*Gruppenführer F. der SA- Gruppe Hochland* à Munich, August Schneidhuber, SA- *Obergruppenführer* et préfet de police de Munich, le comte Hans-Erwin von Spreti-Weilbach [388] , SA-*Standartenführer* à Munich [389] . D'autres noms furent avancés comme ceux de Hans-Karl Koch [390] , *SA-Brigardeführer- Gruppe Wetsmark* et élu au *Reichstag* en 1933, de Friedrich Wilhelm von Krausser, SA-*Obergruppenführer* et élu au *Reichstag*, et bien entendu celui de Ernst Röhm, mais Hitler refusa catégoriquement à ce moment-là l'exécution de ces hommes[391]. Hitler choisit de ne pas faire fusiller Röhm en raison des nombreux services antérieurs qu'il avait rendus au mouvement nazi. Ce fait est confirmé par le témoignage de Max Amann à qui Hitler confia : « Il [Röhm] était jadis à mes côtés devant la cour du peuple[392] ». D'après l'historien Ian Kershaw : « La répugnance de Hitler à ordonner la mort de Röhm tenait vraisemblablement à la crainte de perdre la face en faisant assassiner son bras droit sous prétexte de rébellion[393] ».

---

386 Parteikorrespondenz zu Heydebreck (Bundesarchiv: Bestand PK Film E 193 "Heusner, Lieslotte – Heydebreck, Max", Bilder 2979-2984).

387 Parteikorrespondenz zu Wilhelm Schmid (Bundesarchiv Berlin: Bestand PK Film Q 51 "Schmidt, Wilhelm - Schmid, Willi", Bilder 381-388).

388 Parteikorrespondenz (Bundesarchiv PK Film L 373 "Sprenger, Gustav - Spriessler, Hermann", Bilder 2163-2168).

389 Heinz HÖHNE, *Der Orden unter dem Totenkopf: Die Geschichte, opus cit.*

390 Parteikorrespondenz zu Koch (Bundesarchiv: PK Film G 88 „Koch Johann, - Koch, Josef", Bilder 155-158).

391 Jean PHILIPPON, *La Nuit des longs couteaux, opus cit.*

392 Hitler faisait référence au putsch de la brasserie en novembre 1923 à Munich.

393 Ian KERSHAW, *Hitler, opus cit.*

Après l'établissement de la liste des hommes condamnés, Hitler se chargea de joindre Göring à Berlin afin de lui signifier la mise en action de la phase suivante de la répression contre la SA. Il prononça le nom du code « Kolibri » et Göring lança les groupes prévus à cet effet à la recherche des hommes dont les noms avaient été précédemment choisis [394] . Par exemple Krausser fut appréhendé à la gare de Berlin à sa descente du train. Malgré l'organisation mise en place, une certaine improvisation se manifesta, notamment en Bavière, malgré le fait qu'à Munich, la *Reichswehr* travaillait main dans la main avec la SS [395] . Plusieurs instructions d'actions furent dévoilées au début de la matinée. Du côté de la SS, plusieurs unités furent également rassemblées tôt dans la matinée. À Landsberg et Augsbourg, la SS fut mise en alerte à la mi-journée. En ce qui concernait la *Landespolizei*, elle fut également mise en alerte dans la matinée.

À la suite des discussions enflammées qui aboutirent à l'établissement d'une première liste de condamnés, Hitler s'entretint avec Lutze et lui confia un message à l'attention des SA *Führer* jugés fidèles afin d'éviter des fausses rumeurs et afin également de les rassurer : il s'agissait principalement de Johann Baptist Fuchs (*Führer,* 1877-1938), Marx (*Führer*), Max Jüttner (*Brigadeführer,* 1888-1963), Karl Schreyer (*Führer,* 1891-1956), Hans Koch (*Brigadeführer*), Johann Konrad Schragmüller (*Obergruppenführer,* 1895-1934), Wilhelm Sander (*Oberführer,* 1895-1934), Heinrich Bennecke (*Gruppenführer,* 1902-1972) [396] — néanmoins Koch,

[394] Heinz HÖHNE, *Mordsache Röhm. Hitlers Durchbruch zur Alleinherrschaft 1933-1934, opus cit,* et Ian KERSHAW, *Hitler, opus cit.*.

[395] Jean PHILIPPON, *La Nuit des longs couteaux, opus cit.*

[396] La liste des hommes présents est issue de Jean PHILIPPON, *La Nuit des longs couteaux, opus cit.*

Schragmüller et Sander furent exécutés le 1er juillet... Hitler demanda ensuite à s'entretenir à nouveau avec le lieutenant-colonel Sintzenich et le major Nebauer. À la fin de la conversation, le *Führer* leur déclara : « J'ai toujours eu une confiance entière dans la *Reichswehr* et le ministre de la Défense. Soyez profondément convaincus que je désire régler cette affaire de manière définitive et que je vais mettre de l'ordre dans la SA une fois pour toute[397]. » Hitler se présenta en suivant devant les SA à la *Braunes Haus* (Maison brune) vers midi en compagnie de Brückner, Schaub, Otto Dietrich, Goebbels, Hanke ainsi que plusieurs *Gauleiter*. Il y avait là une cinquantaine de SA[398]. Hitler leur fit un discours animé en trois parties dans la « salle des sénateurs ». La première partie du discours revenait sur l'attitude de Röhm. Le *Führer* dénonça très vertement le train de vie de Röhm, sa somptueuse demeure sur la Prinzregentenplatz à Munich avec des sièges d'acajou et des miroirs florentins du XVIe siècle, tout un décor fastueux avec des tapisseries des Gobelins, des toiles de maîtres[399], sans compter les innombrables et coûteux voyages, banquets et voitures de luxe. Il faut préciser que les principaux responsables de la SA s'étaient enrichis largement en « réquisitionnant » les biens qui appartenaient aux Juifs, aux communistes, aux socialistes[400]. À ce sujet, le 11 octobre 1934, Himmler, à l'occasion d'un discours devant les fonctionnaires de la Gestapo, imputa la responsabilité de la « corruption » de la direction de la SA, aux Juifs, aux francs-maçons[401]. Hitler insista aussi sur le

---

[397] Jean PHILIPPON, *La Nuit des longs couteaux, opus cit.*

[398] *Ibid.*

[399] Heinz HÖHNE, *Mordsache Röhm. Hitlers Durchbruch zur Alleinherrschaft 1933-1934, opus cit,* et Ian KERSHAW, *Hitler, opus cit.*.

[400] François KERSAUDY, *Hermann Göring : le deuxième homme du IIIe Reich, opus cit.*

[401] BAB, NS 19/4002. Bundesarchiv, Abt. Berlin.

détournement de douze millions de marks qui provenait selon lui d'extorsion de fonds ou encore de chantage et de subsides de l'ambassadeur de France et destinés à le faire arrêter ou tuer[402]. Il dénonça avec force cette préparation de putsch qui n'aurait servi que les intérêts des ennemis de l'Allemagne. Ensuite, il développa les arguments relatifs à l'ambition militaire de Röhm qui voulait placer la SA à la place de *Reichswehr*. Hitler affirma à nouveau le rôle d'armée politique dévolu à la SA[403]. La troisième partie du discours fut consacrée à l'incroyable trahison dont il avait été victime de la part de Röhm et de ses lieutenants. Complètement surexcité, le *Führer* s'exclama qu'il s'agissait de « la plus grande trahison dans l'histoire du monde[404]». Pendant de longues minutes, les hommes de la SA écoutèrent Hitler debout, médusés, le visage grave. Hitler conclut sa harangue en lançant que Röhm et ses conjurés allaient subir un châtiment exemplaire et qu'il les ferait tous fusiller[405]. Après ce discours, Hitler rejoignit son bureau avec dans son sillage Goebbels, Hess et Lutze. En leur compagnie, Hitler écrivit quatre documents officiels[406]. Le premier document destituait Röhm de ses fonctions, l'excluait du NSDAP et désignait Lutze comme son successeur. Le deuxième document était une lettre à Lutze qui affirmait la confiance qu'il plaçait en lui et annonçait la tâche qu'il lui confiait de faire désormais de la SA « un maillon fidèle et solide du mouvement national-

---

[402] Ian KERSHAW, *Hitler, opus cit.*

[403] Jean PHILIPPON, *La Nuit des longs couteaux, opus cit.*

[404] Ian KERSHAW, *Hitler, opus cit.*

[405] BAB, NS 19/4002. Bundesarchiv, Abt. Berlin, citant Schreiben von Karl Schreyer an das Polizeipräsidium München, 27 mai 1949, Prozeßakten Landgericht München I. Voir aussi IfZ, Fa 108, SA/OSAF, 1928-45, B1.39, pour le compte rendu officiel de la réunion par la Reichspreßestelle der NSDAP.

[406] Max DOMARUS, *Hitler. Reden und Proklamationen 1932-1945, opus cit.*

socialiste[407] ». Ensuite, il écrivit le troisième document qui était la déclaration des services de presse nationaux du NSDAP qui présentait la version officielle des faits, à savoir l'action d'un petit groupe de félons qui, avec l'aval de Röhm, de Schleicher et d'une « obscure personnalité[408] » [Werner von Alvensleben[409] (1875-1947)] avait agi afin de semer la zizanie entre la SA et la *Reichswehr*, et avait organisé des incidents qui avait obligé le *Führer* à passer à l'action en « faisant passer le salut du mouvement et de l'État avant ses propres sentiments personnels[410] » et qu'il « étoufferait dans le germe et anéantirait toute tentative de propager une nouvelle révolution, dans des conventicules dérisoires, formés d'ambitieux[411] ». À cette déclaration fut ajoutée celle de Goebbels sous la forme d'un « récit d'un témoin oculaire » : « Sans rencontrer de résistance, nous pouvons pénétrer dans la maison et surprendre la bande de conjurés encore plongée dans le sommeil et les mettre immédiatement en état d'arrestation. C'est le *Führer* lui-même qui procède aux arrestations ». Dans son journal, Goebbels revint également sur la descente à Bad Wiessee : «Opération rondement menée. Le chef est brillant. Heines est pitoyable. On l'a surpris avec un « jeune garçon ». Röhm est mis aux arrêts. Le tout sans incidents. Retour à Munich[412] ». Le quatrième document qu'écrivit Hitler était un code de bonne conduite en douze chapitres, dit les douze commandements de la SA (*12 Forderungen an die SA*), dont la réalisation sur le terrain fut confié à Lutze, le nouveau chef de la SA :

---

407 *Ibid.*

408 *Ibid.*

409 Werner von Alvensleben était un homme d'affaires et un homme politique.

410 Max DOMARUS, *Hitler. Reden und Proklamationen 1932-1945*, *opus cit.*

411 *Ibid.*

412 Joseph GOEBBELS, *Journal*, entrée du 1er juillet 1934, *opus cit.*

1° Nécessité d'une obéissance aveugle et d'une discipline inconditionnelle.

2° Nécessité d'une conduite et de mœurs exemplaires pour les SA *Führer*.

3° Nécessité de châtier et d'exclure de la SA tout SA *Führer* qui causerait un scandale public.

4° Nécessité de mœurs spartiates et interdiction des dîners et réceptions.

5° Interdiction aux SA *Führer* de posséder ou d'utiliser des voitures luxueuses.

6° Interdiction aux SA *Führer* de s'enivrer en public.

7° Obligation de ne pas tolérer l'homosexualité.

8° Obligation de ne pas empiéter sur le domaine propre de l'armée.

9° Définition des principes du commandement : a) la discipline doit allier le respect de la hiérarchie et de la camaraderie ; b) la qualité (formation des hommes) doit passer avant la quantité (recrutement intensif).

10° Définition des principes de l'avancement : l'ancienneté, les aptitudes pratiques doivent passer avant le savoir théorique.

11° Nécessité de la formation physique et idéologique.

12° Rappel des principes fondamentaux de l'esprit de la SA : a) obéissance au *Führer* ; b) respect de la loi ; c) loyauté ; d) camaraderie[413]. »

À 15 heures, Hitler discuta avec Rudolf Hess, Martin Bormann, Joseph Goebbels, Viktor Lutze, Max Amann, Helmuth Brückner, Peter Schaub, Walter Buch, Wilhelm Grimm (1889-1944), Otto Dietrich, de la liste qu'avait fournie le docteur Koch, le directeur de la prison de Stadelheim, sur laquelle était inscrit une trentaine de noms de SA *Führer*[414]. Ensuite, Hitler convoqua Joseph Dietrich

---

[413] Jean PHILIPPON, *La Nuit des longs couteaux, opus cit.*

[414] Heinz HÖHNE, *Mordsache Röhm. Hitlers Durchbruch zur*

et lui déclara : « Vous irez à la caserne, prendrez six sous-officiers et un officier et vous ferez passer par les armes les six SA *Führer* dont les noms sont marqués d'une croix, pour haute trahison et intelligence avec l'étranger[415] ». Enfin, Hitler quitta Munich vers 20 heures après avoir précisé à Epp qu'il avait gracié Röhm en raison de ses mérites et Krausser en raison de son ordre[416].

À Munich, les événements se précipitèrent vers 18 heures lorsque Sepp Dietrich se rendit avec quelques hommes à la prison de Stadelheim afin de procéder aux premières exécutions à la suite des ordres de Hitler. Mais, il se heurta à l'intransigeance du directeur de l'établissement qui jugea que quelques coups de crayon rouge sur une liste n'étaient pas un ordre d'exécution convenable et légal[417]. Il décida d'en savoir davantage et essaya de joindre le ministère de l'Intérieur de Bavière. Il reçut ensuite un appel du ministre de l'Intérieur du *Reich* Wilhelm Frick en personne qui ne possédait aucune information sur le sujet puisqu'il ne faisait pas parti des personnes dans la confidence de l'opération[418]. Frick décida de se rendre à Munich immédiatement, mais Sepp Dietrich ne désirait pas remettre les exécutions à plus tard[419]. Il regagna le quartier général du NSDAP et obtint de la part d'Adolf Wagner, le ministre de l'Intérieur de Bavière, une confirmation écrite des exécutions décidées par Hitler[420]. Finalement, Frick qui avait obtenu de la part de Hess la confirmation des ordres d'exécutions, donna à son tour confirmation au directeur de la prison qui laissa alors Dietrich faire le travail pour lequel

---

Alleinherrschaft 1933-1934, opus cit.

[415] Jean PHILIPPON, *La Nuit des longs couteaux, opus cit.*

[416] *Ibid.*

[417] Jacques DELARUE, *Histoire de la Gestapo, opus cit.*

[418] Jean PHILIPPON, *La Nuit des longs couteaux, opus cit.*

[419] *Ibid.*

[420] *Ibid.*

il était venu[421]. Wilhelm Schmid occupait la cellule 497, Hans-Erwin von Spreti-Weilbach la cellule 501, Peter von Heydebreck la cellule 502 et Hans Hayn la cellule 503. Le *SA-Gruppenführer* Peter von Heydebreck fut abattu en compagnie de son chef d'état-major, de même que trois anciens membres de la SS dont le passé avait été marqué par des actes de violence commis à Bredow à l'intérieur du camp de concentration[422].Quelques jours avant sa mort, Heydebreck écrivait Ernst von Salomon[423] (1902-1972) : « Je vis pour mon *Führer* ! C'est la chose qui me soutient. Si je ne crois plus en mon *Führer*, alors je préfère mourir[424]. »

Le directeur ordonna de faire descendre les prisonniers dans la cour de la prison[425]. Là, un peloton d'exécution placé sous le commandement de Dietrich les attendait. Les exécutions se déroulèrent dans une cour attenante au cimetière de la prison. Les tireurs désignés étaient au nombre de douze. L'officier qui secondait Dietrich était le SS *Gruppenführer* Josias zu Waldeck und Pyrmont (1896-1967). Dietrich déclara aux condamnés : « Le *Führer* vous a condamnés à mort ! *Heil* Hitler[426] ! » Ils furent passés par les armes les uns après les autres[427]. Dietrich ne demeura

---

[421] *Ibid.*

[422] *Ibid.*

[423] Ernst von Salomon appartint à un corps franc, puis fut membre de l'organisation Consul avant de se consacrer à l'écriture. Voir *Die Geächteten* (*Les Réprouvés*), Berlin 1930, 1re édition française 1931; collection Omnia, éditions Bartillat, 2007, et Didier CHAUVET, *Hitler et le putsch de la brasserie : Munich, 8-9 novembre 1923, opus cit.*

[424] Claus Heinrich BILL, *Von Heydebreck*, 1999, S. 215.

[425] Heinz HÖHNE, *Der Orden unter dem Totenkopf: Die Geschichte, opus cit.*

[426] Otto GRITSCHNEDER, *« Der Führer hat Sie zum Tode verrurteilt... » Hitlers « Röhm-Putsch » -Morde vor Gericht*, Munich 1993.

[427] Heinz HÖHNE, *Der Orden unter dem Totenkopf: Die Geschichte, opus cit.*

sur place que le temps des deux premières exécutions[428]. Les prisonniers succombèrent en hurlant : « Je meurs pour l'Allemagne : *Heil* Hitler[429] » et Schneidhuber rajouta à l'attention de Dietrich : « Camarade Sepp, qu'est-ce qui se passe ? Nous sommes innocents[430] ! » Simultanément aux arrestations et aux exécutions de Munich, des faits similaires frappèrent Berlin et le reste de l'Allemagne. Ainsi, Karl Ernst, *SA-Gruppenführer* et responsable de la SA de Berlin-Brandebourg, fut passé par les armes. Ce proche de Röhm avait été arrêté à Brême alors qu'il s'apprêtait à embarquer avec sa nouvelle épouse pour Madère où le couple devait passer sa lune de miel[431]. D'après certaines sources, Ernst était bisexuel et avait été surnommé parfois « *Frau* Röhrbein[432] » (Madame Röhrbein) en raison de son intimité avec Paul Rohrbein (1890-1934), l'un des dirigeants du *Kampfbundführer* (Ligue de Combat) et exécuté pour sa part dans le camp de Dachau. Ernst dérangeait beaucoup la *Reichswehr*. Ainsi, le général Erwin von Witzleben (1881-1944), commandant de la IIIe région militaire, et son chef d'état-major, le colonel Erich von Manstein (1887-1973), jugeaient son action néfaste à la défense nationale. Ernst fut exécuté contre un mur à l'école militaire de Lichterfelde par la 1ere division SS *Leibstandarte Adolf Hitler*. Ernst, estimant qu'il était arrêté suite à un coup des conservateurs et des pro-capitalistes, mourut en criant « Visez juste, camarades ! Heil Hitler[433] ». D'autre part de nombreux débordements locaux commis par des hommes de la SS émaillèrent les premières heures de l'action anti SA. Par

---

[428] *Ibid.*

[429] Jean PHILIPPON, *La Nuit des longs couteaux, opus cit.*

[430] Guido KNOPP, *Les SS : un avertissement de l'Histoire, opus cit.*

[431] Jacques DELARUE, *Histoire de la Gestapo, opus cit.*

[432] Wissenschaftlich-Humanitäres Komitee: *Mitteilungen des Wissenschaftlich-Humanitären Komitees*, S. 359.

[433] Guido KNOPP, *Les SS : un avertissement de l'Histoire, opus cit.*

exemple, en Silésie, Ludwig Werner Engels[434] (1901-1934), SA-*Sturmbannführer* responsable de la police de Breslau et adjoint direct de Edmund Heines[435], fut pourchassé par des hommes du *SS-Obergruppenführer* Udo vom Woyrsch jusque dans une forêt où il fut sommairement exécuté[436]. Les hommes de la SS se montrèrent en Silésie notamment d'une brutalité implacable commettant plusieurs crimes que Himmler et Heydrich eux-mêmes n'avaient pas envisagés. Ainsi, quatorze SA furent abattus dont la moitié un par un au cœur de la forêt d'Obernigk, la scène de ces assassinats étant éclairée par les phares des voitures de la SS. Trois membres du KPD, un médecin juif et quatre autres civils furent également ainsi abattus, sans compter les opposants arrêtés ou molestés[437]. D'autres régions d'Allemagne furent sévèrement secouées par les actions menées par les membres de la SS, comme la Poméranie où l'ensemble des *SA-Brigadeführer* fut destitué, les chefs locaux du *Stahlhelm* mis sous les verrous et là aussi molestés.

Le 30 juin 1934, Himmler passa la majeure partie de son temps en compagnie de Göring. De ce fait, ce fut Heydrich qui prit un grand nombre de décisions en rapport avec « le terrain » en sa qualité de responsable de la police politique de Prusse et de responsable du SD au niveau national. Mais Heydrich n'était pas en mesure d'agir seul et de nombreux

---

[434] Personalakte von Ludwig Engels (Bundesarchiv Lichterfelde, R 1501/206075).

[435] Ancien membre de l'organisation Consul, Werner Engels était le bras-droit de Heines depuis le début des années 1930 en ce qui concernait la direction des SA de Silésie. Il le seconda également en tant que chef de la police de Breslau. A ce poste, il fut d'abord nommé conseiller le 1er novembre 1933, puis chef de la police adjoint, avec rang de premier conseiller, le 24 avril 1934.

[436] Ruth Bettina BIRN, *Die Höheren SS- und Polizeiführer. Himmlers Vertreter im Reich und in den besetzten Gebieten.* Droste Verlag 1986

[437] Jean PHILIPPON, *La Nuit des longs couteaux, opus cit.*

fonctionnaires de la Gestapo, du contre-espionnage ou encore d'autres unités lui prêtèrent main forte. De très nombreuses unités de la SS furent mobilisées : *Abschnitt* (section) III Berlin, *Standarte* (Régiment) 6, 42, 75, *Abschnitt* XII, Francfort-sur-Oder, *Standarte* 27, 54, 65, *Abschnitt* XXIII Berlin, *Standarte* 15, 44, 80, mais également neuf régiments de la SS dans la capitale et le Brandebourg, la 3e *Motorstandarte* et la *Leibstandarte*[438]. Néanmoins, contrairement à une légende qui subsiste trop souvent, la *Leibstandarte* ne commit pas tous les crimes qui eurent lieu à Berlin[439].

Après 22h le 30 juin 1934, Göring proposa de mettre fin à la purge[440]. D'après les déclarations que fit Göring à Papen dans la prison de Nuremberg en 1946, Hitler ne s'y résolu qu'à contrecœur, car beaucoup méritaient d'être fusillés[441]. Dans les faits, des exécutions eurent encore lieu après la proposition de Göring.

De son côté, Röhm, attendit avec calme dans sa cellule de la prison de Stadelheim à Munich. L'écho des coups de feu des premières exécutions ne sembla pas du tout l'intimider. En effet, il participa normalement à la promenade et s'occupa même d'obtenir des effets personnels. La situation de Röhm ne tenait désormais qu'à un fil. Malgré la pression constante de ses adversaires, il demeurait encore en vie. Hitler hésitait sur le sort à lui réserver. Les longues années de lutte côte à côte pour la conquête du pouvoir ne pouvaient pas s'effacer d'un simple revers de manche. D'autre part, il était impossible de le garder emprisonné trop longtemps. Il restait en vérité peu de possibilités. Un procès

---

438 Heinz HÖHNE, *Der Orden unter dem Totenkopf – Die Geschichte der SS , opus cit.*

439 Jean PHILIPPON, *La Nuit des longs couteaux, opus cit.*

440 Otto GRITSCHNEDER, *« Der Führer hat Sie zum Tode verrurteilt... » Hitlers « Röhm-Putsch » -Morde vor Gericht, opus cit.*

441 Franz von PAPEN, *Memoirs, opus cit.*

public était bien trop risqué aux yeux de Hitler, échaudé notamment par l'échec des poursuites judiciaires après l'incendie du *Reichstag*[442] et un exil de Röhm ne pouvait être décidé compte tenu de l'importance de ses réseaux et de sa place dans la hiérarchie nazie[443]. Au terme de discussions particulièrement houleuses entre Hitler et les leaders du front anti SA–au premier rang desquels Himmler, Heydrich, Reichenau et Göring qui avait même, pour sa part, déjà annoncé la mort de Röhm au cours d'une conférence de presse le 30 juin –, le *Führer* décida finalement dans l'après-midi du 1er juillet 1934 de mettre fin à la grâce dont bénéficiait Röhm depuis son arrestation. Himmler et Göring insistèrent très longuement auprès de Hitler pour lui arracher la mort de Röhm[444]. Mais Hitler voulut néanmoins accorder à Röhm le choix de mourir « dignement » en se tirant lui-même une balle dans la tête[445]. Il fallut du temps pour que la décision de Hitler aboutisse à une action concrète à Stadelheim car toute la ligne hiérarchique de la SS fut mise à contribution, de Himmler à Heydrich puis à Karl Oberg[446] (1897-1965), le grand coordonnateur de ces

---

[442] Joachim FEST, *Hitler : le Führer*, Paris, Gallimard 1973.

[443] *Ibid.*

[444] François KERSAUDY, *Göring, opus cit.*

[445] Jean PHILIPPON, *La Nuit des longs couteaux, opus cit.*

[446] Après avoir participé à la Première Guerre mondiale, Karl Oberg s'engagea dans les *Freikorps* et il participa au putsch de Kapp en 1920. Il travailla ensuite avec Heydrich au sein du SD, puis il devint chef du personnel de l'état major du SD. En 1939 il était chef de police à Zwickau. Chef des SS et de la Police de Radom du 8 août 1941 au 12 mai 1942, il fut nommé ensuite chef de la Gestapo et des SS en France à partir de mars 1942. Capturé par les Américains, il fut condamné à mort en Allemagne, puis il fut extradé en France le 10 octobre 1946. Il comparut ensuite devant un tribunal français en même temps que Helmut Knochen. Il fut condamné à nouveau à la peine de mort en France le 9 octobre 1954. Sa peine fut commuée en 1958 en vingt ans de travaux forcés. Gracié en 1965 par le Président de la République, il fut rapatrié en Allemagne où il mourut la même année.

actions anti SA, pour finalement être transmise à Theodor Eicke[447] (1892-1943), *SS-Brigadeführer* et commandant du camp de concentration de Dachau, et Michel Hans Lippert[448] (1897-1969), *SS-Standartenführer* et commandant de la garde du camp de Dachau, qui furent chargés par leur supérieur direct de la mission de procéder à l'exécution de Röhm qui occupait la cellule 474 dans la partie sud-ouest de la prison. Un troisième SS les accompagnait[449]. Mais les trois hommes ne parvinrent pas dans un premier temps jusqu'à la cellule de Röhm en raison de l'opposition du directeur de la prison qui une nouvelle fois demanda des éléments supplémentaires avant d'obtempérer. Ainsi, il

---

[447] Theodor Eicke fut officier payeur de la *Reichswehr* ainsi que chef de la section de protection chez IG Farben à Ludwigshafen. Soupçonné de préparer des attentats à la bombe contre des adversaires politiques bavarois, il fut condamné, en juillet 1932, à deux ans de prison. Grâce à la protection du ministre de la Justice, Franz Gürtner, il bénéficia d'une remise de peine pour raisons de santé et, sur les instructions de Heinrich Himmler, se réfugia en Italie pour s'occuper d'un camp pour fugitifs de la SS. Il devint en juin 1933 responsable du camp de concentration de Dachau. A compter du 4 juillet 1934, il fut nommé inspecteur des camps de concentration ainsi que commandant des unités *Totenkopf* (*Inspekteur des Konzentrationslager und Führer des SS Totenkopfverbände*). A ce titre, il était placé sous l'autorité de Heydrich pour la partie inspecteur des camps et sous celle de Himmler pour le commandement des unités *Totenkopf*. Rapidement, Eicke plaida pour un agrandissement des camps déjà en service et déploya une vive activité afin d'obtenir l'ouverture de nouveaux camps. Il trouva la mort sur le front de l'Est en 1943 à la suite de l'explosion de son avion qui fut abattu par un tir russe. Charles SYDNOR, *Theodor Eicke. Organisator der Konzentrationslager.* In: *Die SS: Elite unter dem Totenkopf. 30 Lebensläufe.* Schöningh, Paderborn 2000 et Georges H. STEIN, *Histoire de la Waffen SS*, Paris, Stock-Le livre de poche 1977 .

[448] Michel Hans Lippert fut policier de 1921 à 1929 avant de rejoindre le NSDAP. Il commanda plusieurs unités pendant la Deuxième Guerre mondiale. Les autorités allemandes l'inculpèrent en 1957 pour le meurtre de Röhm.

[449] Ian KERSHAW, *Hitler, opus cit.*

entra en contact avec Hans Frank[450] (1900-1946), ministre de la Justice de Bavière qui lui proposa de rédiger un rapport circonstancié sur les événements[451]. Le directeur de la prison décida alors de laisser agir Eicke et Lippert. Les tueurs de la SS furent conduits jusqu'à la cellule de Röhm où ils remirent au chef de la SA la dernière édition spéciale du *Völkischer Beobachter* dans laquelle il était question de sa vie dépravée, de son homosexualité, de son infidélité[452]. Eicke et Lippert lui remirent également une arme chargée. Eicke dit à Röhm : « Röhm, vous avez mérité la mort. Le *Führer* vous donne la chance d'exécuter vous-même la sentence. Vous avez dix minutes pour agir[453] ». Mais Röhm, nullement impressionné, leur lança : « Si je dois être tué, laissez Adolf le faire lui-même[454]. » Eicke et Lippert tournèrent des talons et revinrent dix minutes plus tard. Lorsque la porte de la cellule s'ouvrit à nouveau, Röhm se tenait debout, torse nu et toisait les deux tueurs de la SS. D'après le témoignage d'un lieutenant de police, Lechler, témoin oculaire des faits, qui déposa en mai 1957 à Munich au cours d'un procès d'épuration: « [...] deux SS entrèrent dans la cellule. Röhm voulait dire quelque chose, mais l'officier de la SS lui fit signe de se taire. Röhm alors se mit au garde-à-vous, son visage exprimait le plus profond mépris pour les hommes qui lui faisaient face [...] Les SS déchargèrent à bout portant leurs revolvers sur Röhm[455] [...] » D'après d'autres sources, Röhm déclara : « Mon

---

[450] Hans Frank devint ensuite ministre du *Reich*, puis pendant la guerre gouverneur général en Pologne. Il démontra une grande cruauté en Pologne et fut condamné à mort lors du procès de Nuremberg. Cf, Didier CHAUVET, *Le nazisme et les Juifs*, *opus cit.*

[451] Jean PHILIPPON, *La Nuit des longs couteaux, opus cit.*

[452] Marlis STEINERT, *Hitler, opus cit.*

[453] Heinz HÖHNE, *Mordsache Röhm. Hitlers Durchbruch zur Alleinherrschaft 1933-1934, opus cit,*

[454] William Laurence SHIRER, *Le IIIe Reich, opus cit.*

[455] *Ibid.*

Führer ! Mon *Führer* [456] ! » paroles auxquelles Eicke répliqua par : « Il fallait songer à tout cela un peu avant, maintenant il est un peu tard[457] ». Trois blessures étaient visibles sur le corps de Röhm : deux sur la poitrine et une au niveau du cou. Ensuite, les SS se retirèrent et ordonnèrent à Lechler de refermer la cellule et de veiller à ce que personne ne vint rôder autour. Il ne fut pas dit à Hitler que les deux hommes chargés de l'exécution ne donnèrent que dix minutes de réflexion à Röhm, car le *Führer* risquait de ne pas apprécier, alors il fut décidé de déclarer que Röhm avait tenté de fuir obligeant ainsi les deux hommes à faire feu[458]. À la mort de Röhm, Hitler publia un communiqué qui disait : « L'ancien chef d'état-major de la SA, Röhm, s'est vu offrir l'occasion de tirer les conséquences de sa trahison. Il ne l'a pas fait et a donc été abattu[459] ».

L'exécution de Röhm ne marqua pas la fin de l'opération puisque d'autres meurtres eurent encore lieu à Berlin. Les hommes de la SS exécutèrent plusieurs prisonniers que Hitler avait graciés quelques heures auparavant [460]. Il s'agissait de Georg von Detten [461] (1887-1934), *SA-Gruppenführer Abteilungschef der Obersten SA-Führung (OSAF)* (chef de section du commandement suprême de la SA) et *Chef aller SA-Kommissare* en Prusse, de Hans-Joachim von Falkenhausen (1897-1934), *SA-Obergruppenführer,* chef de cabinet et secrétaire de Detten, de Friedrich Wilhelm von Krausser, *SA-Obergruppenführer,*

---

[456] Heinz HÖHNE, *Der Orden unter dem Totenkopf: Die Geschichte, opus cit.*
[457] *Ibid.*
[458] Jean PHILIPPON, *La Nuit des longs couteaux, opus cit.*
[459] Max DOMARUS, *Hitler. Reden und Proklamationen 1932-1945, opus cit.*
[460] Heinz HÖHNE, *Der Orden unter dem Totenkopf: Die Geschichte, opus cit.*
[461] Membre du *Reichstag*. Ernst KLEE, *Das Personenlexikon zum Dritten Reich.* Francfort 2005.

et de Karl Schreyer[462], *SA-Gruppenführer* et directeur du service « *Abteilung-IV-a* » et membre du bureau administratif de la direction suprême de la SA. Ce dernier échappa à la mort au dernier instant, alors qu'il allait être fusillé dans la prison de Lichterfelde, par l'intervention à 4 heures du matin le 2 juillet 1934 d'un homme de la *Leibstandarte* qui fit part aux hommes chargés des exécutions de l'ordre formel de Hitler de mettre un terme aux exécutions[463]. Cependant, l'épuration ne se borna pas à décapiter seulement la SA et de nombreuses autres personnalités furent exécutées et emprisonnées à l'occasion de cette Nuit des longs couteaux. Ainsi, des conservateurs jugés peu sûrs furent éliminés sur l'ordre de Göring, de Himmler ou de Heydrich sans que, le plus souvent, Hitler n'en fut informé au préalable[464]. Dans la capitale, ces exécutions furent conduites par des hommes de la Gestapo placés sous le commandement de Himmler ou encore par des hommes de la *Landespolizei* placés eux sous le commandement de Göring[465]. Parfois, au gré d'intérêts divergents, ces hommes envoyés pour tuer s'opposèrent les uns aux autres[466]. Ainsi, dans le cas du vice-chancelier Franz von Papen, Göring et Himmler n'envisageaient pas les choses de la même façon[467]. Les hommes de la SS investirent les abords de la vice-chancellerie pendant que Papen était reçu par Göring qui le mettait au courant, en présence de Himmler, des actions en cours sans toutefois

---

[462] Karl Schreyer fut ensuite emprisonné pendant quelques temps dans le camp de Columbia à Berlin, dans le quartier de Tempelhof.

[463] Heinz HÖHNE, *Der Orden unter dem Totenkopf: Die Geschichte, opus cit.*

[464] Jean PHILIPPON, *La Nuit des longs couteaux, opus cit.*

[465] François KERSAUDY, *Hermann Göring : le deuxième homme du IIIe Reich, opus cit.*

[466] *Ibid.*

[467] *Ibid.*

rentrer trop dans les détails[468]. Papen relata dans ses mémoires ces moments tragiques alors qu'il avait été convoqué d'urgence par Göring, par l'intermédiaire du général Karl-Heinrich Bodenschatz (1890-1979), au palais de la Leipziger Platz : « Tout le secteur grouillait de gardes SS armés de mitraillettes. Göring était dans son bureau avec Himmler. Il me dit que Hitler avait été obligé de prendre l'avion pour Munich, afin de mater une révolte dirigée par Röhm, tandis que lui-même avait reçu les pleins pouvoirs pour faire face à l'insurrection dans la capitale. J'ai immédiatement protesté, et j'ai fait remarquer qu'en l'absence du chancelier, de tels pouvoirs ne pouvaient que m'être conférés en ma qualité de vice-chancelier. Göring m'a répondu qu'il n'en était pas question [...] J'ai dit alors qu'il était essentiel d'informer le président, de déclarer l'état d'urgence et de faire intervenir la *Reichswehr* pour qu'elle rétablisse l'ordre. Mais, là encore, Göring a refusé : il était inutile pour lui de déranger Hindenburg, puisqu' avec l'aide de la SS, il contrôlait parfaitement la situation. Nous avons commencé à nous échauffer mais Göring a mis un terme à la conversation en m'invitant à rentrer chez moi et à ne plus en sortir sans le prévenir — ma propre sécurité en dépendait. J'ai répondu que je m'occuperais moi-même de ma sécurité, et que je refusais de me soumettre à ce qui revenait à une arrestation[469] ».

En vérité, Papen fut attiré par ruse dans les bureaux de Göring afin de laisser place libre à la vice-chancellerie et ainsi pouvoir plus facilement mettre la main sur les proches collaborateurs de Papen. En effet, pendant ce temps, Herbert von Bose, le secrétaire de Papen, était en entretien avec un visiteur. Alors que les deux hommes n'avaient pas achevé leur conversation, deux tueurs les interrompirent, sous le prétexte fallacieux d'un message urgent à

---

[468] Jean PHILIPPON, *La Nuit des longs couteaux, opus cit.*

[469] Franz von PAPEN, *Memoirs*, *opus cit.*

transmettre à Bose. Ce dernier comprit immédiatement la terrible gravité de la situation et au moment de quitter son bureau, il remit son portefeuille et sa chevalière qui portait ses armoiries à deux de ses collaborateurs[470]. Les deux tueurs le poussèrent jusqu'à un bureau situé au fond du bâtiment. Peu de temps après, onze coups de feu provenant du bureau résonnèrent dans le couloir. Le corps de Bose gisait près d'une table de travail[471]. Lorsqu'il arriva peu après les faits, Papen ne parvint pas à s'opposer à l'arrestation de Fritz Günther von Tschirschky[472] (1900-1980), un de ses collaborateurs, et lui-même fut placé à partir de ce moment en résidence surveillée, ce qui lui sauva la vie[473], les hommes de Göring empêchant en effet ceux d'Himmler de le supprimer.

Dans ses mémoires, Papen décrit par le détail les événements qui secouèrent la vice-chancellerie : « À mon retour [de chez Göring], j'ai trouvé le bâtiment occupé par les gens d'Himmler, et un garde armé d'une mitraillette m'a empêché d'entrer. L'un des employés a réussi à me chuchoter que Bose avait été abattu [...] Nous étions cernés par des hommes de la SS et des membres de la police secrète de Göring, qui essayaient tous d'arrêter Tschirschky. La tension est montée à tel point qu'ils ont failli se tirer dessus. C'était une bonne indication de la confusion qui régnait. Il

---

[470] Jean PHILIPPON, *La Nuit des longs couteaux, opus cit.*

[471] Stephanie TRAICHEL, *Der Röhm-putsch*, Grin verlag 2007.

[472] Diplomate allemand, Tschirschky fut détenu quelques jours au camp de concentration de Lichtenburg, suite à son arrestation. Il obtint sa libération grâce à l'intervention de son oncle, ambassadeur des Pays-Bas à Berlin et à l'insistance de Papen. Il quitta l'Allemagne en 1935 pour se réfugier à Londres, puis à Paris. Après avoir témoigné pour la défense de Papen au procès de Nuremberg, il regagna l'Allemagne en 1952. Il y travailla notamment au service du protocole du ministère des Affaires étrangères, où il prépara la visite du chancelier Adenauer à Moscou. Fritz Günther von TSCHIRSCHKY, *Erinnerungen eines Hochverräters,* DVA 1972.

[473] Jean PHILIPPON, *La Nuit des longs couteaux, opus cit.*

y avait manifestement deux groupes à l'œuvre, l'un commandé par Göring, l'autre par Himmler[474] ».

La tension était partout à un degré maximum et tout le monde se méfiait de tout le monde. À ce titre, le témoignage de Hans-Bernd Gisevius [475] (1904-1974) est particulièrement éclairant. Lors du procès de Nuremberg, Gisevius déclara au sujet des événements de juin 1934 : « il faudrait parler d'un putsch Himmler-Göring[476] ». Son témoignage est précieux car il décrit le fonctionnement de la machine nazie de l'intérieur : « [...] A peu près tous les grands chefs de la SA ont été arrêtés ou sont sur le point de l'être. Les traîtres sont sans doute très nombreux. Mais combien au juste ? Quels sont les chasseurs, quels sont les chassés ? Nous décidons de compléter nos informations. Je propose, à cette fin, d'aller au palais de Göring, où j'espère atteindre Nebe[477]. Celui-ci m'apprendra ce qui se passe vraiment. Je

---

[474] Franz von PAPEN, *Memoirs, opus cit.*

[475] Après des études de droit, Hans-Bernd Gisevius rejoignit le ministère de l'Intérieur de Prusse. Il entra au NSDAP en 1933. Il fut muté en 1933 à la Gestapo, mais il se trouva rapidement en désaccord avec ses supérieurs. Il fut démis de son poste, quand Himmler prit ses fonctions en 1936. Il travailla alors au ministère de l'Intérieur du *Reich* et au ministère de l'Intérieur de Prusse, et noua des contacts avec plusieurs groupes d'opposants. Il se rapprocha en 1937 de l'*Abwehr* et se transforma en espion allemand sous la couverture de vice-consul à Zurich. Il participa à la conjuration du 20 juillet 1944 contre Hitler dont il fut l'un des rares survivants en parvenant à trouver refuge en Suisse. Ses mémoires *Bis zum bitteren Ende* (*Jusqu'à la lie)* suscitèrent des controverses. Voir aussi : Hans-Bernd GISEVIUS, *Wo ist Nebe? Erinnerungen an Hitlers Reichskriminaldirektor*, Droemer Verlag, Zürich 1966, et *Adolf Hitler - Versuch einer Deutung*, Rütten & Loening, München 1963, et *Der Anfang vom Ende. Wie es mit Wilhelm II. begann*, Droemer Knaur, Zürich 1971.

[476] International Military Tribunal, American edition, vol. XII, p.168-174, vol I-XXII, Nuremberg 1947.

[477] Arthur Nebe (1894-1945) était l'ancien supérieur de Gisevius à la Gestapo. Il combattit lors de la Première Guerre mondiale puis il entra dans la police en 1920. Brillant criminaliste, il adhéra à la SA et au

suis poussé aussi par le sentiment qu'il vaut mieux être là-bas qu'à mon bureau [...] Je préfère donc me tenir dans le voisinage de Daluege[478] , escomptant que c'est dans la gueule du loup, c'est-à-dire au palais de Göring, qu'on viendra le moins facilement me chercher [...] Ce n'est qu'en arrivant à la Leipziger Platz que de graves événements s'annoncent. On y voit de très nombreux policiers et des attroupements. Nous franchissons le petit passage qui donne accès au palais de Göring. Ce bâtiment n'est pas visible de l'extérieur, grâce au Ciel, car à peine avons-nous franchi le tournant que de tous les toits, de tous les balcons, de toutes les embrasures, des mitrailleuses pointent sur nous. Dans la cour, c'est une fourmilière de policiers [...] Je respire une atmosphère de haine, de nervosité, de tension, de guerre civile, et surtout de sang, de beaucoup de sang [...] Des aides de camp vont et viennent nerveusement. Des messagers, portant de gros dossiers secrets, courent avec des airs importants. Anxieux, les gens qui attendent s'interrogent les uns les autres. On parle à mi-voix [...] Par bonheur, je découvre tout de suite Nebe [...] Il feint l'indifférence. En un pareil moment et au milieu d'un tel

---

NSDAP en 1931. Il entra dans la Gestapo prussienne en 1933 puis rejoignit la SS en 1936. Il fut ensuite nommé directeur général de la Police judiciaire du *Reich* en 1937, puis responsable du RSHA. Après avoir participé aux actions du *Einsatzgruppe* B lors de l'opération Barbarossa, il regagna ensuite ses précédentes fonctions. Il fut mêlé à la conjuration du 20 juillet 1944, fut arrêté en janvier 1945 et exécuté en mars.

[478]Après avoir combattu lors de la Première Guerre mondiale, Kurt Daluege (1897-1946) s'engagea ensuite dans un corps-franc puis dans la police. Il adhéra au NSDAP en 1922 et gravit les échelons de la hiérarchie policière. Il fut nommé en 1932 *Führer* de la IIIe section SS de Berlin. Göring le nomma ensuite au ministère prussien de l'Intérieur, chargé des forces de police. Après la Nuit des longs couteaux, il devint chef des SA de Berlin, du Brandebourg et de Poméranie. Il succéda à Heydrich après l'assassinat de ce dernier et devint le 4 juin 1942 protecteur de Bohème-Moravie. Il fut pendu à Prague en 1946.

entourage, il ne faut surtout pas paraître ému et encore moins terrifié. Prudemment, nous nous retirons dans le coin le plus proche. À deux pas de nous, un *Gruppenführer SA* est effondré sur une chaise, claquant des dents. Nebe m'explique qu'il a dû l'arrêter il y a quelques instants. Le malheureux a été convoqué par téléphone ; à peine arrivé, Göring l'a reçu en le traitant de cochon d'homosexuel, et lui a annoncé qu'on allait le fusiller. Un peu plus loin un autre misérable est accroupi : c'est l'*Obergruppenführer SA* Kasche[479], pris dans la rue et amené ici par précaution [...] Nebe me fait savoir que les choses empirent depuis ce matin. À Lichterfelde[480], on fusille sans arrêt. Il me murmure une grande quantité de noms que je n'ai jamais entendus. Je retiens seulement ceux des *Gruppenführer SA* von Detten[481] et von Falkenhausen[482], celui de Ramshorn[483] qui est préfet de police à Gleiwitz, puis celui de Schragmüller[484], préfet de police de Magdebourg, ceux du *Standartenführer* Belding[485] et l'avocat Voß. Et ce ne sont là que quelques-uns des candidats à la mort [...] Nous savons que chacun de ces « grands criminels » a mérité deux ou trois fois la mort pour les atrocités qu'il a commises ; mais cette façon de les liquider nous paraît odieuse. À la vérité, nous sommes incapables, pour le moment, de rassembler nos esprits [...] Nous nous donnons mutuellement du courage, tout en

---

[479] Siegfried Kasche (1903-1947), député au *Reichstag*. Il parvint à convaincre Göring de son innocence.

[480] La caserne de Lichterfelde (quartier de Berlin) fut construite au 19e siècle et avait accueilli à partir de 1878 l'école principale des cadets (*Hauptkadettenanstalt*).

[481] Georg von Detten (1887-1934).

[482] Hans-Joachim von Falkenhausen (1897-1934).

[483] Hans Ramshorn (1892-1934). Cf Daniel SCHMIDT, *Der SA-Führer Hans Ramshorn. Ein Leben zwischen Gewalt und Gemeinschaft (1892–1934).*

[484] Johann Konrad Schragmüller (1895-1934).

[485] Karl Belding (1897-1934).

songeant silencieusement aux feux de salve qui crépitent à Lichterfelde. Nous sommes tout près du cabinet de travail de Göring, où le comité exécutif délibère. À tout instant accourent des messagers de la Gestapo qui apportent de petites fiches blanches. Par l'entrebâillement de la porte, on aperçoit Göring, Himmler, Heydrich, et le petit Pilli [Paul] Körner, secrétaire d'État de Göring à la présidence ministérielle. L'entretien a l'air des plus animés. Par moments on perçoit un mot comme « dehors » ou « ahah » ou « tirer », ou simplement un rire brutal. En tout cas, ils semblent être de fort bonne humeur. Göring rayonne littéralement de satisfaction. On sent qu'il est dans son élément […] Tout à coup retentissent des éclats de voix. Le major de police Jakoby[486] se précipite hors de la salle, le shako sur la tête, la jugulaire au menton, et derrière lui tonne Göring : « Tirez dessus... prenez toute une compagnie avec vous, tirez dessus... tirez immédiatement... tirez, vous dis-je... tirez ! » On ne saurait comment évoquer après coup toute la rage brutale, toute la haine vindicative et en même temps toute la peur, la lâche peur, qui s'expriment dans cette scène. On le devine : quelqu'un s'est échappé, qui ne doit pas survivre, sans la mort de qui la journée serait vaine. Nous supposons tout d'abord qu'il doit s'agir de Röhm ou de Karl Ernst. Mais Göring continue à hurler. De nouveau, il arpente sa cage somptueuse, et à plusieurs reprises, nous l'entendons crier d'une voix rauque ce même refrain : « C'est justement ce Paul... c'est justement ce Paul. » Nous savons, l'un des aides de camp nous le communique, qu'il s'agit de Gregor Strasser et de Paul Schultz. Il paraît que l'arrestation de Strasser n'a pu se faire, parce que les travailleurs de son exploitation le protégeaient […] C'est à cela que se rapportait le farouche « Tirez dessus ». Quant à Paul, c'était l'ami de Strasser […] On voit Himmler partir avec Heydrich, et le petit Pilli Körner faire l'important dans

---

[486] Il s'agit de Friedrich-Wilhelm Jakoby (1899-1967).

le vestibule ; Göring passe dans un salon attenant, où le photographe « de la Cour » l'attend depuis plusieurs heures. Comment laisser passer un jour aussi auguste sans le marquer par une belle photographie ! […][487]»

Un autre témoin, le général Erhard Milch[488] (1892-1972), sous-secrétaire d'État au ministère de l'Air, relata la scène : « Himmler lisait lentement une liste de noms. Pour chacun, Göring et von Reichenau faisaient oui ou non de la tête. Si tous étaient d'accord, Himmler dictait le nom à Körner, en ajoutant sèchement : « Confirmation ! » À un moment, l'un des trois a suggéré un nom qui n'était manifestement pas sur la liste ; c'était celui de la tante d'un certain diplomate, qui avait fortement déplu dans les cercles du parti en raison de son excès de zèle national-socialiste[489]. Tous ont été secoués d'un rire nerveux à l'idée de l'inclure dans la liste. De temps en temps, Paul Körner sortait avec la liste de noms qui s'allongeait à vue d'œil, et la remettait à d'autres qui communiquaient leurs instructions par téléphone à des hommes de confiance sur le terrain. À l'évidence, ce n'était pas une promotion qui attendait les hommes portés sur la liste[490]. »

La répression fut implacable. En effet, il fut décidé que l'ensemble des SA *Führer*, à compter du grade de *Standartenführer*, fussent emprisonnés même en l'absence de charge, par mesure de précaution en quelque sorte. Dans la plupart des grandes villes allemandes, les locaux de la SA furent investis et les hommes furent désarmés sur le champ.

---

[487] Hans-Bernd GISEVIUS, *Jusqu'à la lie*, vol. 1, *opus cit.*

[488] Erhard Milch supervisa le développement de la *Luftwaffe* et joua ainsi un rôle important dans le réarmement de l'Allemagne.

[489] Il s'agissait de la baronne Viktoria von Dirksen (1874-1946). Cf Anna Maria SIGMUND, *Die Frauen der Nazis,* Munich, Verlag Heyne 2005.

[490] David IRVING, *The Rise and Fall of the Lutwaffe*, Boston, Little Brown 1973.

À Berlin, la majorité des actions d'arrestations furent conduites par la *Landespolizei*, les *Feldjäger*[491] et le régiment Wocke. Des unités de la SS se mêlèrent très certainement à ces arrestations, mais il n'existe aucun témoignage direct qui permet de l'affirmer. Mis à part quelques faits rares, la SA ne fit preuve d'aucune résistance. Tout se passa donc dans le calme. Dans la capitale, largement plus de cent d'hommes furent finalement arrêtés. La prison de Lichterfelde à Berlin fut le théâtre d'un minimum de quatorze exécutions, trois le 30 juin et onze le 1er juillet : Karl Ernst, Daniel Gehrt[492] (1891-1934), Gerd Voss (1907-1934), Veit-Ulrich von Beulwitz[493] (1899-1934), Willi Klemm[494] (1892-1934), Walter von Mohrenschild[495] (1910-1934), Wilhelm Sander[496], Krause[497], Georg von Detten[498] (1887-1934), Hans Joachim von Falkenhausen[499] (1897-1934), Friedrich von Krausser, Hans Koch, Konrad Schragmüller. Detten et Falkenhausen étaient présents lors de la rencontre entre Röhm et François-Poncet dans la villa du banquier Wilhelm Regendanz (1882-1955) le 24 mai 1934 à Dahlem, ce qui explique certainement leur élimination. Schragmüller paya pour sa part des incidents survenus avec le ministre Seldte en juin à Schönebeck. De plus, la *Reichswehr* n'avait pas spécialement confiance en lui. Pour Krausser que Hitler avait décidé de laisser en vie mais contre lequel s'acharna la Gestapo qui essaya d'arracher à son chauffeur un aveu sur

---

491 L'unité des *Feldjäger* est l'unité de police militaire de l'armée allemande.

492 *SA-Obersturmbannführer.*

493 *Pressereferent der SA-Führung.*

494 *SA-Brigadeführer.*

495 *SA-Sturmbannführer.*

496 *SA-Oberführer.*

497 *SA-Standartenführer.*

498 *SA-Gruppenführer.*

499 *SA-Führer.*

l'homosexualité de Krausser pour briser le choix de Hitler, la décision de l'arrêter et de l'exécuter en passant outre les ordres du *Führer* fut prise par Himmler[500]. Il est frappant de constater qu'à plusieurs reprises des hommes d'abord épargnés par Hitler furent finalement abattus. Jean Philippon dresse une analyse parfaite de cet état de fait surprenant à première vue avec une personnalité comme Hitler, mais qui s'inscrivait bien néanmoins dans un certain mode de fonctionnement du nazisme : « […] la justice est rendue par décision administrative sans débat contradictoire ni recours. Le cas une fois tranché, l'appareil semble fonctionner de lui-même. Les différents services de polices ont reçu des avis de recherche. Ils arrêtent les suspects qui leur ont été signalés. Ceux-ci sont transférés à Berlin où ils sont exécutés sans délai [...] Il est cependant assez difficile d'imaginer que Göring, Himmler et Heydrich ignoraient les décisions prises par le *Führer* à Munich. Comment n'auraient-ils pas été informés des grâces dont avaient bénéficié Krausser, Koch et Schragmüller et d'autres ? … Le système était à ce point dépourvu de transparence qu'ils pouvaient exciper, avec vraisemblance, de leur bonne foi et de leur ignorance[501]. »

Les cas de Walter Schulze (1897-1934) de Kolberg en Pomeranie (chef d'état-major de Heydebreck) et celui de Max Schulz (1900-1934) de Magdebourg (attaché à l'état-major de Schragmüller) sont différents, car ils furent exécutés sans que le lieu de la mort fût écrit sur la liste officielle [502]. Il est fort possible qu'ils moururent à Lichterfelde, ce qui porterait alors le nombre des exécutions à seize.

L'ordre d'exécuter Edmund Heines, Werner Engels, Eberhard von Wechmar(1897-1934), Hans Ramshorn

---

[500] Jean PHILIPPON, *La Nuit des longs couteaux, opus cit.*

[501] *Ibid.*

[502] *Ibid.*

(1892-1934), Reinhard Nixdorf (1890-1934), Karl Belding (1897-1934), Enders, fut transmis par Himmler sans qu'il soit possible de connaître, faute de documentation, les motifs exacts.

Les SA abattus en raison de leur participation à la mutinerie furent, pour la plupart d'entre eux, abattus par un peloton d'exécution. Ceux qui furent abattus pour raison d'homosexualité le furent par contre d'une balle dans la nuque. Les cadres supérieurs de la SA furent implacablement abattus en Bavière, Saxe, Silésie, Brandebourg, Mecklembourg, Rhénanie. La dernière victime de la SA fut le *Standartenführer* Kurt Mosert (1907-1934), abattu pour de sombres raisons de dénonciation des pratiques de la SS du camp de Torgau.

La mort d'Erich Klausener[503] survint sur l'ordre de Heydrich qui tenait absolument à éliminer ce vieil ennemi, opposant au nazisme de la première heure[504]. En tant que directeur de l'Action catholique à Berlin depuis 1928, il s'opposait à la politique anticléricale de Hitler. Dans un récent discours au 32e congrès catholique régional du Brandebourg, le 24 juin 1934, Klausener avait critiqué la mise à l'écart des adversaires idéologiques du national-socialisme et avait mis en cause la politique raciale du gouvernement. Klausener fut abattu dans son bureau au ministère des Communications[505]. Kurt Gildisch[506] (1904-1956), *Hauptsturmführer* SS, ancien membre de la SA qui rejoignit ensuite la SS, fut chargé de l'assassinat de Klausener qu'il abattit par derrière, d'une balle dans la tête,

---

[503] Un monument à la mémoire de Klausener fut érigé après la guerre à Berlin.

[504] Mario D. DEDERICHS, *Heydrich: le visage du mal, opus cit.*

[505] Walter ADOLPH, *Erich Klausener,* Morus verlag 1955.

[506] Il fut condamné pour cet assassinat à 15 ans de prison, le 18 mai 1953, par la Cour d'Assise de Berlin.

pendant que celui-ci enfilait sa veste[507]. Il téléphona ensuite, depuis la maison de la victime, à Heydrich qui lui ordonna alors de maquiller l'assassinat en suicide[508]. Pour Göring : « ce fut une action vraiment sauvage de Heydrich[509] ». Mais Klausener ne fut pas la seule personnalité catholique de premier plan à tomber sous les balles des tueurs de la SS puisque par exemple Kuno Kamphausen (1900-1934), architecte et ancien membre du *Zentrum*[510], ou encore Adalbert Probst (1900-1934), le responsable d'une association catholique de jeunesse[511], furent eux aussi exécutés froidement[512]. Pour le cas de Kamphausen, celui-ci ne faisant pas partie de la liste des victimes choisies, Himmler de ce fait autorisa les poursuites contre les meurtriers. Trois inculpés furent finalement condamnés à des peines qui allaient de un à cinq ans de prison et les autres furent tout simplement acquittés[513]. Le corps d'Edgar Jung fut pour sa part retrouvé dans un fossé le 1er juillet près d'Oranienburg[514]. Il avait été arrêté par la Gestapo dès le 25 juin en fin d'après-midi à son domicile du 79 Paulsborner Straße au cœur du quartier de Halensee, en représailles au discours de Marburg. L'alerte fut donnée au bureau de Papen en début de soirée par madame Fessmann, la secrétaire de Jung. Le lendemain, Papen tenta de rencontrer Hitler pour obtenir la libération de Jung, mais le *Führer* s'ingénia à éviter son vice-chancelier. Au départ, il

---

[507] Mario D. DEDERICHS, *Heydrich: le visage du mal,opus cit.*

[508] *Ibid.*

[509] *Ibid.*

[510] La *Deutsche Zentrumspartei* (en abrégé *Zentrum*, « Centre ») était un parti politique catholique allemand, fondé en 1870 et qui fut dissous le 5 juillet 1933.

[511] Adalbert Probst était depuis 1933 *Reichsführer* de l'organisation sportive catholique DJK (*Deutsche Jugendkraft-Sportverband*).

[512] Jean PHILIPPON, *La Nuit des longs couteaux, opus cit.*

[513] *Ibid.*

[514] Ian KERSHAW, *Hitler, opus cit.*

n'était pas question d'assassiner Jung, mais de l'enfermer quelques temps afin de lui faire passer l'envie de s'en prendre à nouveau au régime nazi. Jung était détenu dans les caves de la Gestapo. L'engrenage infernal de la purge lui fut fatal. Il fut abattu d'une balle dans la nuque durant la nuit du 30 juin au 1er juillet. La version officielle parla d'une tentative de fuite.

Des personnalités militaires de haut rang furent également abattues lors d'actions menées par la Gestapo ou la SS. Ainsi, le général de brigade Ferdinand von Bredow[515] (1884-1934), ancien responsable de l'*Abwehr* et également ancien ministre adjoint de la Défense dans le gouvernement du chancelier Schleicher, fut abattu à Lichterfelde après avoir été arrêté par des hommes de la *Leibstandarte Adolf Hitler*[516]. Il était un farouche opposant de Hitler, dont il combattit les idées et les orientations à plusieurs reprises. Cependant, la plus haute personnalité militaire qui succomba sous les balles fut le général Kurt von Schleicher, le prédécesseur de Hitler comme chancelier allemand. Schleicher paya de sa vie principalement son attitude du 13 août 1932 et des jours suivants où il soutint Hindenburg dans son choix d'écarter Hitler du pouvoir[517]. Il avait notamment dit : « La décision [de Hindenburg] était juste. Il était impossible de confier le pouvoir à Hitler[518] ». Schleicher paya aussi ses entrevues avec l'ambassadeur français François-Poncet qui débouchèrent sur davantage que de simples discussions. En effet, Schleicher essaya

---

[515] Irene STRENGE, *Ferdinand von Bredow. Notizen vom 20.2.1933 bis 31.12.1933. Tägliche Aufzeichnungen vom 1.1.1934 bis 28.6.1934 (Zeitgeschichtliche Forschungen Band 39)*, Verlag Duncker & Humblot GmbH, Berlin 2009.

[516] Ian KERSHAW, *Hitler, opus cit.*

[517] Max DOMARUS, *Hitler. Reden und Proklamationen 1932-1945, opus cit.*

[518] Thilo VOGELSANG, *Zur Politik Schleichers gegenüber der NSDAP 1932*, VfZ, 6, 1958.

d'influer sur l'attitude de la France, mais il ne parvint à aucun résultat tangible. Le couple Schleicher fut abattu chez lui vers midi le 30 juin 1934, dans la villa qu'il possédait à Neubabelsberg au 4 de la Griebnitz-Strasse, par un groupe de six hommes de la police[519](cinq hommes et un chauffeur). Lorsque les tueurs pénétrèrent dans son bureau, Schleicher était assis en train de travailler[520]. Un des SS lui demanda s'il était bien le général Schleicher. Lorsque Schleicher répondit par l'affirmative, il fut immédiatement abattu de trois coups de pistolet[521]. Alertée par le bruit des coups de feu, son épouse Elisabteh (née von Hennings) se précipita dans le bureau et fut visée à son tour par les tueurs qui la blessèrent très grièvement[522]. Transportée à l'hôpital, elle succomba à ses blessures quelques heures plus tard[523]. L'assassinat de Schleicher dépassait de très loin les ordres de Hitler qui ne souhaitait pas braquer la *Reichswehr* en faisant abattre des militaires de haut niveau. La mort de Schleicher et de son épouse créa évidemment un réel embarras. Göring ne voulut en aucun cas endosser la responsabilité de l'assassinat des époux Schleicher. Il prétendit que ces meurtres étaient le fait d'un « groupe d'action incontrôlé de la SS. » Or, il n'en était rien puisque le commando à l'œuvre chez Schleicher appartenait bel et bien à la police. Afin d'essayer de limiter la propagation de rumeurs autour de cet assassinat, la radio passa sur les ondes la lecture d'un communiqué en milieu de soirée, que la presse écrite reproduisit le lendemain, prétendant que l'ancien chancelier fréquentait des éléments subversifs de la

---

[519] Thilo VOGELSANG, *Kurt von Schleicher. Ein General als Politiker,* Göttingen, Musterschmidt1965, ainsi que Jean PHILIPPON, *La Nuit des longs couteaux, opus cit.*

[520] Friedrich-Karl von PLEHWE, *Reichskanzler Kurt von Schleicher. Weimars letzte Chance gegen Hitler,* Berlin, Ullstein 1990.

[521] *Ibid.*

[522] *Ibid.*

[523] *Ibid.*

SA et qu'il était d'autre part en contact avec des puissances étrangères, à savoir la France[524]. Le communiqué se poursuivait en précisant que Schleicher s'était saisi d'une arme au moment de son arrestation, qu'il avait ouvert le feu sur les hommes venus l'arrêter et qu'il fut abattu, de même que son épouse, au cours de la fusillade qui suivit[525]. Le général Blomberg interdit formellement aux officiers d'assister aux obsèques de Schleicher. Seul Kurt von Hammerstein refusa d'obéir à cet ordre.

Compte tenu de la chronologie des événements, il paraît évident que Hitler n'avait pas ordonné les assassinats de Bose, Klausener et Schleicher. Ces assassinats, organisés par Himmler et Göring, outre le fait que les deux nazis possédaient de multiples raisons de vouloir la disparition de ces hommes, n'étaient-ils pas aussi destinés à forcer la main pour les exécutions de certains SA et notamment celle de Röhm ?

Des personnalités issues du NSDAP ou de partis nationalistes furent également visées par les commandos de tueurs. Ainsi, Gregor Strasser, pourtant en retrait de la vie politique, fut, après bien des péripéties, arrêté en début d'après-midi et enfermé par la Gestapo dans la cellule 16 du QG de la Prinz Albrechtstraße[526]. Après plusieurs heures de détention, il fut finalement abattu à bout portant et achevé d'une balle dans la tête par Heydrich lui-même sur ordre personnel de Göring[527]. Lorsque Hitler fut mis au courant de sa mort, qu'il n'avait pas demandée, il entra dans une vive colère[528]. Finalement, Himmler lui expliqua qu'il s'agissait

---

[524] Thilo VOGELSANG, *Kurt von Schleicher. Ein General als Politiker, opus cit.*

[525] *Ibid.*

[526] François KERSAUDY, *Göring, opus cit.*

[527] Guido KNOPP, *Göring: Eine Karriere*, Goldmann TB 2007.

[528] Peter D. STACHURA, *Gregor Strasser and the Rize of Nazism*, Allen & Unwin, 1983.

en fait d'un suicide[529]. De même, l'ancien leader nationaliste bavarois et ancien commissaire de l'État de Bavière, Gustav von Kahr[530] (1862-1934), qui s'était fermement opposé à Hitler lors du putsch de la brasserie à Munich en 1923[531] fut arrêté, emprisonné à Dachau, torturé et finalement fusillé malgré ses 71 ans[532]. Son corps fut ensuite transporté jusque dans une forêt proche de Munich et le cadavre fut mutilé à coups de pioche[533]. Le sort du théologien et prêtre Bernhard Rudolf Stempfle (1882-1934), éditeur du journal *Miesbacher Anzeige*[534], journal antisémite, et contributeur à la rédaction de *Mein Kampf,* fut identique puisqu'il fut assassiné de trois balles dans le cœur et son corps fut retrouvé avec la colonne vertébrale brisée. En outre, sa connaissance de certaines informations au sujet de la mort de Geli Raubal[535] (1908-1931) , la nièce du *Führer*, en faisait un homme devenu très gênant. L'assassinat d'Anton von Hohberg und Buchwald[536] (1885-1934) demeura quant à lui assez obscur. Le 14 mai 1934, il avait été démis de son

---

529 Jacques DELARUE, *Histoire de la Gestapo, opus cit.*

530 Didier CHAUVET, *Hitler et le putsch de la brasserie : Munich, 8-9 novembre 1923, opus cit.*

531 *Ibid.*

532 Guido KNOPP, *Les SS : un avertissement de l'Histoire, opus cit.*

533 Heinz HÖHNE, *Der Orden unter dem Totenkopf: Die Geschichte, opus cit.*

534 Der *Miesbacher Anzeiger* était l'un des journaux de l'après-guerre les plus lus en Allemagne.

535 Geli Raubal était la fille d'Angela Raubal, la demi-sœur de Hitler. Le *Führer* était très épris d'elle. Elle se suicida le 18 septembre 1931 dans des circonstances troubles. Hitler demeura très affecté par sa mort. Oliver HALMBURGER, Thomas STAEHLER, *Familie Hitler. Im Schatten des Diktators.* München: Oliver Halmburger Loopfilm u. Mainz: ZDF-History 2005 (Dokumentarfilm).

536 Hohberg und Buchwald fut officier de cavalerie dans l'armée impériale pendant la Première Guerre mondiale. Il démissionna à la fin du conflit en 1918 pour se retirer dans son manoir familial de Dulzen. Il fit partie des grands propriétaires terriens prussiens ruinés qui bénéficièrent des aides de l'État.

poste de *SS–Oberabschnittsreiterführer* (chef SS de cavalerie). Il fut l'un des rares SS assassinés et sûrement le plus haut dignitaire SS à subir cela. Erich von dem Bach-Zelewski[537] (1899-1972), *SS-Brigadeführer* au moment des faits, son assassin, fut condamné le 16 janvier 1961 à quatre années et demi de prison pour cet acte. D'autres personnes enfin qui se trouvaient être complètement étrangères à tous ces événements trouvèrent la mort sous les balles des groupes de tueurs de la SS ou de la Gestapo tout simplement parce qu'elles se trouvèrent au mauvais endroit au mauvais moment, ou encore parce qu'elles furent victimes d'homonymie comme le critique musical du *Münchener Neuste Nachrichten,* Wilhelm Eduard Schmid [538] (1893-1934) abattu à la place de Johannes Ludwig Schmitt (1896-1963) un proche conseiller d'Otto Strasser, le frère de Gregor, ou comme le responsable de la *Hitlerjugend* (Jeunesse hitlérienne) de Saxe, Karl Lämmermann[539] (1914-1934), assassiné au terme d'une confusion. Un communiqué officiel précisa que, sur l'ordre du seul Göring, mille cent vingt-quatre personnes avaient été incarcérées en rapport avec le « putsch » de Röhm[540].

Un des rares survivants de ces heures infernales raconta l'enfer des caves nazis où les hommes à abattre étaient regroupés : « Quatre noms étaient appelés à intervalles d'environ quinze minutes ; ces quatre hommes n'avaient

---

[537] Bach-Zelewski s'illustra durant la Seconde Guerre mondiale comme Haut-commissaire de la SS et de la police. Cf Didier CHAUVET, *Le nazisme et les Juifs : caractère, méthodes et étapes de la politique nazie d'exclusion et d'extermination, opus cit.*

[538] Son assassinat fit l'objet d'excuses de Rudolf Hess envers sa veuve le 31 juillet 1934. Cf Jacques DELARUE, *Histoire de la Gestapo, opus cit.*

[539] Wolfgang HESS, *Der Mord an Karl Lämmermann am 1. Juli 1934 in Plauen. Eine Dokumentation.* Vogtland-Verlag, Plauen 1993.

[540] Max DOMARUS, *Hitler. Reden und Proklamationen 1932-1945, opus cit.*

plus que quelques minutes à vivre. Les prisonniers n'étaient pas vraiment démoralisés. La plupart se rendaient compte que c'étaient leurs dernières heures. Il faudra vingt-quatre heures pour exécuter les 150 hommes [...] Il ne leur venait même pas à l'esprit qu'ils allaient être fusillés sur l'ordre de Hitler ; au contraire, ils pensaient que leur chef suprême était emprisonné comme eux, peut-être déjà mort, victime des « réactionnaires » [...] Par un soupirail de la cave, ceux qui restaient pouvaient voir leurs camarades menés jusqu'à un mur de l'autre côté de la cour [...] Les victimes étaient mises en rang devant le mur. Un SS ouvrait leur chemise et traçait un cercle au charbon autour de leur sein gauche : c'était la cible. A cinq ou six mètres de là se tenaient huit SS armés de fusils. Puis l'ordre résonnait : « Par ordre du *Führer*. *Heil* Hitler ! En joue ! Feu ! » Tirées à courte distance, les balles arrachaient la chair des victimes. À l'endroit où elles sortaient du corps sous l'épaule gauche, il y avait un trou béant, [...] et depuis leur cave, les prisonniers pouvaient voir des morceaux de chair collés au mur, et parmi ceux-ci, on voyait distinctement les fragments de cœur, qui étaient plus sombres. Le mur n'était pas nettoyé entre les exécutions, de sorte qu'il a été bientôt entièrement couvert de sang et de restes d'organes humains.[541] »

Le 2 juillet 1934, Hitler annonça officiellement la fin de « l'action d'épuration[542] ».

Il demeure difficile, encore aujourd'hui, d'établir avec précision le nombre de victimes de cette purge et ceci pour plusieurs raisons. En premier lieu, Göring fit très rapidement, dès le 2 juillet 1934, détruire[543] par les services

---

[541] Konrad HEIDEN, *Der Führer*, Houghton Mifflin, Boston 1944, pp. 766-767.

[542] Max DOMARUS, *Hitler. Reden und Proklamationen 1932-1945*, *opus cit.*

[543] Jacques DELARUE, *Histoire de la Gestapo, opus cit.,* et Max

de la Gestapo tous les dossiers relatifs à ces événements et la même procédure fut suivie par la *Kripo* [544] (*Kriminalpolizei* « police criminelle ») et la SS. Cependant, certains dossiers, notamment en province, furent épargnés, mais ils étaient peu nombreux[545]. Ensuite, il exista plusieurs niveaux décisionnels, à savoir les exécutions commises sur ordre des hauts responsables nazis (Hitler, Himmler, Göring, Heydrich), mais il y eu également beaucoup de décisions d'exécutions que n'avaient pas ordonné les chefs nazis et qui furent l'œuvre de *Gauleiter* ou parfois de groupes de SS. Selon le discours officiel de Hitler prononcé devant le *Reichstag* le 13 juillet 1934, cette purge fit 77 morts. D'après l'historien Ian Kershaw, une liste a pu être dressée qui dénombre 81 victimes identifiées, dont 50 membres de la SA, mais il estime le nombre des victimes entre 150 et 200[546]. Pour sa part, Karl-Dietrich Bracher, spécialiste du nazisme, évoque également une fourchette entre 150 et 200 victimes[547]. D'après l'historien Henry Bogdan, il y aurait eu 89 exécutions « officielles », mais il rejoint Kershaw et Bracher en avançant entre 150 et 200 victimes[548]. Pour l'historien Pierre Ayçoberry, il y aurait eu 85 victimes dont 50 membres de la SA[549]. Pour le Premier ministre anglais Winston Churchill, dans ses mémoires de guerre, il y eut

---

DOMARUS, *Hitler. Reden und Proklamationen 1932-1945, opus cit.*

544 Les principaux travaux des agents de la *Kripo* étaient des enquêtes sur des crimes de droit commun comme l'assassinat, la séquestration, la fraude, les incendies. Ils étaient aussi à l'origine de l'incarcération des coupables, récoltaient les preuves et préparaient des rapports relatifs à ces divers cas.

545 Ian KERSHAW, *Hitler, opus cit.*

546 *Ibid.*

547 Karl-Dietrich BRACHER, Gerhard SCHULZ, Wolfgang SAUER, *Die nationalsozialistische Machtergreifung*, 3 vol., Francfort, Paperback 1974.

548 Henry BOGDAN, *Histoire de l'Allemagne : de la Germanie à nos jours*, Paris, Perrin 2003.

549 *Journal de Goebbels, opus cit.*, appareil critique et analytique p. 751.

environ 7000 victimes, chiffre tout à fait excessif[550].

À ces victimes se rajoutèrent environ 1000 à 2500 personnes qui furent emprisonnées plus ou moins longuement en raison de leur appartenance à la SA ou en raison de leur opposition réelle ou supposée à la politique suivie par Hitler[551].

En ce qui concerne Papen, il démissionna de la vice-chancellerie mais accepta un poste d'ambassadeur à Vienne de 1934 à 1938, puis à Ankara de 1939 à 1944. Il fut jugé lors du procès de Nuremberg et acquitté avant d'être condamné par un tribunal allemand. Il fut libéré en 1949 et se retira définitivement de la scène politique.

---

550 Winston CHURCHILL, *Memoirs of the Second World War*, Cassell and Co Ltd 1959.

551 Richard J EVANS, *Le troisième Reich*, *opus cit.*, et Jean PHILIPPON, *La Nuit des longs couteaux*, *opus cit.*

IV

HITLER JUSTIFIE SES ACTES DEVANT LE REICHSTAG

Dès les premiers instants où les arrestations et les exécutions commencèrent à s'ébruiter, les nazis déployèrent tous les moyens à la disposition du régime pour manipuler l'opinion et pour étouffer certains aspects des événements. Ainsi, Goebbels s'employa à museler la presse et à censurer la publication d'une quelconque liste des victimes et il déclara lors d'une allocution à la radio que le chancelier Hitler avait évité à l'Allemagne de sombrer dans le chaos en empêchant les comploteurs Röhm et Schleicher de renverser le gouvernement[552]. La collusion entre Röhm et Schleicher était pourtant tout à fait invraisemblable car les deux hommes n'avaient strictement rien en commun. Par exemple, Ludwig Crüwell[553] (1892-1958) remarqua au cours d'un repas avec des officiers que le nom de Röhm inspirait « tous les signes du dégoût » à Schleicher. Dès le 30 juin 1934 dans l'après-midi, une conférence de presse fut mise sur pied à Berlin par Göring au ministère de la Propagande. Là encore, le témoignage de Gisevius est précieux : « Une tension effroyable règne dans la salle. J'observe les visages de ces grands rédacteurs. Ils offrent un pénible mélange de curiosité, d'embarras, de joie maligne, de souci et de terreur [...] Göring arrive. Il est en grand uniforme. Il ne marche pas, il parade et monte majestueusement à la tribune. Après une longue pause, d'un grand effet, il se penche un peu en avant, appuie la main contre le menton, roule les yeux comme s'il avait peur des révélations qu'il doit faire [...] Il parle d'un ton lugubre, d'une voix sourde, comme un professionnel des oraisons funèbres. La déclaration est un peu confuse : putsch de Röhm, dépravation homosexuelle, troubles dans le pays, réaction, haute trahison, deuxième révolution, châtiment sévère, clémence du *Führer*. Schleicher conspirait avec une puissance étrangère. Au moment de son arrestation, il a tenté de se défendre ; malheureusement, « ce geste lui a coûté la

---

552 Richard J. EVANS, *Le troisième Reich, opus cit.*

553 Général qui s'illustra ensuite dans l'*Afrikakorps.*

vie ». Göring ne parle pas de Strasser. De même, il n'est pas question de l'incident qui s'est produit dans l'antichambre de Papen. Et voilà le tour de Röhm, et c'est très net : « Il n'est plus au nombre des vivants » [alors que Röhm était toujours en vie à ce moment-là]. Le point le plus intéressant de la pittoresque déclaration de Göring n'est pas son allusion à ces « individus malades », dont les penchants malheureux ont fait des éléments de corruption sociale, mais bien ceci : le *Führer*, qui a dirigé aujourd'hui à Wiessee un « court procès », lui a donné il y a quelques jours l'ordre « de frapper selon ses indications ». Et plus loin cette phrase, lourde de sens : « J'ai élargi ma mission », ce qui veut dire que Göring ne s'est pas contenté de tirer sur le commandement putschiste de la SA, mais également, de sa propre initiative, dans le cercle « des éternels mécontents[554] » ».

D'autre part, un communiqué de presse du bureau du *Reich* (*Reichspressestelle*) fut publié. Ce communiqué revenait notamment sur l'homosexualité de Röhm et mettait ce fait en avant comme l'une des justifications de l'action entreprise à son encontre : « Ses penchants malheureux et connus ont conduit à des tares si détestables que le chef du mouvement et chef suprême de la SA [Adolf Hitler] a lui-même été amené à des graves problèmes de conscience [...] L'arrestation a révélé des images moralement si tristes que toute espèce de pitié a été forcée de disparaître. Certains de ces chefs SA étaient en compagnie de prostitués. L'un d'eux a été surpris et arrêté dans la situation la plus obscène. Le *Führer* a donc donné l'ordre d'exterminer impitoyablement cette pestilence. Qu'il soit ainsi entendu qu'à l'avenir, on ne supportera plus que des milliers d'hommes sains soient contaminés ou compromis par des êtres isolés aux penchants maladifs[555]. »

---

[554] Hans-Bernd GISEVIUS, *Jusqu'à la lie, opus cit.*
[555] Mario D. DEDERICHS, *Heydrich: le visage du mal,opus cit.*

L'homosexualité de certains cadres de la SA, dont Röhm, avait fait l'objet de violentes campagnes de presse de la part de journaux sociaux-démocrates et communistes dès 1931[556]. Il est nécessaire de rappeler que la répression de l'homosexualité en Allemagne était alors inscrite dans l'article[557] 175[558] du Code pénal impérial (RStGB) de 1871 : « fornication contre nature » (*widernatürliche Unzucht*). La peine plancher était de six mois d'emprisonnement. Bien entendu, il est facile d'imaginer que cette législation était propice à bien des chantages ou des accusations infondées qui menèrent à des affaires largement commentées. Comme l'écrit justement le germaniste Michel Celse : « Dans les années 1920, le combat des organisations homosexuelles pour l'abrogation de l'article 175 finit par rallier le soutien

---

[556] Michel CELSE, *Nazisme, p 334 à 338, in Dictionnaire des cultures Gays et Lesbiennes*, Paris, Larousse 2003.

[557] Un article de loi ou de code est en allemand un *Paragraph* ; la traduction en français par *paragraphe*, bien qu'inexacte, est la plus répandue.

[558] Lors de l'unification allemande, en 1871, le gouvernement du chancelier Bismarck choisit de reprendre une vieille loi prussienne datant de 1794 et qui condamnait l'homosexualité masculine, l'étendant à tout l'Empire (la Bavière indépendante avait depuis 1813, sous l'influence du Code pénal français, enlevé de sa législation toute condamnation de l'homosexualité) : « *Die widernatürliche Unzucht, welche zwischen Personen männlichen Geschlechts oder von Menschen mit Tieren begangen wird, ist mit Gefängnis zu bestrafen.* » « La fornication contre nature, pratiquée entre personnes de sexe masculin ou entre gens et animaux, est punie de prison. » Les homosexuels allemands bénéficiaient pourtant d'une relative tolérance au début du 20e siècle. À Berlin, les homosexuels avaient déjà leurs bars, leurs restaurants et une revue, l'*Eigene*. L'arrivée au pouvoir des nazis modifia considérablement les choses. En 1935, les peines prévues par le paragraphe 175 furent ainsi doublées. Les homosexuels furent pourchassés, arrêtés, envoyés dans des camps de concentration. Placés au bas de l'échelle hiérarchique des prisonniers, forcés de porter le triangle rose (*der rosa Winkel*), leur taux de mortalité fut l'un des plus élevés parmi les catégories de prisonniers, avec celui des Juifs. En RFA, l'article 175 fut allégé le 1er septembre 1969, puis le 23 novembre 1973, avant d'être aboli de manière définitive le 11 juin 1994, Cf *Brockhaus in einem Band* 2009.

du SPD et du KPD, non sans dissensions en leur sein. Face à la montée en puissance du parti nazi, les deux partis n'hésitent toutefois pas à sacrifier cette position libérale au profit d'une propagande outrancièrement homophobe, jugée plus populaire et censée jeter un discrédit durable sur la SA et, par extension, sur Hitler et les plus hauts dignitaires du parti. Röhm fournit une cible idéale, que la presse de gauche attaque sans discontinuer de 1931 à 1933 : Hitler ne peut, à l'époque, se permettre de l'écarter, et doit par conséquent le soutenir régulièrement, en dépit des révélations toujours plus détaillées, dans les journaux de gauche, de ses *débauches* réelles ou fantasmées avec les jeunes recrues de la SA. Le soutien sans faille de Hitler à Röhm offre à la gauche l'occasion rêvée d'accuser le parti nazi de duplicité et d'accréditer l'image d'une *confrérie* homosexuelle à sa direction : reprenant à son compte l'argumentaire nazi d'un péril homosexuel menaçant la nation allemande, la gauche peut aisément reprocher au parti nazi de ne pas combattre l'homosexualité dans ses rangs, et inférer de cette *protection* l'image d'un parti d'homosexuels visant à s'assurer l'impunité de leurs agissements[559] [...] »

Néanmoins, dès 1927, le député nazi Wilhelm Frick déclara devant ses confrères que : « les individus tombant sous le coup de l'article 175 doivent être poursuivis avec une extrême sévérité parce qu'un tel vice ne peut que conduire au déclin de la Communauté raciale populaire allemande[560]. » Les homosexuels furent dans la ligne de mire du régime dès 1933, mais « l'affaire Röhm » fut le point de départ d'une propagande anti-homosexuelle à la vigueur multipliée et permit également à Himmler de préparer une éradication de l'homosexualité à grande échelle. À partir d'octobre 1934, à

---

559 Michel CELSE, *Nazisme, p 334 à 338, in Dictionnaire des cultures Gays et Lesbiennes, opus cit.*

560 Thierry FERAL, *La répression de l'homosexualité sous le troisième Reich*, www.quatrea.com (espace éditorial).

Berlin, un tout nouveau service de la Gestapo fut chargé de dresser des listes d'homosexuels actifs[561]. De même, les offices régionaux de la Gestapo augmentèrent les cibles de leurs persécutions coordonnées à compter de 1936 par le « QG du *Reich* pour combattre l'homosexualité et l'avortement[562] ». Les fondements théoriques de la politique nazie en matière d'homosexualité, bien qu'ils s'abreuvaient des habituels clichés et schémas homophobes, ne se limitaient pas à cette filiation. En effet, les nazis firent dès le début passer la condamnation de l'homosexualité de la morale publique à celui de l'hygiène raciale. Les statistiques font état d'environ 50 000 condamnations « régulières » d'homosexuels à des peines de prison diverses sous le troisième *Reich*, auxquelles il convient d'ajouter les arrestations hors cadre de la loi perpétrées par la Gestapo dans le but de procéder à une « rééducation » (*Umerziehung*) des personnes ainsi appréhendées[563].

Le retour de Hitler à Berlin se fit en présence de Gisevius dont le témoignage sur l'atmosphère lourde qui enveloppait ces instants est éloquent : « Nous le voyons paraître [l'avion de Hitler]. L'horizon a pris une symbolique couleur de sang. Tout le monde est ému, la tête agitée de mille questions [...] Que va-t-il se passer ? Que va-t-il faire ? Des commandements retentissent. La compagnie d'honneur présente les armes. Göring, Himmler, Körner, Frick, Daluege, et une vingtaine d'officiers de police s'avancent vers l'avion. Voilà que la porte s'ouvre, et Adolf Hitler

---

[561] Günter GRAU, *Homosexualität in der NS-Zeit. Dokumente einer Diskriminierung und Verfolgung*, Francfort 1993.

[562] Burkhard JELLONEK, *Staatspolizeiliche Fahndungs- und Ermittlungsmethoden gegen Homosexuelle*, in Gerhard PAUL et Klaus-Michael MALLMANN, *Die Gestapo*, ainsi que Burkhard JELLONEK, *Homosexuelle unter dem Hakenkreuz. Die Verfolgung von Homosexuellen im Dritten Reich*, Paderborn 1990.

[563] Thierry FERAL, *La répression de l'homosexualité sous le troisième Reich*, www.quatrea.com (espace éditorial).

descend le premier. Tout est sombre sur sa personne : chemise brune, cravate noire, manteau de cuir, hautes bottes d'ordonnance. La tête est nue, le visage blanc comme un linge, mal rasé, les traits à la fois creusés et bouffis, les yeux éteints au regard fixe, à moitié dissimulés sous des mèches pendantes [...] Nebe et moi qui, prudemment, observons la scène à distance, ne percevons, dans un silence général, que des claquements de talons. Pendant ce temps, les passagers descendent de l'avion : Brückner, Schaub, Sepp Dietrich et d'autres. Ils paraissent graves, en tout cas accablés. Pour finir, une figure diabolique fait son apparition : Goebbels [...] Himmler tire de sa manche une longue liste chiffonnée. Hitler en prend connaissance, tandis que les deux hommes [Himmler et Göring] ne cessent de lui parler à l'oreille. On voit Hitler suivre sa lecture du doigt, s'arrêter de temps à autre un peu plus longuement sur un nom. Les chuchotements deviennent alors plus animés. Tout à coup, il rejette la tête en arrière, d'un geste de si profonde émotion, pour ne pas dire de révolte, que tous les assistants le remarquent. Nous nous regardons d'un air si significatif, Nebe et moi. Nous avons eu la même pensée. Ils viennent de lui signaler le « suicide » de Strasser. Finalement, le cortège se remet en route. Hitler, Göring, Himmler marchent en tête. L'allure de Hitler est toujours traînante. Les deux sanguinaires sauveurs ne s'en affairent que plus[564] ».

Le 3 juillet au matin, à l'occasion d'un conseil des ministres, Hitler entreprit de présenter un long compte-rendu des événements[565]. Afin de placer les assassinats et les arrestations commis lors des jours précédents à l'intérieur d'un cadre légal, Hitler fit voter le 3 juillet 1934 une loi rétroactive, la Loi pour la défense d'urgence de l'État (un seul article), qui précisait : « Les mesures prises les 30 juin,

---

[564] Hans-Bernd GISEVIUS, *Jusqu'à la lie, opus cit.*

[565] Ian KERSHAW, *Hitler, opus cit.*

1er et 2 juillet 1934 pour combattre les tentatives de trahison envers la patrie et de haute trahison l'ont été au titre de la légitime défense de l'État et sont légales[566] ». À cette occasion, le ministre de la Justice du *Reich*, Franz Gürtner, montra toute sa docilité envers Hitler. Gürtner ajouta que cette loi ne créait pas une loi nouvelle, mais se contentait de confirmer la législation existante[567]. Il déclara même, sans que sa phrase ne soit retranscrite dans les minutes du conseil des ministres, que Hitler avait fait son « devoir d'homme d'État[568] ». Les ministres qui n'étaient pas issus du NSDAP rendirent rapidement les armes. Ce texte qui reconnaissait le droit à Hitler de tuer dans l'intérêt de l'État fut accepté par tous les présents et Hitler, Frick et Gürtner y apposèrent leurs signatures[569]. Après la guerre, Hans Lammers[570] (1879-1962) juriste et *Obergruppen*-SS déclara que plusieurs ministres, au premier rang desquels Gürtner, auraient mieux aimé une amnistie plutôt qu'une proclamation de la légalité des actions[571]. Mais, face à l'intransigeance de Hitler, le cabinet accepta de se plier à la décision du *Führer* sans vraiment défendre ses idées. Dans les faits, conclut Lammers dans sa déposition, le résultat était le même[572].

Le conseiller d'État et juriste Carl Schmitt[573] (1888-

---

[566] Joachim FEST, *Hitler : le Führer*, *opus cit.*

[567] Ian KERSHAW, *Hitler, opus cit.*

[568] Max DOMARUS, *Hitler : Reden und Proklamationen 1932-1945*, *opus cit.*

[569] Ian KERSHAW, *Hitler, opus cit.*

[570] Le 30 janvier 1933, Hitler le nomma secrétaire d'État et chef de la chancellerie du *Reich*. Lammers entra le 29 septembre 1933 dans la SS où il avait rang de *SS-Oberführer*, puis de *SS-Brigadeführer* (20 avril 1935), *SS-Gruppenführer* (30 janvier 1938) et SS-*Obergruppenführer* (20 avril 1940). En 1937 il fut promu *Reichsminister* (ministre du *Reich*) et Chef de la chancellerie. Chaque disposition législative passait par lui.

[571] Otto GRITSCHNEDER, *« Der Führer hat Sie zum Tode verurteilt... » Hitlers « Röhm-Putsch » - Morde vor Gericht*, *opus cit.*

[572] *Ibid.*

[573] Carl Schmitt était un juriste (constitutionnaliste, théoricien et professeur

1985), l'auteur de la *Théorie de la Constitution* (1928), écrivit pour sa part un article qui justifiait le long discours officiel que Hitler prononça le 13 juillet 1934 devant le *Reichstag*. « Le vrai *Führer* est toujours également un juge », écrivait Schmitt. « De la fonction de *Führer* découle celle de juge. Quiconque cherche à séparer, voire à opposer les deux, fait du juge un contre-*Führer* ou l'outil d'un contre-*Führer* et cherche à faire sortir l'État de ses gonds, avec l'appui de la justice. [...] En vérité, l'action du *Führer* a été un acte d'authentique juridiction. Elle n'est pas soumise à la justice, elle a été, elle-même, justice suprême [...] La fonction de juge du *Führer* procède de la même source juridique que celle dont procède l'ensemble du droit de chaque peuple. Dans l'urgence extrême, le droit suprême se confirme et apparaît comme le plus haut niveau d'accomplissement judiciaire et vengeur du droit. Tout droit procède du droit du peuple à l'existence. » Ainsi, comme le souligne justement le philosophe Nicolas Tertulian : « [...] La justification du *Führerprinzip* a atteint un de ses points culminants dans l'éloge consacré par Carl Schmitt à l'action entreprise par Hitler, le 30 juin 1934, pour la liquidation du groupe de Röhm. Sous le titre éloquent *Der Führer schützt das Recht* (Le *Führer* protège le droit) et sous la forme d'un commentaire du discours prononcé par Hitler devant le *Reichstag*, le 13 juillet 1934, l'article, publié par Schmitt

---

de droit), un philosophe et un intellectuel catholique allemand. Il s'engagea dans le parti nazi dès 1933 et se voulait le juriste officiel du IIIe Reich. Ses principales œuvres sont : *Théologie politique* (1922), *Théorie de la Constitution* (1928), *La notion du politique* (1933), *Le Léviathan dans la doctrine de l'État de Thomas Hobbes* (1938), *Le Nomos de la Terre* (1950), *Théorie du partisan* (1963). En 1945, Schmitt fut capturé par l'armée américaine. Après avoir passé plus d'un an dans un camp d'internement, il retourna dans sa ville de Plettenberg dès sa libération en 1946. Bien qu'isolé du monde universitaire et politique, il continua de mener des travaux sur le droit international. Cf Sandrine BAUME, *Carl Schmitt, penseur de l'État*, Paris, Presses de la FNSP, 2008

quelques semaines après la « nuit des longs couteaux » (le texte est paru le 1er août 1934 dans la *Deutsche Juristen-Zeitung*), apportait une caution apologétique à l'entreprise du *Führer*, en appuyant sans réserves son action et son discours (mais non les « *Sonderaktionen* », les actions des partisans zélés, qui auraient outrepassé les dispositions du *Führer*). Schmitt profitait de l'occasion pour souligner que l'action du *Führer* ne peut être jugée selon les critères ordinaires de la « justice » (il balayait d'un revers de la main le principe de la séparation des pouvoirs et de l'autonomie de la justice), car c'est le *Führer* lui-même qui crée la justice, il est la source même du pouvoir judiciaire. L'action du *Führer* «n'est pas soumise à la justice, mais elle était elle-même la justice suprême». La conclusion naturelle de son argumentation était que personne n'était autorisé à mettre en doute, en utilisant éventuellement des arguments « juridiques », le bien-fondé de l'action de Hitler. Celle-ci était projetée sur la toile de fond de l'histoire allemande, dont les échecs auraient eu comme source justement la tolérance à l'égard des actions insidieuses des adversaires de l'esprit allemand (c'était le cas, selon Schmitt, en 1917, lorsque le *Reichstag* se serait montré aveugle au danger représenté par les pourparlers entre les matelots révolutionnaires et le parti socialiste indépendant). Les avertissements prodigués par Hitler dans son discours prenaient aux yeux de Schmitt valeur de symbole et l'assassinat de Röhm et de ses amis acquérait une légitimité dérivée des expériences de l'histoire allemande tout entière[574] [...] »

Au niveau judiciaire, plusieurs parquets essayèrent de mener à bien des enquêtes. Ainsi, une enquête fut diligentée par le parquet de Potsdam au sujet de l'assassinat de Schleicher et de son épouse, mais cette enquête fut

---

[574] Nicolas TERTULIAN, « *Le juriste et le Führer* », *Cités*, 2001/2 n°6, p. 37-47. DOI : 10.3917/cite.006.0037.

promptement étouffée par le puissant magistrat Roland Freisler [575] (1893-1945) qui proféra des menaces à l'encontre du juge en charge de l'affaire. Soit le juge cessait immédiatement son travail, soit il se retrouverait enfermé dans un camp de concentration[576]. Les assassinats commis par la Gestapo et la SS furent de plus justifiés par le ministre de la Justice du *Reich* Franz Gürtner qui pensait que l'exemple donné par Hitler était une véritable leçon salutaire pour l'avenir et que cet exemple avait permis de stabiliser l'autorité du gouvernement pour l'éternité[577].

Hitler ne prononça pas son discours devant le *Reichstag* avant le 13 juillet 1934 en raison de son état de fatigue mentale et physique, mais également en raison du temps qu'il lui était nécessaire de disposer afin de préparer un discours extrêmement important et attendu et pour collecter le maximum d'informations exploitables ainsi que pour analyser les réactions du pays et de l'étranger. La Gestapo avait établi une « liste officielle » des victimes afin que Hitler puisse posséder une vue globale de l'identité et du profil des personnes assassinées. Souhaitant être au calme pendant quelques jours, Hitler préféra ne pas se rendre à la réunion des 4 et 5 juillet des *Reichsleiter*[578] et des *Gauleiter*

---

[575] Le 20 août 1942, Roland Freisler fut nommé président du *Volksgerichtshof* par Adolf Hitler, succédant ainsi à Otto Thierack lui-même nommé ministre de la Justice du Reich. Le *Volksgerichtshof* avait été fondé en 1934 pour traiter des cas de hautes trahisons. Son champ de compétence fut ensuite élargi à d'autres crimes visant la sûreté de l'État. Cf Helmut ORTNER, *Der Hinrichter. Roland Freisler, Mörder im Dienste Hitlers,* Göttingen, Steidl- Verlag 1995.

[576] Jean PHILIPPON, *La Nuit des longs couteaux, opus cit.*

[577] Richard J EVANS, *Le troisième Reich*, *opus cit.*

[578] *Reichsleiter* (gouverneur du *Reich*) était le deuxième grade politique le plus élevé du NSDAP après celui de *Führer*. Le titre de *Reichsleiter* était également un rang paramilitaire, et le grade le plus élevé de toutes les organisations nazies. Les *Reichsleiters* ne rendaient compte qu'à Hitler et en recevaient des ordres pour le domaine dont

qui se déroula à Flensburg[579]. De même, il se contenta d'accueillir brièvement l'ambassadeur d'Allemagne à Ankara le 7 juillet[580]. Hermann Rauschning, président du Sénat de Dantzig, revint sur les profonds moments d'abattement qui assaillirent Hitler après les tueries : « Il [Hitler] était encore loin, du moins dans la période qui suivit le 30 juin, de faire figure de vainqueur [...] Il avait le visage boursouflé, les traits tirés. Son regard était terne [...] J'avais l'impression que le dégoût, la lassitude et le mépris lui remontaient aux lèvres, et que ses pensées étaient loin des affaires du pays [...] On m'avait rapporté qu'il ne dormait plus que quelques rares heures depuis le massacre du 30 juin, qu'il errait la nuit d'une pièce à l'autre, que les somnifères étaient sans aucun effet ou qu'il refusait d'en prendre, par crainte d'être empoisonné. Au petit jour, il s'écroulait comme terrassé sur son lit et s'éveillait ensuite dans une crise de larmes[581] [...] »

Hitler confia également à Rauschning : « Ces bandits entassent sous mes pas les obstacles, cinq minutes avant la mort du vieux maréchal, au moment même où tout dépend de savoir qui sera président du *Reich*, moi ou quelqu'un de la camarilla réactionnaire. Pour leur seule bêtise, ces gens méritaient d'être fusillés. Ne leur ai-je pas répété que seule l'union compacte et serrée de notre part peut assurer le succès de notre assaut ? Le poteau d'exécution pour qui se permet de danser hors du rang ? N'ai-je pas adjuré dix fois, cent fois, ces gens de m'écouter ? Et c'est maintenant, à l'heure la plus dangereuse, que je me laisserais dire par les réactionnaires que je ne sais pas faire régner l'ordre et la

---

chacun était responsable. L'assemblée des 18 *Reichsleiters* constituait le *Reichsleitung* du NSDAP.

[579] Dietrich ORLOW, *The History of the Nazi Party, 1933-1945*, 2 vol., Newton Abbot 1973.

[580] Max DOMARUS, *Hitler. Reden und Proklamationen 1932-1945, opus cit.*

[581] Hermann RAUSCHNING, *Gespräche mit Hitler*, *opus cit.*

discipline dans ma propre maison ? Que mon parti est un foyer de révolte, pire que le communisme ? Que la situation est plus grave qu'au temps de Brüning et de Papen ? Je me laisserais poser un ultimatum par ces lâches et ces misérables, moi ? […] Mais ils se trompent […] Ils croient que je suis au bout du rouleau. Ils ne me connaissent pas. Parce que je viens d'en bas, parce que je suis sorti de la « lie du peuple », comme ils disent, parce que je manque d'éducation […] L'insubordination de mes SA m'a déjà coûté de nombreux atouts. Mais j'en ai encore d'autres en main […] Ils ne pourront pas, pour la succession du Vieux, passer par-dessus ma tête. Qu'ils essaient de désigner un chef provisoire de l'État, de jeter dans mes jambes un de leurs hommes de paille![...] Ce que j'ai perdu dans la purge des SA, je le regagne en me débarrassant des conspirateurs féodaux et des aventuriers professionnels, des Schleicher et consorts. J'ai supprimé les meneurs, même les meneurs éventuels qui guettaient dans l'ombre. Les réactionnaires ont voulu me séparer du parti pour s'emparer de moi comme d'un instrument docile. Eh bien, me voilà donc, Messieurs Papen et Hugenberg. Je suis prêt pour le round suivant[582]. »

Le 13 juillet 1934 à 20 heures, Hitler prononça donc enfin un discours très attendu devant le *Reichstag* à l'opéra Kroll[583] (*Krolloper*) — cerné par des SS en armes — dans lequel il justifia pleinement les assassinats intervenus quelques jours plus tôt et assuma entièrement la responsabilité de la répression :

---

[582] *Ibid.*

[583] Aujourd'hui disparu, il était situé à l'ouest de l'actuelle *Platz der Republik* (anciennement *Königsplatz*), et faisait face au palais du *Reichstag*. Après l'incendie du palais du *Reichstag* dans la nuit du 27 au 28 février 1933, il abrita les débats des députés.

« Députés,

Hommes du *Reichstag* allemand,

À la demande du gouvernement, votre président, Hermann Göring, vous a convoqués aujourd'hui pour me donner la possibilité devant ce forum le plus qualifié de la nation, de donner au peuple des éclaircissements sur des événements qui, je le souhaite, demeureront, pour l'éternité, dans notre histoire, un souvenir aussi plein d'enseignements qu'il l'est de tristesse.

Par suite d'une série de circonstances et de fautes personnelles, de l'insuffisance de certains hommes, des dispositions de certains autres, une crise a éclaté au sein de notre jeune *Reich* ; elle n'aurait pu avoir que trop facilement, dans un avenir assez rapproché, des suites véritablement destructrices. Exposer devant vous, et ainsi devant la nation, la naissance et le développement de cette crise est le but de mon discours. Mon exposé sera franc et sans ménagement. Il faudra toutefois que je m'impose certaines réserves — et ce seront les seules — celles qu'impose le souci de ne pas franchir les limites tracées par le sentiment de la pudeur.

Lorsque le 30 janvier 1933, la maréchal président du *Reich* von Hindenburg me confia la direction du nouveau gouvernement allemand qui venait d'être constitué, le Parti national-socialiste prenait la charge d'un État qui, aussi bien au point de vue politique qu'au point de vue économique, était en pleine décadence. Toutes les formations politiques de l'époque passée avaient contribué à cette décadence et en portaient donc leur part de responsabilité. Depuis que l'empereur et les princes allemands avaient été congédiés, le peuple allemand s'était trouvé livré à des hommes qui, en tant que représentants du monde des partis, avaient sciemment provoqué cette décadence, ou l'avaient acceptée par faiblesse. Des révolutionnaires marxistes aux nationalistes bourgeois, en passant par le centre catholique, tous les partis et leurs chefs avaient démontré leur incapacité à gouverner l'Allemagne.

Le 30 janvier 1933 n'a donc pas marqué la simple transmission de pouvoirs d'un gouvernement à un autre gouvernement mais la liquidation définitive, à laquelle toute la nation aspirait, d'un état de choses insupportable.

Préciser ces faits est nécessaire parce que, les événements l'ont montré, dans certaines têtes il semble avoir été oublié que l'on a eu jadis toute possibilité de manifester ses capacités politiques. Personne en Allemagne ne pourrait reprocher au mouvement national-socialiste d'avoir barré le chemin à des forces politiques dans lesquelles on pouvait encore placer de l'espoir.

Pour des raisons impénétrables, le destin a condamné notre peuple à servir pendant quinze ans de champ d'expérience et de cobaye aux politiciens de toutes sortes.

Il fut peut-être intéressant et amusant pour notre entourage de suivre ces expériences, mais, pour le peuple allemand, elles furent aussi douloureuses qu'épuisantes. Que l'on se rappelle cette époque et l'on évoquera tous ceux qui tour à tour se succédèrent comme chancelier du *Reich*. Nous, nationaux-socialistes, avons le droit de ne pas figurer dans leur série. Le 30 janvier 1933 l'on n'a pas formé comme tant de fois auparavant, un nouveau ministère ; un nouveau régime, à cette date, a rejeté de côté une époque périmée.

Cet acte historique que fut la liquidation de la période la plus triste qui nous ait précédés dans la vie de notre nation a été légitimé par le peuple allemand lui-même. Car nous n'avons pas, comme les hommes de novembre 1918, pris possession du pouvoir en usurpateurs ; nous l'avons pris par les moyens légaux. Nous n'avons pas, comme des anarchistes sans scrupule, fait une révolution, mais, comme exécuteurs de la volonté de la nation, nous avons rejeté le régime que nous avait donné une émeute. Nous n'avons pas cru devoir assurer notre pouvoir grâce aux baïonnettes ;

nous l'avons ancré dans les cœurs de nos compatriotes.

Si aujourd'hui je lis dans un certain journal étranger que je suis plein de préoccupations, et, surtout actuellement très inquiet de la situation économique, je n'ai à donner qu'une réponse à ce barbouilleur de papier : oui, j'ai des soucis mais j'en ai depuis toujours ; c'est parce que nous avions souci de notre peuple que nous l'avons défendu lorsque lui fut imposée une guerre dont il n'était en rien responsable ; plus tard, après le désastre, ce sont des préoccupations encore plus graves qui ont fait de nous des révolutionnaires. Et enfin, quand après quinze ans nous avons pris la direction du pays, nos soucis et nos préoccupations ne nous ont pas abandonnés. Au contraire. On doit me croire quand je déclare que je n'ai encore jamais eu souci de moi-même, mais que depuis que la confiance du Maréchal m'a placé là où je suis, je sens tout le poids du souci que me donnent la vie présente et l'avenir de notre peuple. Car le 30 janvier nous n'avons pas pris possession d'un État sain et en ordre mais d'un chaos économique et politique que ceux-là mêmes qui me critiquent aujourd'hui considéraient et proclamaient alors irréparables. Quant à nous, nous avons osé engager la lutte sur tous les terrains contre un destin qui paraissait inexorable.

L'enseignement d'une année et demie de gouvernement national-socialiste est significatif et clair. Celui qui veut être juste doit comparer notre réussite avec ce qui serait arrivé si nous n'avions pas vaincu. Car c'est seulement celui qui voit encore où allait le pays avant le 30 janvier qui peut mesurer la grandeur de notre œuvre ; non contents d'arrêter le cours du destin, nous avons pu le redresser dans tous les domaines.

Lorsque je me suis installé comme chancelier à la Wilhelmstrasse, l'autorité gouvernementale n'était plus qu'un mythe... Aujourd'hui le *Reich* allemand n'est plus seulement une région géographique mais aussi une entité politique. Nous avons engagé le destin de notre peuple dans une voie qui, il y a deux ans, paraissait impossible à atteindre. Et, de même qu'à l'intérieur nous avons solidement assuré l'unité et par là même l'avenir du peuple allemand, nous avons à l'extérieur su faire valoir ses droits.

Mais il ne nous a pas suffi d'arracher le peuple à ses déchirements politiques. Après six mois de régime national-socialiste, notre vie politique ancienne, nos querelles de partis étaient oubliées. Chaque mois, le peuple allemand s'éloignait davantage de cette époque qui nous est devenue incompréhensible. Je n'ai pas besoin d'insister ; chaque Allemand s'en rend compte aujourd'hui : la simple pensée d'un retour au régime des partis est aussi inconcevable qu'absurde.

En face de cette Allemagne positive, de cette incarnation de toutes les valeurs qui y existent, il y avait, naturellement aussi quelque chose de négatif.

À l'œuvre d'assainissement et de relèvement de l'Allemagne ne prennent aucune part :

1° La petite équipe des désagrégateurs internationaux qui, en leur qualité de champions du communisme doctrinal politique et économique, luttent contre tout ce qui est ordonné et s'efforcent de provoquer le chaos. Nous voyons autour de nous les preuves qui rendent manifeste l'action de cette conjuration internationale. Çà et là, de pays en pays, montent les flammes de l'insurrection. Des incidents de rue, des combats de barricades, des paniques ou l'intervention de la propagande individuelle dans un but de destruction troublent aujourd'hui presque tous les pays du monde.

En Allemagne aussi quelques fous ou criminels isolés essayent encore de développer leur activité néfaste. Depuis la disparition du Parti communiste, nous enregistrons, bien qu'elles deviennent de plus en plus faibles, une tentative après l'autre de fonder et de rendre agissantes des organisations communistes à caractère plus ou moins anarchisant.

La méthode est toujours la même. Alors qu'ils présentent notre destin actuel comme insupportable, ils font l'éloge du paradis communiste de l'avenir et n'aboutissent, en réalité, qu'à faire combattre pour un enfer. Car les conséquences de leur victoire dans un pays comme l'Allemagne seraient plus destructives que tout. Heureusement le peuple allemand est maintenant si bien renseigné sur leur compte que l'immense majorité des ouvriers allemands s'est débarrassée de ces juifs internationaux « bienfaiteurs de l'humanité ». Si c'est nécessaire, l'État national-socialiste livrera une guerre intérieure de cent ans pour extirper et exterminer les derniers restes d'un mouvement qui répand dans le peuple le poison et la folie.

2° Le second groupe de mécontents est composé de ces chefs politiques qui ont vu le 30 janvier mettre fin à leurs perspectives d'avenir et qui n'ont pas pu se résigner à admettre que ce fait était irrévocable. Plus le temps passe leur apportant la grâce de l'oubli, plus ils se croient en droit de se rappeler peu à peu au souvenir de la nation. Mais comme leur incapacité n'était pas due seulement aux circonstances, qu'elle était innée chez eux, ils sont incapables aujourd'hui encore, de démontrer leur valeur en effectuant un travail utile ; ils croient leur tâche remplie quand ils se sont livrés à une critique aussi perfide que mensongère. L'État national-socialiste ne peut vraiment être ni menacé ni gêné, en quelque manière, par ces gens-là.

3° Un troisième groupe d'éléments destructeurs est constitué par cette espèce de révolutionnaires qui, en 1918, ont perdu leur situation et n'ont trouvé d'autre situation que d'être révolutionnaires. Installés dans la révolution, ils voudraient en faire un état permanent. Nous avons tous souffert de ces heures tragiques pendant lesquelles nous autres soldats disciplinés et fidèles à leur devoir, nous sommes trouvés en présence de mutins qui prétendaient être devenus l'État. Tous nous avions été élevés dans le respect des lois et habitués à obéir aux représentants de l'État... Mais nous ne pouvions tenir compte de ces usurpateurs. Notre honneur nous commanda de leur refuser l'obéissance et ainsi nous sommes devenus des révolutionnaires mais, même comme révolutionnaires, nous ne nous considérions pas comme libérés de l'obligation de respecter les lois naturelles imposées par la puissance souveraine de notre peuple. Et lorsque, enfin, nous avons été légitimés par la confiance de ce peuple et que nous avons tiré les conséquences de nos quatorze années de lutte, il ne s'agissait pour nous que de créer un ordre nouveau, meilleur que l'ancien... Pour nous la révolution n'était pas un état permanent.

Parmi les innombrables documents que j'ai dû lire la semaine passée, j'ai trouvé le journal d'un homme qui, en 1918, a été amené à résister à des lois et qui, depuis lors, vivait dans un monde où c'était la loi, quelle qu'elle fût, qui semblait l'objectif à détruire. C'est là un document troublant qui révèle un état d'esprit de conspirateur éternel et qui ouvre des aperçus sur la mentalité des gens, qui, sans se l'avouer, étaient devenus des nihilistes.

Incapables de collaborer, décidés à prendre position contre tout ordre établi, haineux à l'égard des autorités quelles qu'elles fussent, beaucoup parmi ces aventuriers, conspirateurs nés, furent avec nous jadis, dans notre lutte contre les gouvernements passés, la plupart d'entre eux avaient, d'ailleurs, bien avant le 30 janvier, été écartés d'un mouvement dont la discipline était la caractéristique. Ces indisciplinés n'avaient qu'un trait commun : ils ne pensaient jamais au peuple allemand, mais uniquement à lutter contre les institutions et contre l'ordre...

L'enquête a montré que dans les rangs de quelques chefs supérieurs de la SA s'étaient fait jour des tendances qui ne pouvaient que provoquer les plus graves inquiétudes.

On fit d'autres constatations sans déceler encore clairement leur connexion entre elles :

1° Contrairement à mon ordre exprès et aux déclarations que m'avait faites l'ancien chef d'état-major Röhm, les SA s'étaient remplies d'éléments qui risquaient de détruire l'homogénéité de cette organisation.

2° L'instruction de nouveaux miliciens dans les principes du national-socialisme passait de plus en plus à l'arrière-plan des préoccupations de certaines autorités supérieures.

3° Les relations naturelles entre le Parti et les milices se relâchaient lentement. On a pu établir qu'il y avait une tendance systématique à détourner de plus en plus les SA de la mission que je leur avais assignée pour les employer à d'autres tâches ou les mettre au service d'autres intérêts.

4° Les promotions des chefs de la SA ont été trop dictées par la prise en considération de qualités purement extérieures. La grande masse des vétérans fidèles était de plus en plus négligée dans ces promotions tandis que la classe 1933, qui n'avait jamais été particulièrement estimée dans le Parti, était avantagée d'une manière incompréhensible. Souvent, il a suffi d'appartenir depuis quelques mois seulement à la SA pour obtenir des postes importants qu'un vieux chef de SA ne pouvait atteindre après des années...

La décision de la direction du Parti de mettre fin aux excès dont je viens de parler a provoqué une réaction très vive de la part du chef d'état-major. Des vétérans de nos luttes dont certains combattaient depuis quinze ans avec nous et dont certains représentaient le Parti dans de hautes fonctions de l'État furent déférés devant les tribunaux d'honneur composés partiellement de membres très jeunes du Parti ou même de gens n'y appartenant pas du tout.

Il en est résulté de graves discussions entre Röhm et moi. C'est alors que, pour la première fois, j'ai conçu des doutes sur la loyauté de cet homme...

A partir du mois de mai, il était hors de doute que le chef

d'état-major Röhm s'occupait de plans ambitieux qui, s'ils étaient réalisés, ne pouvaient qu'amener les changements les plus graves.

Si j'ai hésité, pendant ce mois, à prendre une décision, ce fut pour deux raisons :

1° Je ne pouvais pas, sans nouveaux indices, m'habituer à l'idée que des relations que j'avais édifiées sur la confiance mutuelle reposaient sur un mensonge.

2° J'avais toujours le secret espoir d'épargner au mouvement et à mes SA la honte d'une telle explication et de limiter les dégâts sans avoir à combattre...

Peu à peu, trois groupes se sont formés au sein de la direction de la SA. D'abord un petit groupe d'éléments que rapprochaient leurs dispositions ou leurs vices et qui, prêts à tout, étaient complètement entre les mains de Röhm. C'était en premier lieu les chefs SA Ernst à Berlin, Heines en Silésie, Hayn en Saxe, Heydebreck en Poméranie. A côté d'eux se trouvait un second groupe de chefs qui, en réalité, n'appartenaient pas à cette secte, mais qui se considéraient comme obligés d'obéir à Röhm par sentiment de discipline. Opposé à ces deux groupes en existait un troisième ; les chefs qui en faisaient partie ne cachaient pas leur aversion pour ce qui se passait : pour cette raison, ils se trouvaient écartés des postes de responsabilité et, dans bien des cas, complètement laissés de côté. A la tête de ce groupe se trouvaient Lutze, le chef d'état-major actuel, et le chef de la SS Himmler.

Sans me mettre jamais au courant, sans que j'en aie eu jamais la moindre idée, le chef d'état-major Röhm était entré en relations avec le général von Schleicher par l'entremise d'un aventurier totalement corrompu, M. von Alvensleben. Schleicher fut l'homme qui donna une forme concrète aux intentions de Röhm. Il décida que :

1° Le régime allemand actuel ne pouvait plus durer.

2° L'armée et les organisations nationales devaient être

placées sous les ordres d'un même chef.

3° Le seul homme qualifié pour être ce chef était Röhm.

4° M. von Papen devait être éloigné et lui-même prendrait sa place à la Chancellerie, ce qui supposait d'autres changements importants dans le gouvernement...

J'ai toujours affirmé depuis quatorze ans que les SA étaient des organisations politiques qui n'avaient rien à voir avec l'armée. C'eût été à mes yeux un désaveu de mes affirmations antérieures et de toute ma politique que de placer un officier à la tête de l'armée et non pas celui qui était le chef de la SA, le capitaine Göring...

Le chef suprême de l'armée est le maréchal von Hindenburg, président du *Reich.* En tant que chancelier, je lui ai prêté serment. Sa personne nous est sacrée...

Il n'y a dans l'État pour porter les armes que l'armée et pour penser politiquement que le Parti national-socialiste. Le plan de Röhm fut conçu de manière à forcer la résistance :

1° On devait tout d'abord créer les conditions psychologiques favorables à une seconde révolution. Les services de propagande de la SA répandirent le bruit dans les sections que la *Reichswehr* voulait leur dissolution, et qu'elle m'avait, malheureusement, acquis à ce projet, qui était un mensonge forgé de toutes pièces.

2° Pour parer à cette attaque, les SA devaient faire une seconde révolution, se débarrasser des réactionnaires d'une part et prendre eux-mêmes le pouvoir.

3° Grâce aux quêtes effectuées sous des prétextes de charité, Röhm avait réussi à amasser douze millions pour réaliser ses desseins.

4° Pour pouvoir mener sans scrupule ni hésitation les batailles décisives, on avait formé des groupes spéciaux de mercenaires prêts à tout, sous le nom de « Gardes d'état-major »...

La préparation politique de l'action sur le plan intérieur fut confiée à M. von Detten tandis que le général von Schleicher s'en chargeait sur le plan extérieur, agissant personnellement et aussi par l'entremise de son courrier, le général von Bredow. Gregor Strasser fut entraîné dans le complot.

Au début de juin, je fis une dernière tentative auprès de Röhm. Je le fis venir et eus avec lui un entretien qui dura près de cinq heures. Je lui dis avoir acquis l'impression que des éléments sans conscience préparaient une révolution national-bolcheviste, révolution qui ne pouvait amener que des malheurs sans nom. Je lui dis aussi que le bruit m'était parvenu que l'on voulait mêler l'armée à cette action. Je déclarai au chef d'état-major que l'opinion selon laquelle la SA devait être dissoute était absolument mensongère, mais qu'à toute tentative d'établir du désordre en Allemagne, je m'opposerais immédiatement moi-même et que quiconque attaquerait l'État, devrait d'emblée me compter comme ennemi...

Si l'on pouvait encore épargner un malheur, ce ne pouvait être qu'en agissant avec la promptitude de l'éclair. Seule une répression féroce et sanglante pouvait étouffer la révolte dans l'œuf. Et il ne pouvait être question de se demander s'il valait mieux anéantir une centaine de mutins, de traîtres et de conspirateurs ou laisser tuer d'un côté de la barricade dix mille innocents SA et de l'autre côté dix mille autres innocents. Car si le mouvement du criminel Ernst avait pu se déclencher à Berlin, les conséquences en eussent été incalculables. Comme les mutins s'étaient servis de mon nom, ils avaient réussi entre autres à obtenir d'officiers de police sans défiance la livraison de quatre auto mitrailleuses...

À 1 heure dans la nuit j'avais reçu les dernières nouvelles. À 2 heures du matin, je volais vers Munich. Le ministre-président Göring avait entre-temps reçu l'ordre d'agir, de son côté, à Berlin et en Prusse. Avec son poing d'acier, il a brisé l'attaque contre l'État national-socialiste avant même que cette attaque ait eu lieu...

Les mutineries se jugent par leurs propres lois. Si quelqu'un me demande pourquoi nous n'avons pas eu recours aux tribunaux réguliers, je lui répondrai ceci : à cette heure, j'étais responsable de la nation allemande et, en conséquence, c'est moi qui, pendant ces vingt-quatre heures, étais, à moi seul, la Cour suprême de justice de peuple allemand. Dans tous les temps d'ailleurs on a décimé les mutins. Un seul pays n'a pas fait usage de cette disposition de son code militaire et c'est pourquoi ce pays a été brisé et vaincu, ce pays c'est l'Allemagne. Je ne voulais pas exposer le jeune *Reich* au destin de l'ancien. J'ai donné l'ordre de fusiller les principaux coupables et j'ai donné l'ordre aussi de cautériser les abcès de notre empoisonnement intérieur et de l'empoisonnement étranger, jusqu'à brûler la chair vive. J'ai également donné l'ordre de tuer aussitôt tout rebelle qui lors de son arrestation, essaieraient de résister. La nation doit savoir que son existence ne peut-être impunément menacée par personne et que quiconque lève la main contre l'État, en meurt. De même chaque national-socialiste doit savoir qu'aucune situation ne le mettra à l'abri de ses responsabilités et par conséquent du châtiment...

Un diplomate étranger déclare que sa rencontre avec Schleicher et Röhm était de nature tout à fait inoffensive. Je n'ai à discuter avec personne cette question. Les opinions sur ce qui est inoffensif ou ne l'est pas ne pourront jamais coïncider en politique. Mais, quand trois hommes coupables de haute trahison organisent une rencontre en Allemagne avec un homme d'État étranger, rencontre qu'ils qualifient eux-mêmes de rencontre de « service », quand ils écartent les domestiques et donnent des ordres rigoureux pour que je ne sois pas tenu au courant de cette rencontre, je fais fusiller ces hommes, même s'il est exact que dans ces conversations si secrètes l'on n'ait parlé que du beau temps, de vieilles monnaies et d'autres choses semblables.

La rançon de ces crimes a été sévère : 19 chefs supérieurs

des SA, 31 chefs des SA et membres de ces sections ont été fusillés. De même trois chefs des SA des Sections spéciales de protection (SS) qui avaient participé au complot. 13 chefs des SA ou des civils ont perdu la vie en essayant de résister lors de leur arrestation. Deux autres se sont suicidés. Cinq membres du Parti qui n'appartenaient pas à la SA ont été fusillés pour leur participation au complot. Enfin, furent encore fusillés trois SS qui s'étaient rendus coupables de mauvais traitement envers des prisonniers.

L'action est terminée depuis le dimanche 1er juillet dans la nuit. Un état normal est rétabli. Une série d'actes de violence qui n'avaient rien à voir avec cette action seront déférés aux tribunaux normaux...

J'espérais qu'il ne serait plus nécessaire de défendre cet État les armes à la main. Puisqu'il n'en a pas été ainsi, nous nous félicitons tous d'avoir été assez fanatiques pour avoir maintenu dans le sang ce qui avait été acquis par le sang de nos meilleurs camarades[584]... »

Au sujet du discours de Hitler devant le *Reichstag*, Goebbels écrivit dans son journal : « Le soir, à 8 heures au *Reichstag*. Un grand jour. Le *Führer* parle presque deux heures au monde entier. Une confession bouleversante. Il expose l'affaire dans sa totalité. Les larmes viennent aux yeux. Grand Hitler ! Göring se fait l'interprète de notre fidélité. Heure sublime. Le peuple est en délire. Orage purificateur[585] ! » De son côté, Albert Speer (1905-1981), qui était à l'époque des faits directeur du Bureau central de la construction, confia au sujet du discours parfaitement maîtrisé d'Hitler : « […] son sentiment de culpabilité transparaissait nettement à travers ses protestations

---

[584] Max DOMARUS, *Hitler : Reden und Proklamationen 1932-1945*, *opus cit.*, Erhard KLÖSS, *Reden des Führers*, Munich, DTV 1967, Max GALLO, *La Nuit des longs couteaux, opus cit.*

[585] Joseph GOEBBELS, *Journal,* entrée du 14 juillet 1934, *opus cit.*

d'innocence[586]. »

Le journal *L'Illustration* rendit également compte dans ses colonnes du discours de Hitler : « Après les événements sanglants du 30 juin 1934, on attendait une manifestation solennelle du chancelier Hitler. Elle a eu lieu le 13 juillet, devant le *Reichstag* convoqué en séance extraordinaire dans la salle de l'ancien Opéra Kroll. Un service d'ordre tel qu'on n'en vit rarement, même à Berlin, était assuré dans tout le quartier de Tiergarten par les masses compactes des SS renforcées de nombreux SA. La salle était bondée, mais dans la tribune diplomatique on notait l'absence des ambassadeurs de Grande-Bretagne, de France et des États-Unis. De même, au banc du gouvernement, on cherchait en vain le vice-chancelier von Papen. Presque tous les députés étaient en uniforme. Parmi eux se trouvaient le prince Auguste-Wilhelm et M. Hugenberg en redingote. La séance était présidée par le général Göring. Quand le chancelier arriva, en vareuse, en chemise claire et botté, une ovation indescriptible l'accueillit. Elle devait se renouveler à maintes reprises pendant son discours qui dura près de deux heures et qui fut prononcé d'une voix ardente avec des explosions de fureur [...] Quand le *Führer* eut cessé de parler, le *Reichstag*, debout, l'acclama longuement et vota d'enthousiasme une motion qui le remerciait d'avoir « par son énergie et sa résolution sauvé la patrie du chaos et de la guerre civile[587] » ».

---

[586] Albert SPEER, *Erinnerungen*, Propyläen, Berlin 1971, p.65. Albert Speer, architecte de talent, fut proche d'Hitler qui le nomma Ministre des Armements de la production de guerre (8 février 1942-23 mai 1945). Il fut condamné à 20 ans de prison lors du Procès de Nuremberg pour son rôle dans l'administration nazie et pour l'emploi de main d'œuvre concentrationnaire.

[587] Journal *L'Illustration* du 21 juillet 1934.

V

L'ALLEMAGNE RASSURÉE ET LES PAYS ÉTRANGERS OFFUSQUÉS

Les plus hautes instances politiques et militaires de l'Allemagne se réjouirent de la réussite de la décapitation de la SA. Ainsi, le président Hindenburg adressa un télégramme à Hitler dans lequel il exprimait ses plus vifs remerciements pour la réussite de la purge : « Je constate, d'après les rapports qui me sont présentés, que par votre esprit de décision et votre courage personnel, vous avez étouffé dans l'œuf les intentions des traîtres. Vous avez sauvé le peuple allemand d'un grave danger. Je vous exprime par ce télégramme ma profonde reconnaissance et mes remerciements très sincères[588]. » Un même télégramme fut envoyé par le président Hindenburg à Göring : « Je vous exprime ma gratitude et ma reconnaissance pour votre action énergique et couronnée de succès, lors de l'écrasement de la tentative de haute trahison. Avec mes salutations de camarade[589]. » Dans son journal, Goebbels écrivit au sujet de Hindenburg : « Le Vieux Monsieur a eu un comportement exemplaire. Même dans le cas de Schleicher et de Papen. Un authentique soldat[590] ! ». En 1945, lorsque Papen demanda à Göring si le président Hindenburg était au courant du télégramme à Hitler, Göring lui répondit que le secrétaire d'État Otto Meissner lui avait demandé après coup s'il avait été satisfait du texte[591].

Du côté de la *Reichswehr*, malgré les assassinats des généraux Kurt von Schleicher et Ferdinand von Bredow, un peu passés par pertes et profits, les sourires étaient de mise. Après avoir remercié Hitler au nom du gouvernement tout entier pour : « son action résolue et courageuse par laquelle il avait épargné au peuple allemand une guerre civile » Blomberg poursuivit en insistant avec lyrisme : « Le

---

[588] Marlis STEINERT, *Hitler, opus cit.*, et Max DOMARUS, *Hitler. Reden und Proklamationen 1932-1945, opus cit.*

[589] François KERSAUDY, *Göring, opus cit.*

[590] Joseph GOEBBELS, *Journal, opus cit.,* entrée du 4 juillet 1934.

[591] Ian KERSHAW, *Hitler, opus cit.*

chancelier du *Reich* s'était conduit en homme d'État et en soldat dans un esprit qui, parmi les membres du gouvernement comme dans l'ensemble de la population allemande, ne pouvait qu'inspirer une promesse d'ardeur, de loyauté et de dévouement en cette heure difficile[592] ». Le 5 juillet 1934, Blomberg, toujours lui, prononça devant les chefs des grandes unités de la *Reichswehr* : « C'était une nécessité inéluctable de frapper non seulement les mutins de la SA, mais de frapper aussi ces milieux que l'on désigne aujourd'hui par le terme de « réaction[593] » ». Et il ajouta dans un ordre du jour à l'armée : « Le *Führer* a attaqué et écrasé les mutins avec la décision d'un soldat et un courage exemplaire. La *Reichswehr*, en tant que seule force armée de l'ensemble de la nation, tout en restant à l'écart des luttes de politique intérieure, lui témoignera sa reconnaissance par son dévouement et sa fidélité [594] . » Le soutien de la *Reichswehr* aux assassinats perpétrés par les hommes de Göring et de Himmler alla même, par la voix du général Reichenau, jusqu'à corroborer le mensonge d'un complot mené par Schleicher afin de faire tomber le cabinet Hitler. Ce même Reichenau écrivit le 28 août 1934 dans des directives pour l'instruction politique des troupes : « Le chancelier du *Reich* a tenu parole en étouffant dans l'œuf la tentative de Röhm pour incorporer la SA dans la *Reichswehr*. Nous l'aimons parce qu'il s'est conduit en authentique soldat ». Ce soutien sans faille de la *Reichswehr* à la décapitation de la SA n'était pas bien entendu sans conséquences importantes pour le présent et pour l'avenir. Si la SA ne représentait plus une menace, la *Reichswehr* s'était bel et bien liée avec les nazis de la tendance Hitler. Cette nouvelle situation particulièrement dangereuse fut parfaitement analysée par le capitaine à la

---

592 *Ibid.*

593 Jean PHILIPPON, *La Nuit des longs couteaux, opus cit.*

594 Marlis STEINERT, *Hitler, opus cit.*

retraite et ancien secrétaire d'État Erwin Planck[595] (1893-1945) qui déclara à son ami le général Fritsch : « Qui approuve une telle action, comme vous l'avez fait vous-même, sans intervenir, sans tenter d'arrêter le carnage, risque de subir tôt ou tard un sort semblable[596]. » De même, le major Hermann Foertsch (1895-1961) écrivit au sujet de l'attitude de la *Reichswehr* dans cette purge : « Qu'avait fait le commandement de la *Reichswehr* pour conjurer le danger ? Il n'avait pas fait beaucoup, mais au propre, il avait tout fait. Il avait informé Hitler et s'était assuré des alliés en la personne de Göring et Himmler. »

Du côté des nazis, outre les réactions particulièrement enthousiastes de Goebbels et Göring, le *Gauleiter* de Essen, Josef Terboven, déclara de son côté : « La fidélité est quelque chose de fondamental, l'abcès a été vidé. Il existe des éléments corrompus comme il en existe partout. Mais, ce qui compte, c'est de savoir comment on réagit contre la gangrène[597]. »

La presse allemande pour sa part réagit de façon plutôt positive aux événements, y compris les journaux qui n'avaient pas encore subi une nazification[598], et salua l'attitude de Hitler. Ainsi, la *Kreuz-Zeitung,* organe bourgeois ultra conservateur des monarchistes, des conservateurs chrétiens et de l'armée prussienne, écrivit le 3 juillet : « Il ne sera jamais possible de nous acquitter

---

[595] En 1932, Erwin Planck fut nommé secrétaire d'État par Papen et par Schleicher. Après que Hitler fut au pouvoir en 1933, Planck quitta le gouvernement pour se rendre en Asie du Sud-Est pendant un an. Il revint ensuite en Allemagne, se joignit à des groupes d'opposants au nazisme et fut pendu à la prison de Plötzensee à Berlin le 23 janvier 1945.

[596] Heinz HÖHNE, *Der Orden unter dem Totenkopf: Die Geschichte der SS, opus cit.*

[597] Berit NOKLEBY, *Terboven: Hitlers mann i Norge,* Gyldendal Norsk Forlag 1992.

[598] La *Deutsche Allgemeine Zeitung* ou encore la *Kreuz Zeitung.*

entièrement de notre dette envers le *Führer*. Au cours de ces journées et de ces nuits où il a dû lutter pour nous, il s'est encore un peu davantage élevé au-dessus de nous[599].» La gazette allemande de l'industrie minière, la *Deutsche Bergwerkzeitung*, du 8 juillet 1934 déclara pour sa part que : « L'économie nationale a salué l'avènement du national-socialisme avant tout, parce que, pour construire, elle a besoin de calme, d'ordre et de sécurité, autant que de pain quotidien... L'économie a été sauvée de ce danger par les rapides et énergiques mesures du Gouvernement. Elle saura lui exprimer sa reconnaissance[600]. » Le porte-parole de l'industrie lourde allemande, la *Deusche Allgemeine Zeitung* écrivit le 1er juillet 1934 : « La date du 30 juin est gravée profondément dans l'histoire de la révolution... L'épuration a commencé. Nous avons maintenant un État fort, consolidé et unifié... La reconnaissance du peuple est due à Adolf Hitler et ses fidèles... Un gouvernement énergique a frappé au bon moment avec une précision ahurissante ; il a fait le nécessaire pour qu'aucun patriote n'ait plus à craindre quoi que ce soit... La révolte a été étouffée dans l'œuf et la voie est libre vers un avenir de pureté[601]. »

Seule la *Frankfurter Zeitung* ne crut pas aux arguments développés par les nazis, notamment au sujet d'un complot mené conjointement par Röhm, Schleicher et Gregor Strasser[602]. La *Frankfurter-Zeitung* écrivit donc : « Chaque Allemand ressent intimement qu'à la sévérité sans précédent du châtiment doit correspondre un crime sans précédent. »

De son côté, Paul-Otto Schmidt (1899-1970), fonctionnaire, interprète de la Wilhelmstrasse, le ministère allemand

---

[599] *Kreuz Zeitung* du 3 juillet 1934.

[600] *Deutsche Bergwerkzeitung* du 8 juillet 1934.

[601] *Deusche Allgemeine Zeitung* du 1er juillet 1934.

[602] Charles BLOCH, *La nuit des longs couteaux, opus cit.*

des Affaires étrangères, et interprète officiel d'Hitler[603]— sans être un sympathisant des nazis — revint dans ses mémoires sur le discours d'Hitler devant le *Reichstag* : « [...] Je fus très heureux de ne pas être à l'étranger au moment de l'affaire Röhm et de ses suites. Comment aurais-je pu expliquer à mes amis et connaissances de l'extérieur cet abominable scandale, indigne d'un pays civilisé ? Comment aurais-je pu trouver, en Europe occidentale, même une apparence de justification pour ces exécutions sans jugement, ces assassinats, ces assouvissements de vengeance personnelle, ces brutalités ? Qu'aurais-je pu dire surtout du discours que fit Hitler à la radio après le scandale, ce discours dans lequel il se déchaîna comme s'il avait été aboyeur dans une boutique de foire ? Ses hurlements ne firent que rendre encore plus suspect tout ce qu'il y avait de sombre et d'obscur dans cette honteuse affaire. Là où il ne se vanta pas lui-même de cet effroyable forfait, il ne parvint qu'à s'accuser par ses paroles lourdes de signification devant tous ses auditeurs tant soit peu intelligents. En ces jours qui suivirent le 30 juin 1934, Hitler et ses nationaux-socialistes soulevèrent un peu leur masque pour la première fois. Alors, on distingua cette brutalité qui constituait, avec

[603] Paul-Otto Schmidt parlait français, anglais, hollandais, italien, espagnol, russe, tchèque, slovaque, polonais et roumain. Il fut l'unique témoin des entretiens entre Hitler et Chamberlain en septembre 1938 au Berghof puis à Bad Godesberg. Dès 1921 il suivit une formation d'interprète de conférences auprès du ministère allemand des Affaires étrangères, faisant preuve de capacités de mémorisation exceptionnelles. Il fut arrêté en mai 1945 par les autorités américaines mais relâché dès 1948 et fut blanchi de toute compromission avec le régime en 1950 par le tribunal de Miesbach et put continuer de travailler comme traducteur. Il fut interprète au procès de Nuremberg et accompagna fréquemment le psychiatre américain qui visitait les prisonniers allemands dans leur cellule. Cf Paul-Otto SCHMIDT, *Sur la scène internationale avec Hitler*, Paris, Perrin 2015.

bien d'autres analogues, un des éléments du régime hitlérien[604]. »

L'opinion publique allemande, qui fut cependant très loin d'être informée de tous les détails des événements, apporta un assez large soutien aux actions entreprises contre la SA et les « comploteurs ». Comme le souligne l'historien Ian Kershaw : « L'opinion publique resta dans l'ignorance des complots, des intrigues et des jeux de pouvoir qui s'étaient déroulés en coulisses. Ce qu'elle vit, pour l'essentiel, ce fut la salutaire élimination d'un fléau. Après que la SA eut accompli sa mission en écrasant la gauche, les troupes d'assaut avaient choqué un sens de l'ordre largement répandu, et pas uniquement dans les classes moyennes, par leur arrogance, leur brutalité, leur forfanterie, par leurs violences et leurs perturbations quotidiennes [...] Loin d'être choquée par les exécutions sommaires, la grande majorité de la population accepta la version officielle du projet de putsch et acclama les décisions promptes et résolues de son chef[605] ». Les rapports établis par la Gestapo à ce sujet, mais également ceux établis par des opposants au nazisme, comme le *Sopade*[606], démontrèrent cet état d'esprit de la population allemande. Ainsi, des informateurs d'Ingolstadt (Bavière) relevèrent que : « La manière dont la révolte de Röhm a été liquidée a considérablement accru les sympathies dont le *Führer* jouit

---

[604] Paul-Otto SCHMIDT, *Sur la scène internationale avec Hitler, Opus cit.*, p.70.

[605] Ian KERSHAW, *Hitler, opus cit.*

[606] Le *Sopade* (SoPaDe) était la dénomination du SPD en exil après la prise du pouvoir par les nazis. Il était basé à Prague de 1933 à 1938, puis à Paris de 1938 à 1940, puis poursuivit ses activités à Londres jusqu'en 1945. Cf Rainer BEHRING, *Demokratische Außenpolitik für Deutschland. Die außenpolitischen Vorstellungen deutscher Sozialdemokraten im Exil 1933-1945,* Düsseldorf, Droste Verlag 1999.

dans la population[607] ». De même, un observateur officiel de Marktredwitz (Bavière) n'affirmait pas autre chose : « Par son action énergique, le *Führer* a considérablement gagné auprès des masses et plus particulièrement de ceux qui manifestaient encore une attitude attentiste à l'égard du mouvement : ce n'est plus de l'admiration, c'est de l'idolâtrie[608]... » Dans le même ordre d'idée, un informateur berlinois du bureau directeur social-démocrate en exil déclarait avec des mots plus feutrés : « La position de la classe ouvrière à l'égard du régime doit, comme auparavant, être qualifiée de neutralité bienveillante, et les derniers événements n'y ont pas apporté de modification sensible[609]. » Un rapport de la Gestapo de Cologne évoque : « une hausse massive de la confiance dans le *Führer* et le gouvernement à la suite de l'anéantissement des « ennemis du peuple[610] » ». Des « rapports de situation » de début juillet 1934 établis par quarante et une Bourses du travail réparties dans l'ensemble de la Bavière notaient tous une amélioration du moral des ouvriers et des chômeurs après la purge, une condamnation sans équivoque de Röhm et une approbation totale de l'action de Hitler[611]. Le dénouement de « l'affaire Röhm » fut du pain béni pour le régime nazi alors qu'il était en nette perte de vitesse dans l'opinion publique en raison des graves désillusions du peuple notamment au niveau du pouvoir d'achat, du chômage, des relations avec l'Église. Le *Sopade* résuma finalement la situation en trois points qui se dégageaient de la plupart des rapports entre ses mains : 1) Les masses n'ont pas compris la signification politique des événements. 2) De larges, de

---

607 Heinrich-August WINKLER, *Histoire de l'Allemagne XIXe-XXe siècle : Le long chemin vers l'Occident*, *opus cit.*

608 *Ibid.*

609 *Ibid.*

610 Ian KERSHAW, *Le mythe Hitler : image et réalité sous le IIIe Reich*, Paris, Flammarion 2006.

611 *Ibid.*

très larges secteurs de l'opinion encensent même Hitler pour sa détermination impitoyable, et ce qui s'est passé n'a choqué ou fait réfléchir qu'une toute petite fraction de la population. 3) De vastes composantes de la classe ouvrière se sont aussi asservies à la divination non critique de Hitler. Loin d'avoir pris un coup après le massacre des chefs des SA, le prestige de Hitler a en réalité grandi[612] ». Comme le souligne justement l'historien Ian Kershaw : « Deux traits saillants caractérisaient surtout l'image de Hitler dans les esprits. [...] Il était l'agent d'une justice naturelle [...] et le défenseur de la moralité publique[613]. » Le discours de Hitler devant le *Reichstag* fut suivi et acclamé par des milliers d'Allemands qui s'étaient regroupés autour de l'opéra Kroll.

Le clergé catholique émit pour sa part un certain nombre de réserves et de critiques, notamment à Münster [614] (Rhénanie-du-Nord-Westphalie) ou l'évêque de la ville, Clemens August von Galen [615] (1878-1946), fut très applaudit par la foule lorsqu'il déclara qu'en cas d'arrestation : « [...] il faudrait me mener, vêtu de tous mes ornements sacerdotaux, la crosse au poing, à pied, à travers la ville, jusqu'aux bureaux de la Gestapo[616]. »

Les répercussions de la décapitation de la SA furent nombreuses. Au sein même de la SA qui sortait laminée de cette purge, la réorganisation et le commandement furent confiés au docile Viktor Lutze. Hitler ordonna à Lutze de mettre un terme définitif à toutes les outrances de la SA, à

---

[612] *Ibid.*

[613] *Ibid.*

[614] De 1815 à 1945, Münster était la capitale de la province depuis lors disparue de Westphalie (*Westfalen*).

[615] Surnommé le Lion de Münster, von Galen se dressa régulièrement contre le nazisme, notamment lors de l'assassinat des malades mentaux (*Aktion T4*). Thierry KNECHT, *Mgr Clemens August von Galen, un évêque qui a défié Hitler*, Parole et Silence, 2007.

[616] Jean PHILIPPON, *La Nuit des longs couteaux, opus cit.*

savoir aux yeux du *Führer* à « l'homosexualité, la débauche, l'ivresse et le train de vie fastueux[617]. » Hitler ne voulait plus en effet de ces banquets gargantuesques, de ces voitures de luxes, de ces hôtels particuliers trop richement meublés [618]. Viktor Lutze instaura de nombreuses commissions disciplinaires qui cassèrent beaucoup de chefs subalternes. L'action de Lutze à la tête de la SA convint parfaitement à Hitler puisque sans véritable caractère, sans aucun charisme, Lutze ne fit pas de vague et sous son commandement les effectifs de la SA fondirent complètement et passèrent de 2 millions[619] en août 1934 à 1,6 million à l'automne 1935[620] et 1,2 million au printemps 1938[621]. Dans le même ordre d'idées que le ménage décidé par Lutze, le 1er juillet 1934, le SA-*Gruppenführer* Hanns-Günther von Obernitz (1899-1944), chef de la SA de Franconie, fit l'annonce à la radio de sa décision de faire limer le nom de Röhm des poignards d'honneur, de retirer tous les portraits de Röhm des locaux de la SA et de renommer « service administratif du groupe SA de Franconie » l'ancienne *Ernst-Röhm-Haus* (Maison Ernst Röhm).

A l'étranger et notamment du côté de la presse étrangère, les réactions furent très différentes de celles lues dans la presse allemande. Ainsi, *Le Figaro*, sous la plume de Wladimir d'Ormesson (1888-1973), journaliste et diplomate français, disait : « la journée de samedi a remué de la boue et fait gicler du sang[622]. » Pour le journal *Le Temps*, ces événements permettaient de voir le régime nazi sous son vrai jour : « Ce n'est pas un beau crime... Du sang,

---

617 Ian KERSHAW, *Hitler, opus cit.*

618 *Ibid.*

619 Mario R. DEDERICHS, *Heydrich, opus cit.*

620 Richard J EVANS, *Le troisième Reich, opus cit.*

621 *Ibid.*

622 *Le Figaro* du 2 juillet 1934, Wladimir d'Ormesson, « *Les répercussions intérieures et extérieures de la journée de samedi* ».

de la volupté et de la mort ? Ah que non point ! C'est une affaire de police des mœurs. On y sent la culpabilité, la trahison, l'hypocrisie. Ces cadavres sont exhibés dans la fange et les meurtriers se sont ménagés un alibi. Le bourreau se fait pudibond. Il ne tue pas seulement : il prêche. Il a toléré le stupre et l'orgie, et, quand il croit avoir à se défendre lui-même, c'est au nom de la vertu qu'il frappe. Vieille Allemagne... tu n'as pas mérité ça[623]. » Le journal *Le Populaire* laissa pour sa part la parole à Léon Blum (1872-1950) dans son édition du 3 juillet : « Jamais il [Hitler] n'a témoigné d'une férocité plus calculée, plus volontaire et par là même plus répugnante [...] Et que dire de cette débauche de sauvagerie dans l'assassinat de von Schleicher et de sa femme, des fusillades en masse pour des motifs inconnus et invérifiables qui laissent apparaître une sorte de manie sadique dans la cruauté ? [...] Jamais le racisme hitlérien ne m'est apparu plus nettement comme l'ennemi de toute civilisation, de toute moralité, de toute paix humaine. Jamais je ne me suis senti plus profondément pénétré de la certitude que l'extirpation du racisme, du fascisme, de tout ce qui y ressemble ou y tend, est comme un devoir préalable de *rédemption* par lequel l'humanité doit se rendre digne d'elle-même[624]. » Le journal *L'Illustration* fit part de son côté de sa surprise et du peu d'éléments en possession du peuple allemand : « L'Allemagne est décidément le pays de toutes les surprises. Quelques jours après que le chancelier Hitler déclarait orgueilleusement : « Le national-socialisme durera mille ans » , le régime traversait une tourmente subite, d'une courte violence sans doute, mais qui a déconcerté l'opinion mondiale. Ce ne fut pas, il est vrai, un mouvement de foules. La masse des citoyens n'en a rien su, avant que l'événement ne fût accompli. Le conflit n'a mis

[623] *Le Temps*, 3 juillet 1934, in Max GALLO, *La Nuit des longs couteaux, opus cit.*

[624] Charles BLOCH, *La nuit des longs couteaux, opus cit.*

aux prises que les chefs. Il n'en a pas moins été d'une importance capitale dans l'évolution du *Reich* [...] Après ces sanglantes convulsions, le gouvernement s'est proclamé maître de la situation. Il a pourvu d'un nouveau chef les milices brunes, il a cherché à diminuer l'importance de la sédition avortée en présentant son action comme une œuvre d'épuration à l'égard d'une poignée d'hommes aux mœurs infâmes et prévaricateurs des deniers publics [625] ». L'ambassadeur de France à Berlin, André François-Poncet, fut surpris, pour sa part, par la violence des événements et par leur rapidité : « Je n'avais aucune idée des manœuvres de Röhm. Je ne me doutais pas de l'acuité qu'avait revêtu son conflit avec Hitler. J'avais toujours éprouvé à son égard une extrême répugnance et l'avais évité autant que j'avais pu, malgré le rôle éminent qu'il jouait dans le IIIe *Reich*. Le chef du protocole, Bassewitz[626], me l'avait reproché et, sur ses instances, je n'avais pas refusé de le rencontrer une soirée. L'entrevue avait été peu cordiale et l'entretien sans grand intérêt[627]. » Aux États-Unis, le *New York Herald Tribune* évoqua une « menace pour la civilisation » et analysa le discours du 13 juillet devant le *Reichstag* comme « terrifiant parce qu'il est manifestement sincère », alors que de son côté le *Sunday Reference* déclarait que « les gangsters de Chicago sont plus honnêtes. » Pour le grand quotidien britannique *The Times* il s'agissait d' « un retour à des méthodes médiévales. » Pour le journal soviétique La *Pravda* (Vérité), « les événements du 30 juin rappellent les mœurs de l'Équateur ou du Panama[628] ». Quand on sait quelles furent les méthodes criminelles employées par les

---

[625] Journal *L'Illustration* du 7 juillet 1934.

[626] Il s'agit de Rudolf von Bassewitz (1881-1951), diplomate allemand, chef du protocole.

[627] André FRANCOIS-PONCET, *Souvenirs d'une ambassade à Berlin, septembre 1931-octobre 1938*, *opus cit.*

[628] Max GALLO, *La Nuit des longs couteaux, opus cit.*

dirigeants soviétiques de 1917 jusqu'à la fin des années 1980, on peut se montrer réservé au sujet de l'analyse des faits par les journaux soviétiques[629]. L'Italie fasciste se montra pour sa part très circonspecte face à ces événements et parfois même condamna ces faits comme dans les colonnes du *Popolo d'Italia* ou encore du *Popolo di Roma*[630]. En Suisse, le *Journal de Genève* écrivit : « La plate-forme sur laquelle se meut le chancelier Hitler paraît [...] assez étroite. Il a évité la trappe tendue sous ses pieds ; il a frappé. Il frappera peut-être encore, il s'est affirmé, mais ne sera-t-il pas obligé de faire sa paix avec la droite ? La *Reichswehr* reste après tout fidèle au président Hindenburg, qui, lui, n'est nullement nazi. Elle demeure la seule vraie puissance du *Reich*, surtout après les secousses qui viennent d'ébranler les SA. C'est avec elle que doit compter Hitler. Ne trouvera-t-il pas avantage à composer avec elle[631] ? » Pour sa part, son confrère genevois le *Courrier de Genève* revint le 3 juillet 1934 dans un article intitulé « où va le troisième *Reich* ? » sur les événements qui venaient de secouer l'Allemagne en essayant de comprendre les forces en présence, les buts et les intérêts de chacun des protagonistes : « On est tenté de répondre : il ne va pas, il s'en va... Ne nous pressons pas de conclure. Suivre les événements, disait Péguy, c'est le meilleur moyen de se convaincre qu'ils ne nous suivent pas. Au lendemain de l'assassinat de Matteotti, toute la presse antifasciste sonna l'hallali de la dictature italienne. Depuis lors, faute d'événements sensationnels, les moindres incidents nous ramènent cette rengaine. Le régime des faisceaux est toujours debout. Qu'on l'admire ou qu'on l'abhorre, c'est un fait que nulle passion partisane ne modifiera. Hitler n'est pas

---

[629] *Le Livre noir du communisme. Crimes, terreur, répression,* Paris, Robert Laffont 1997.

[630] Charles BLOCH, *La nuit des longs couteaux, opus cit.*

[631] *Journal de Genève* du 2 juillet 1934.

Mussolini, nous dira-t-on, et l'Allemagne n'est pas l'Italie ! Bien entendu, mais il y a d'évidentes analogies. Si un régime aussi mou, aussi mal charpenté, aussi mal défendu que celui de Weimar a pu subsister pendant quatorze ans, il est difficile d'admettre qu'une dictature pourvue d'un formidable appareil policier puisse s'écrouler en quelques jours. Tout dépend de la trempe du chef ! Or, il ne semble pas douteux, aujourd'hui, que Hitler soit le maître de la situation. Un communiqué officiel déclare que « vingt-quatre heures ont suffi pour rétablir l'ordre et la tranquillité en Allemagne ». L'effet de cette brutale « opération de nettoyage » sera-t-il durable ? Ou bien le complot noyé dans le sang répond-il à un profond mouvement d'opinion, qui bientôt provoquerait de nouveaux troubles ? Il est manifeste que M. von Papen, par son discours de Marburg, a tenté d'émouvoir l'opinion, de la préparer aux événements qui allaient suivre. Il n'a pas trouvé d'échos. Il est même surprenant qu'un politique aussi averti ait tenté une manœuvre pareille, qui ressemble à la frasque d'un écolier en l'absence du maître. Cette « contre-révolution » n'a été qu'une maladroite ébauche de coup d'État. Certains journaux veulent y voir un épisode de la lutte entre le clan Göring et le clan Goebbels. Cependant, on constate aujourd'hui que Göring et Goebbels rivalisent de zèle pour soutenir le chancelier... D'autres ont cru que la *Reichswehr* suivrait le général von Schleicher ; elle est maintenant le plus ferme appui du régime ! Du flot d'informations contradictoires, on peut conclure qu'il y avait des mécontents à l'extrême-droite comme à l'extrême-gauche : chez les nationalistes « bourgeois » comme chez les nazis socialisants. Ces deux clans n'ont aucun programme commun : si le complot avait réussi, l'Allemagne serait aujourd'hui en proie à la plus terrible des guerres civiles. Qui pouvait tirer les marrons du feu ? - Moscou. La synthèse du national et du social tentée par Hitler, si elle peut être critiquée dans ses méthodes et dans certains de ses principes, reste pour l'Allemagne une nécessité vitale. Il semble bien, au surplus, que les masses l'aient compris : il n'y a pas eu de soulèvements populaires. Pour Hitler, l'avertissement n'en est pas moins solennel. Son œuvre nationale et sociale est assez ardue, assez complexe pour qu'il évite de se créer gratuitement des soucis d'un autre ordre. Nous voulons parler surtout de la politique religieuse du régime, où, depuis quelques mois, l'odieux le dispute au ridicule. À droite comme à gauche, l'hitlérisme a recruté rapidement des millions d'adhérents. Il ne les a pas assimilés. Sa doctrine est vague et médiocre. En cherchant à superposer aux religions une sorte de paganisme raciste, il n'a nullement réussi à donner au peuple allemand une véritable discipline spirituelle. En Italie, Mussolini a eu la sagesse de comprendre qu'on ne fabrique pas une religion. Hitler paraissait disposer à l'imiter, mais il n'a pas eu la main assez ferme à l'égard de certains de ses lieutenants dont l'antichristianisme se faisait de plus en plus agressif. Aussi bien du côté catholique que du côté luthérien, l'État pouvait compter sur un complet loyalisme tant qu'il n'outrepassait pas ses droits. Une funeste mégalomanie l'a poussé à régenter le spirituel comme le temporel. S'il n'abandonne pas de pareilles prétentions, son œuvre sera rapidement frappée de caducité[632]. » Enfin, le journal *La Suisse* nota : « Tout montre que Hitler est encore en Allemagne l'homme le plus fort et qu'il saura procéder à l'épuration profonde qui s'impose dans son parti et dans la milice brune. Les événements de Munich paraissent bien établir que Hitler est toujours maître du mouvement national-socialiste. Même ceux à qui cela déplaît doivent s'incliner devant cette constatation[633] ».

---

[632] *Le Courrier de Genève* du 3 juillet 1934.
[633] Journal *La Suisse* du 2 juillet 1934.

L'écrasement de la SA supprima la seule organisation qui perturbait véritablement le régime et pouvait faire chanceler Hitler. Les grands gagnants de cette purge furent donc incontestablement Hitler et Himmler et à un degré moindre Göring qui organisa le 2 juillet un grand banquet dans son palais de la Leipziger Platz pour fêter le succès de cette purge[634]. Heydrich le bras droit de Himmler est à mettre aussi du côté des grands bénéficiaires de cette Nuit des longs couteaux puisqu'il fut récompensé pour son action par une promotion au grade de *SS-Gruppenführer*[635]. La mort de Röhm et celle de Strasser sous les balles des SS, deux hommes qui avaient vu de prêt grandir la carrière politique de Himmler et avec lesquels il continuait à entretenir des relations cordiales, démontrent la loyauté de Himmler envers Hitler d'une part et également son intransigeance face à des hommes qui à ses yeux avaient failli. Les bénéfices pour Himmler furent rapides et nombreux : le 15 juillet 1934, le SD devenait l'unique service de renseignements nazi, le 20 juillet 1934, la SS se trouvait détachée de la SA et pouvait désormais fonctionner de manière complètement autonome [636] . Selon l'historien Ulrich Herbert : « La SS était désormais le nouveau centre moteur du régime et était l'unique gagnante de « l'action Röhm » ». De même, à compter de juin 1934, la *Leibstandarte* ainsi que les sections politiques servirent de base à la constitution des *SS-Verfügungstruppe*[637]. D'autres personnalités nazies trouvèrent une belle gratification pour les services qu'elles avaient rendus comme Theodor Eicke qui, le 4 juillet 1934, fut nommé inspecteur général des

---

[634] François KERSAUDY, *Göring, opus cit.*

[635] Mario R. DEDERICHS, *Heydrich, opus cit.*

[636] Peter LONGERICH, *Heinrich Himmler. Biographie*, München, Siedler 2008.

[637] Les *SS-Standarten der Verfügungstruppe* (abrégés en SS-St./VT) virent le jour lorsque les nouveaux régiments SS "*Deutschland*" et "*Germania*" furent formés.

camps de concentration[638].

Au plan politique, la Nuit des longs couteaux rapprocha la *Reichswehr* du Führer, ainsi que les milieux conservateurs. Cette alliance s'était faite sur le dos de la SA et de la tendance populiste du NSDAP. Mais, si les décisions de Hitler rassurèrent les junkers et la *Reichswehr*, elles faisaient néanmoins naître certaines inquiétudes auprès des mêmes sur la force implacable et arbitraire qui pouvait frapper à n'importe quel moment[639].

Au final, cette purge fut un grand succès pour Hitler qui, non content de pouvoir atteindre ses objectifs, se retrouvait aux yeux d'une grande partie du peuple comme le sauveur de l'Allemagne. Le 1er août 1934, quelques heures avant la mort de Hindenburg, Hitler avait fait signer par l'ensemble des ministres une loi qui stipulait qu'à partir de la mort du président, ses fonctions seraient désormais cumulées avec celle de chancelier du *Reich*[640]. En tant que ministre de la *Reichswehr*, Blomberg faisait partie des signataires de cette loi. Ainsi, Hitler devenant le commandant suprême des forces armées, la *Reichswehr* se voyait privée d'un recours au-dessus du gouvernement[641]. Blomberg et Reichenau pensaient certainement que cette nouvelle situation serait profitable en liant Hitler à la *Reichswehr*[642]. Mais, dans les faits, ce fut tout à fait l'inverse qui se déroula. D'autre part, le serment de loyauté inconditionnel à la personne du *Führer* fut rédigé sur une idée de Blomberg et Reichenau et non pas sur une proposition de Hitler[643]. Les réactions au

---

638 Peter LONGERICH, *Heinrich Himmler. Biographie*, *opus cit.*

639 Marlis STEINERT, *Hitler*, *opus cit.*, Joachim FEST, *Hitler*, *opus cit.*, François KERSAUDY, *Göring*, *opus cit.*

640 Otto GRITSCHNEDER, *« Der Führer hat Sie zum Tode verrurteilt... » Hitlers « Röhm-Putsch » -Morde vor Gericht*, *opus cit.*

641 Klaus-Jürgen MÜLLER, *Das Heer und Hitler. Armee und nationalsozialistisches Regime 1933-1940*, *opus cit.*

642 *Ibid.*

643 *Ibid.*

sein de la *Reichswehr* face à ce serment furent assez partagées[644]. Ce serment fut un lourd fardeau pour certains officiers et entraîna des problèmes de conscience lorsque plusieurs conjurations militaires essayèrent de mettre fin au régime nazi[645].

Le président Hindenburg mourut le 2 août 1934 à 9 heures du matin à l'âge de quatre-vingt-six ans dans sa propriété de Neudeck, où il s'était retiré depuis le début du mois de juin[646]. Si Hindenburg s'était beaucoup méfié de Hitler avant son accession à la chancellerie, sa position évolua beaucoup par la suite. Après le 30 janvier 1933, Hindenburg n'exerça d'influence modératrice sensible qu' à deux occasions : au sujet de l'atténuation des dispositions antijuives de la loi sur la réorganisation de la fonction publique en avril 1933 et, pendant l'été 1933, dans le *Kirchenkampf*[647]. Après sa mort, son fils Oskar, proche de Hitler dont il favorisa l'accession au pouvoir en influençant son père, déclara lors d'une allocution radiodiffusée : « Mon père avait vu lui-même en Adolf Hitler son successeur direct à la tête de l'État allemand, et j'agis conformément à ses vœux en demandant à tous les hommes et à toutes les femmes d'Allemagne de voter pour confier les fonctions de mon père au *Führer* et au chancelier du *Reich*[648]. » Nul doute que cette déclaration ne correspondait pas aux vœux du président défunt, car celui-ci préférait une restauration de la monarchie après son décès[649]. Hitler était à présent et

---

644 *Ibid.*

645 Barbara KOEHN, *La Résistance allemande contre Hitler*, Paris, PUF 2003.

646 Wolfram PYTA, *Hindenburg, opus cit.*

647 Par *Kirchenkampf*, pris au sens strict, l'on désigne le conflit qui opposa d'une part les chrétiens évangéliques appartenant à la *Bekennende Kirche* (Eglise confessante) et d'autre part les *Deutsche Christen* mouvement raciste et antisémite orchestré par les nazis.

648 Wolfram PYTA, *Hindenburg, opus cit.*

649 *Ibid.*

d'après ses propres termes : « le juge suprême des Allemands[650] (*oberster Gerichtsherr*). » Le 4 août 1934, le *Münchener Neueste Nachrichten* pouvait titrer à sa une : « Aujourd'hui, Hitler est toute l'Allemagne[651] ».

Le 19 août 1934, 95% des électeurs inscrits allèrent voter, et 38 362 760 personnes (88,1%) confièrent à Hitler le pouvoir absolu. 4 294 654 Allemands s'opposèrent à ce choix avec également 872 296 absentions. Cependant, les résultats du plébiscite révélèrent un glissement d'environ 5% par rapport au scrutin de 1933. Mais, malgré ce fait, Hitler pouvait s'appuyer sur un soutien populaire extrêmement large. Le résultat de ce plébiscite lui octroya une puissance personnelle qu'avant lui aucun des maîtres dynastiques de l'Allemagne n'était parvenu à obtenir. Le journal *L'Illustration* revint dans son édition du 25 août 1934 sur l'atmosphère qui régnait autour de ce plébiscite : «L'avant-veille du plébiscite, le *Reichsführer* [Hitler] lança son dernier appel au peuple allemand à l'hôtel de ville de Hambourg et il faut noter qu'il choisit avec hardiesse, pour y prononcer son discours, l'une des grandes villes du *Reich* qui ont le plus souffert des excès de la politique hitlérienne en enfermant l'Allemagne dans une atmosphère et dans une économie d'isolement. Il y eut, le 17 au soir, à Hambourg, une colossale mise en scène germanique. L'hôtel de ville et les rues adjacentes tapissés de drapeaux et d'oriflammes, un monde d'uniformes sur la chaussée, des *Heil Hitler !* Partout, une immense ovation des foules et de musiques sur le passage du *Reichsführer* venu en avion de Berlin et arrivé au lieu de la conférence en automobile découverte, selon son habitude. Hitler, au milieu des ovations frénétiques et pendant une heure et demie, fit l'apologie de son régime et de son propre effort. Sa doctrine, répétée, montrait le régime fondé politiquement sur la communauté nationale

---

650 Discours de Hitler devant le *Reichstag* le 13 juillet 1934.

651 *Münchener Neueste Nachrichten* du 4 août 1934.

organisée par le mouvement national-socialiste, et militairement sur la *Reichswehr*. L'orateur soulignait que ce régime donnait aux classes déshéritées, aux paysans, aux ouvriers, à la petite bourgeoisie, l'assurance que le pays est dirigé « par un gouvernement libre de toute dépendance à l'égard des intérêts capitalistes ». Quant à la politique extérieure, Hitler répéta que le *Reich* ne sacrifierait jamais son honneur et son égalité en droits, que la sécurité et l'indépendance du *Reich* seraient défendues contre quiconque les menacerait, que le gouvernement du *Reich*, comme le peuple allemand, avait au surplus, « le désir absolu de faire le plus possible pour garantir la paix », son gouvernement n'ayant pas besoin de succès politique à l'extérieur pour renforcer sa situation à l'intérieur, non plus qu'il n'était besoin pour l'armée allemande de réhabiliter sa gloire militaire par des succès guerriers[652] ».

Plusieurs tendances existent au sein des historiens au sujet de la Nuit des longs couteaux. Étudions maintenant les arguments de chacune de ces tendances. Selon l'historien Jean Philippon : « La collaboration de la SA au réarmement clandestin du *Reich* a donné lieu à maintes difficultés, mais rien qui justifierait, en juin 1934, une purge sanglante. Pourtant l'opinion, à l'extérieur et à l'intérieur de l'Allemagne, dans les milieux bien informés de Berlin et jusqu'au sein du gouvernement, est persuadée qu'une seconde révolution est imminente. Cette hallucination collective n'a aucun fondement. Elle est le produit d'une série de fausses manœuvres de la Propagande […] Avec l'aide de Himmler et Göring, les généraux montent une extraordinaire « intox ». En dix jours, ils persuadent le *Führer* qu'il est menacé d'une révolte de la SA. Trompé par les apparences (des SA manipulés sont descendus dans la rue du 29 au 30 juin à Munich), Hitler frappe la SA en

---

[652] Journal *L'Illustration* du 25 août 1934.

aveugle. Pour rassurer les nazis de leurs intentions, les généraux ont accepté que la Réaction soit, elle aussi, décimée[653] [...] »

Pour François Delpla, il n'est en revanche pas question d'une véritable manipulation de Hitler par Himmler, Göring et la *Reichswehr*, mais bien d'une décision pleine et entière du *Führer* prise en toute connaissance de cause : « Jean Philippon pense qu'à cet égard Hitler a été désinformé par les chefs militaires, aidés de Göring et de Himmler. Je ne le suis pas jusque-là : il n'y a pas de raison de penser que le chef d'orchestre clandestin n'ait pas été le *Führer* en personne. Si ses manigances ne sont pas archivées noir sur blanc, ses rapports avec les autres dirigeants nazis, et tout son comportement dans cette crise, montrent qu'il était à l'initiative et que personne ne le manipulait[654]. »

Pour l'historien Charles Bloch, si la Nuit des longs couteaux fut une victoire pour la *Reichswehr* et la SS, sur la durée seule cette dernière en tira un réel bénéfice : « L'armée sortit donc renforcée du drame du 30 juin 1934 pour perdre ensuite les fruits de sa victoire. Son triomphe, bien que plus spectaculaire, fut moins durable que celui du grand capital. Ceci est partiellement dû au fait qu'une certaine rivalité se développa par la suite entre elle et les SS. Pour ces dernières, la purge sanglante des SA marque en effet le début de leur chemin vers le pouvoir suprême. Peu après, elles reçurent leur récompense pour le rôle qu'elles avaient tenu lors du massacre[655]. »

L'historienne allemande Marlis Steinert analyse parfaitement l'état d'esprit de Hitler dans les semaines qui

---

[653] Jean PHILIPPON, *La Nuit des longs couteaux, opus cit.*

[654] Site François Delpla, débat : « *Churchill et les Français* », www.delpla.org/article.php3?id_article=389

[655] Charles BLOCH, *La Nuit des longs couteaux, opus cit.*

précédèrent la purge, dans l'action même et après le terme de cette purge sanglante. Hitler était exsangue, à bout, particulièrement marqué par cette Nuit des longs couteaux : « Comment analyser les motifs et l'attitude de Hitler ? Face à l'activisme croissant de la SA et aux discours de plus en plus enflammés de son chef d'état-major, le chancelier devait s'attendre, dans un avenir proche, à une situation explosive, difficile à contrôler et mettant en danger ce qu'il avait construit pas à pas, alors même qu'il était tout près de consolider définitivement son pouvoir. La « logique froide » exigea alors d'étouffer dans l'œuf toute tentative de déstabilisation. Pour dissuader à jamais tout adversaire futur, il fallait une action sanglante, et les bénéficiaires — l'armée et la SS — devaient en être complices.

Ce qui rendit malgré tout l'opération difficile, c'est qu'il s'agissait d'hommes faisant partie de la « famille nazie » et surtout l'un des plus vieux compagnons de route du *Führer*. Il lui fallait donc se convaincre lui-même de l'inéluctabilité d'un tel pas, d'où cet effort pour réunir à tout prix des preuves d'un danger imminent et grave. Tous ceux qui l'ont observé au cours de ces jours fatidiques ont constaté chez lui une nervosité et une agitation trahissant une forte tension intérieure. Contrairement à ce qui s'était passé lorsqu'il avait décidé d'organiser le boycott des Juifs, cette fois-ci son moi profond ne l'avait pas poussé à agir, mais au contraire à retarder, voire à éviter pareille action. L'offensive de la droite, les pressions de la camarilla du parti, la nécessité de se concilier la *Reichswehr* ainsi que la santé déclinante du président du *Reich* le poussèrent à la fuite en avant. Il lui fallut dix jours pour se remettre, dix jours passés surtout en compagnie de la famille Goebbels. N'est-il pas significatif que le *Journal* de celui-ci ne contienne rien sur la période allant du 29 juin au 13 juillet ? Les pages ont dû en être détruites parce que trop révélatrices[656]... »

---

[656] Marlis STEINERT, *Hitler, opus cit.*

Pour Ian Kershaw : « Hitler ne fit rien avant d'y être contraint. La pression des chefs de la *Reichswehr* et les machinations de Göring, de Himmler et de Heydrich contribuèrent de manière décisive à faire éclater la crise en 1934. Mais alors, en l'espace de cinq semaines, l'anéantissement de la direction de la SA au cours de la « Nuit des longs couteaux » (accompagné du meurtre des grandes figures de la « réaction ») et l'empressement avec lequel Hitler se saisit des fonctions de chef de l'État à la mort de Hindenburg (en vertu d'une loi acceptée par son cabinet quand il était encore en vie) marquèrent une étape décisive dans la marche vers le pouvoir total[657] ».

Il est, même aujourd'hui, difficile de se faire une opinion précise et indiscutable au sujet d'une éventuelle manipulation dont Hitler aurait été le « jouet ». Himmler, Göring et la *Reichswehr* ont-ils manipulé le *Führer* ? Et si manipulation il y eut dans cette affaire, jusqu'à quel point Hitler en fut dupe ? En effet, le régime nazi était un adepte de l'ordre oral dans bien des cas et peu de traces écrites sont donc à notre disposition pour nous faire une opinion irréfutable. D'autre part, Göring fit disparaître avec célérité les quelques documents existants relatifs à cette purge. Les documents officiels qui subsistent, surtout en province, sont maigres. Il est donc assez ardu de trancher. Mais, ce qui est certain c'est qu'après avoir frôlé le pire, Hitler, manipulé ou non, se trouvait désormais, au terme de la Nuit des longs couteaux, les mains libres pour conduire l'Allemagne à sa guise.

---

[657] Ian KERSHAW, *Hitler, opus cit.*

ANNEXES

LISTE DES PRINCIPALES VICTIMES DE LA NUIT DES LONGS COUTEAUX

Julius ADLER, avocat juif de Würzburg.
Otto BALLERSTEDT, ingénieur et vieux rival politique de Hitler (liste officielle)
Fritz BECK, directeur de l'Aide des étudiants catholiques de Munich (liste officielle)
Karl BELDING, SA- *Standartenführer,* membre de la Gestapo (liste officielle)
Veit Ulrich von BEULWITZ, attaché de presse de la direction de la SA (liste officielle)
Alois BITTMANN, SA-*Scharführer* (liste officielle)
Franz BLÄSNER, SA-*Truppfûhrer* (liste officielle)
Herbert von BOSE, directeur de la division presse de la vice-chancellerie (liste officielle)
Ferdinand von BREDOW, major-général, ancien vice-ministre de la Défense (liste officielle)
Kurt CHARIG, avocat juif de Hirschberg (liste officielle)
Georg von DETTEN, SA-*Gruppenführer*, député au *Reichstag,* membre du bureau directeur de l'OSAF *Obersten SA-Führung, chef de section du commandement suprême de la SA* (liste officielle)
Herbert ENDERS, directeur de l'école de sport automobile de la SA à Kroischwitz (liste officielle)
Kurt ENGELHARDT, membre de la SA (liste officielle)
Ludwig Werner ENGELS, SA-*Führer*, chef de la police adjoint de Breslau (liste officielle)
Karl ERNST, SA-*Gruppenführer*, député au *Reichstag* (liste officielle)
Hans Joachim von FALKENHAUSEN, SA-*Führer* (liste officielle)
Gustav FINK, membre de la SS (liste officielle)
Walter FÖRSTER, avocat (liste officielle)

Erich GANS, membre du KPD
Fritz GERLICH, résistant catholique, rédacteur du journal munichois *Le droit chemin* (liste officielle)
Daniel GERTH, SA-*Obersturmbannführer* (liste officielle)
Alexander GLASER, avocat, ancien adjoint de Gregor Strasser (liste officielle)
Walter HÄBICH, membre du KPD, journaliste au *Neuen Zeitung*
Hans HAYN, SA-*Gruppenführer*, député au *Reichstag* (liste officielle)
Karl-Günther HEIMSOTH, médecin, proche d'Ernst Röhm
Edmund HEINES, SA-*Obergruppenführer*, député au *Reichstag* (liste officielle)
Oskar HEINES, SA-*Obersturmbannführer*,frère d'Edmund Heines (liste officielle)
Adam HERETH, ancien membre du SPD
Peter von HEYDEBRECK, SA-*Gruppenführer*, député au *Reichstag* (liste officielle)
Joachim HOFFMANN, SS-*Sturmführer*, ancien chef de la Gestapo de Stettin (liste officielle)
Anton von HOHBERG UND BUCHWALD, SS-*Obertruppführer* (liste officielle)
Edgar Julius JUNG, avocat et homme de lettres, autour du discours de Marburg (liste officielle)
Gustav Ritter von KAHR, ancien ministre-président de Bavière et adversaire de Hitler lors du putsch de la brasserie à Munich en novembre 1923 (liste officielle)
Kuno KAMPHAUSEN, architecte et urbaniste
Eugen von KESSEL, directeur d'un service de renseignement privé et ancien policier (liste officielle)
Erich KLAUSENER, chef de l'Action catholique et directeur au ministère des Transports (liste officielle)
Willi KLEMM, SA-*Brigadeführer* (liste officielle)
KOCH, SA-*Oberführer*

Hans-Karl KOCH, SA-*Gruppenführer*, député au *Reichstag* (liste officielle)
Heinrich Johann KÖNIG, SA-*Oberscharführer*, chauffeur d'Ernst Röhm (liste officielle)
KOPP, SA-*Brigadeführer*
Ewald KÖPPEL, membre du KPD (liste officielle, ajout)
KRAUSE, SA-*Standartenführer*
Fritz von KRAUSSER, SA-*Obergruppenführer*, député au *Reichstag*, membre du bureau directeur de l'OSAF *Obersten SA-Führung,* chef de section du commandement suprême de la SA (liste officielle)
Karl LÄMMERMANN, *Hitlerjugend-Führer*, Jeunesses hitlériennes (liste officielle)
Gotthard LANGER, SA-*Obertruppführer* (liste officielle)
Erich LINDEMANN, médecin et directeur d'un sanatorium (liste officielle)
Karl LIPINSKY, membre de la SA (liste officielle)
Ernst Ewald MARTIN, chef de service de renseignement du *Gau* de Saxe (liste officielle)
Hermann MATTHEISS, SA-*Standartenführer* et SS-*Oberscharführer*, ancien responsable de la police politique du Württemberg, *Württembergische Staatspolizei* (liste officielle)
Walter von MOHRENSCHILDT, SA-*Sturmbannführer* (liste officielle)
Kurt MOSERT, SA-*Obersturmbannführer*
Edmund Paul NEUMAYER, SA-*Rottenführer* (liste officielle)
Reinhard NIXDORF, SA-*Führer* (liste officielle)
Moritz OPPENHEIMER, commerçant juif
Lamberdus OSTENDORP, SA-*Obersturmführer* (liste officielle)
Otto PIETRZOK, SA-*Sturmführer* (liste officielle)
Fritz PLEINES, membre de la SS, commandant du camp de concentration de Stettin (liste officielle)

Adalbert PROBST, *Reichsführer* de l'association sportive du DJK, *Deutsche Jungend Kraft*, d'obédience catholique (liste officielle)
Hans RAMSHORN, SA-*Brigadeführer*, chef de la police de Gleiwitz, député au *Reichstag* (liste officielle)
Robert REH, communiste supposé
Ernst RÖHM, chef d'état-major de la SA, *Stabschef* (liste officielle)
Paul RÖHRBEIN, ancien capitaine prussien, proche d'Ernst Röhm (liste officielle)
Wilhelm SANDER, SA-*Oberführer (SA-Führer)*, chef des SA de Berlin (liste officielle)
Martin SCHÄTZL, secrétaire d'Ernst Röhm (liste officielle)
Erich SCHIEWEK, SA-*Obertruppführer* (liste officielle)
Elisabeth von SCHLEICHER, épouse de l'ancien chancelier Kurt von Schleicher (liste officielle)
Kurt von SCHLEICHER, ancien chancelier du *Reich*, général d'infanterie (liste officielle)
Wilhelm SCHMID, SA-*Gruppenführer*, responsable de la presse au ministère de l'Intérieur de Bavière, député au *Reichstag* (liste officielle)
Wilhelm Eduard SCHMID, critique musical
Hans Walter SCHMIDT, SA-*Führer* (liste officielle)
August SCHNEIDHUBER, SA-*Obergruppenführer*, chef de la police de Munich, député au *Reichstag* (liste officielle)
Johann Konrad SCHRAGMÜLLER, chef de la police de Magdebourg, député au *Reichstag* (liste officielle)
Joachim SCHRÖDER, SA-*Oberführer* (liste officielle)
Max SCHULDT, SA-*Standartenführer* (liste officielle)
Walter SCHULZ, chef d'état-major de la SA de Poméranie (liste officielle)
Max SCHULZE, SA-*Oberführer* (liste officielle)
Hans SCHWEIGHART, SA-*Standartenführer*
Emil SEMBACH, ancien SS-*Oberführer*, député au *Reichstag* (liste officielle)

Hans Joachim Graf von SPRETI-WEILBACH, SA-*Standartenführer* (liste officielle)
Père Bernhard STEMPFLE, journaliste, il participa à la correction de *Mein Kampf* (liste officielle)
Gregor STRASSER, ancien dirigeant de la NSDAP, ancien député au *Reichstag* (liste officielle)
Otto STUCKEN, SA-*Oberführer* et chef de cabinet d'Edmund Heines (liste officielle)
Othmar TOIFL, SS-*Truppenführer*, membre de la Gestapo (liste officielle)
Julius UHL, SA-*Standartenführer*, chef de la garde de Röhm (liste officielle)
Erwin VILLAIN, SA-*Standartenführer* (liste officielle)
Max VOGEL, SA-*Obersturmführer* (liste officielle)
Gerd VOSS, avocat, proche de Karl Ernst (liste officielle)
Eberhard Carl Freiherr von WECHMAR, SA-*Brigadeführer* (liste officielle)
Karl ZEHNTER, aubergiste à Munich, proche d'Ernst Röhm (liste officielle)
Ernestine ZOREF, gouvernante, amie d'un espion (liste officielle)
Alexander ZWEIG, médecin et hommes de lettres juif (liste officielle)
Jeannette ZWEIG, épouse d'Alexander Zweig (liste officielle, ajout)

Cette liste ne comporte pas moins qu'un ancien chancelier du *Reich* et son épouse (le couple Schleicher), un ministre en exercice (Röhm), deux généraux (Schleicher et Bredow), douze députés au *Reichstag* en exercice (Detten, Ernst, Hayn, Heines, Heydebreck, Koch, Krausser, Ramshorn, Schmid, Schneidhuber, Schragmüller, Sembach), un ancien ministre-président (Kahr), un ancien député au *Reichstag* (Strasser), sans compter des personnalités de premier plan de la société civile (Klausener, Gerlich ...)

VICTIMES DE LA TERREUR NAZIE DE JANVIER 1933 A JUILLET 1935

Assassinats	4 656
Procès	4 619
Accusés	21 433
Condamnations	18 939
Peines de mort	98
Perpétuité	28
Total des peines de réclusion ou en camp de concentration	36 247 années

Source : Thiery FERAL, *Le National-socialisme*, Paris, Ellipses 1999, p.94

TABLEAU D'EQUIVALENCE DES GRADES DE LA REICHSWEHR, DE LA SA, DE LA SS

	REICHSWEHR	**SA**	**SS**
Général d'armée	Generaloberst		
Général de corps d'armée	General der infanterie	Obergruppen-führer	*Identique*
Général de division	Generalleutnant	Gruppenführer	"
Général de brigade	Generalmajor	Brigadeführer	"
-	-	Oberführer	"
Colonel	Oberst	Standarten-führer	"
Lieutenant-colonel	Oberstleutnant	Obersturmbann-führer	"
Commandant	Major	Sturmbann-führer	"
Capitaine	Hauptmann	Hauptsturm-führer	"
Lieutenant	Oberleutnant	Obersturm-führer	"

ORGANISATION TERRITORIALE DE LA SA (au 11 juin 1934)

I. Königsberg (Heinrich Schoene, 1889-1945)
II. Berlin (Siegfried Kasche, 1903-1947)
III. Berlin Brandebourg (Karl Ernst, 1904-1934)
IV. Dresde (non attribué à cette date)
V. Stuttgart (Dietrich von Jagow, 1892-1945)
VI. Hanovre (Viktor Lutze, 1890-1943)
VII. Munich (August Schneidhuber, 1887-1934)
VIII. Breslau (Edmund Heines, 1897-1934)
IX. Coblence (non attribué à cette date)
X. Dortmund (Wilhelm Schepmann, 1894-1970)
XI. Linz (Hermann Reschny, 1898-1971)
XII. Hambourg (non attribué à cette date)

ELECTION PRESIDENTIELLE ALLEMANDE DE 1932

L'élection présidentielle allemande de 1932 (*Reichspräsidentenwahl*) est la seconde élection au suffrage universel direct du président du *Reich* (*Reichspräsident*), le chef de l'État de la République de Weimar. Après deux tours de scrutin, les 13 mars et 10 avril, Paul von Hindenburg est réélu président du *Reich*.

Résultat du premier tour :

Paul von Hindenburg 18 651 497 soit 49,6%
Adolf Hitler (NSDAP) 11 339 446 soit 30,2%
Ernst Thälmann (KPD) 4 983 341 soit 13,2%
Theodor Duesterberg (DNVP) 2 557 729 soit 6,8%

Résultat du second tour :

Paul von Hindenburg 19 359 983 soit 53,1%
Adolf Hitler (NSDAP) 13 418 517 soit 36,7%
Ernst Thälmann (KPD) 3 706 759 soit 10,1%

RESULTATS DES ELECTIONS AU REICHSTAG DE 1928 A 1933 EN %

	1928	**1930**	**31/07/32**	**06/11/32**	**05/03/33**
Participation	74,8	81,4	83,39	79,93	88,04
SPD	28,8	24,5	21,6	20,4	18,3
Zentrum	12,1	11,8	12,4	11,9	11,2
DDP	4,9	3,6	1	1	0,8
DVP	8,7	4,5	1,2	1,9	1,1
DNVP	14,2	7	5,9	8,3	8
KPD	10,6	13,1	14,3	16,9	12,3
NSDAP	2,6	18,3	37,3	33,1	43,9

SPD : *Sozialdemokratische Partei Deutschlands,* Parti social-démocrate d'Allemagne
Zentrum : *Deutsche Zentrumspartei,* Parti du centre catholique
DDP : *Deutsche Demokratische Partei,* Parti démocrate allemand
DVP : *Deutsche Volkspartei,* Parti populaire allemand
DNVP : *Deutschnationale Volkspartei,* Parti national du peuple allemand
KPD : *Kommunistische Partei Deutschlands*, Parti communiste d'Allemagne
NSDAP : *Nationalsozialistische Deutsche Arbeiterpartei,* Parti national-socialiste des travailleurs allemands

Il est intéressant de noter à la lecture de ces chiffres, que le libéralisme politique était faible en Allemagne puisque le DDP qui culminait à presque 5% en 1928 ne représentait plus que moins de 1% en 1933. Ensuite, il convient de remarquer que la droite conservatrice connut un déclin assez fort, ainsi le DNVP chuta de 14,2% en 1928 à 8% en 1933, principalement en faveur du NSDAP. Par contre, le *Zentrum* (centre catholique) était particulièrement stable à un niveau assez élevé puisqu'il perdit moins de 1% entre 1928 à 1933. De même, le SPD parvint à maintenir des scores élevés, bien qu'en constant recul puisqu'il perdit 10% de ses voix entre 1928 et 1933. Les deux partis qui progressèrent le plus fortement furent le KPD et le NSDAP qui pour sa part fit un bond phénoménal puisqu'il passa de 2,6% en 1928 à 43,9% en 1933.

Selon de nombreux travaux récents menés en Allemagne, il est possible de dresser un portrait robot de la provenance de voix obtenues par le NSDAP pour les élections législatives qui se déroulèrent entre 1930 et 1933. Ainsi, en 1930 la progression du parti nazi se fit principalement par l'apport d'électeurs qui ne se rendaient plus aux urnes lors des élections précédentes, mais aussi par l'apport d'électeurs qui avaient voté lors des scrutins précédents pour le DNVP ou encore pour le DDP et le DVP. En 1932, un électeur du NSDAP sur cinq était un électeur qui ne votait pas auparavant et un sur sept un ancien électeur du SPD, ce qui démontre que les nazis gagnaient des voix sur l'ensemble du corps électoral, même à gauche. Pour le scrutin du 5 mars 1933, environ 60% des anciens non-votans ou nouveaux électeurs portèrent leur suffrage sur le NSDAP. Au total, dans les élections de 1928 à 1933, ce sont 24% des anciens abstentionnistes qui votèrent pour le parti nazi, soit 6 millions d'électeurs de ce groupe. A côté de ces électeurs, le NSDAP réussi à obtenir le vote de 7,5 millions d'électeurs qui venaient des partis libéraux, conservateurs, nationalistes ou défenseurs d'intérêts spécifiques. Par contre, les électeurs catholiques ne rejoignirent qu'en très peu d'occasions le parti nazi. D'autre part, des différences régionales, des particularités locales, des caractéristiques à court terme jouèrent aussi bien entendu un rôle en faveur ou en défaveur du NSDAP.

LOI DU 3 JUILLET 1934

Gesetz über Maßnahmen der Staatsnotwehr

vom 3. Juli 1934.

Die Reichsregierung hat das folgende Gesetz beschlossen, das hiermit verkündet wird:

Einziger Artikel. Die zur Niederschlagung hoch- und landesverräterischer Angriffe am 30. Juni, 1. und 2. Juli 1934 vollzogenen Maßnahmen sind als Staatsnotwehr rechtens.

Berlin, den 3. Juli 1934.

Der Reichskanzler
Adolf Hitler

Der Reichsminister des Innern
Frick

Der Reichsminister der Justiz
Dr. Gürtner.

VERORDNUNG DES REICHSPRÄSIDENTEN ZUM SCHUTZ VON VOLK UND STAAT. VOM 28. FEBRUAR 1933.

Auf Grund des Artikels 48 Abs. 2 der Reichsverfassung wird zur Abwehr kommunistischer staatsgefährdender Gewaltakte folgendes verordnet:

§ 1

Die Artikel 114, 115, 117, 118, 123, 124 und 153 der Verfassung des Deutschen Reichs werden bis auf weiteres außer Kraft gesetzt. Es sind daher Beschränkungen der persönlichen Freiheit, des Rechts der freien Meinungsäußerung, einschließlich der Pressefreiheit, des Vereins- und Versammlungsrechts, Eingriffe in das Brief-, Post-, Telegraphen- und Fernsprechgeheimnis, Anordnungen von Haussuchungen und von Beschlagnahmen sowie Beschränkungen des Eigentums auch außerhalb der sonst hierfür bestimmten gesetzlichen Grenzen zulässig.

§ 2

Werden in einem Lande die zur Wiederherstellung der öffentlichen Sicherheit und Ordnung nötigen Maßnahmen nicht getroffen, so kann die Reichsregierung insoweit die Befugnisse der obersten Landesbehörde vorübergehend wahrnehmen.

§ 3

Die Behörden der Länder und Gemeinden (Gemeindeverbände) haben den auf Grund des § 2 erlassenen Anordnungen der Reichsregierung im Rahmen ihrer Zuständigkeit Folge zu leisten.

§ 4

Wer den von den obersten Landesbehörden oder den ihnen nachgeordneten Behörden zur Durchführung dieser Verordnung erlassenen Anordnungen oder den von der Reichsregierung gemäß § 2 erlassenen Anordnungen zuwiderhandelt oder wer zu solcher Zuwiderhandlung auffordert oder anreizt, wird, soweit nicht die Tat nach anderen Vorschriften mit einer schwereren Strafe bedroht ist, mit Gefängnis nicht unter einem Monat oder mit Geldstrafe von 150 bis zu 15 000 Reichsmark bestraft.

Wer durch Zuwiderhandlung nach Abs. 1 eine gemeine Gefahr für Menschenleben herbeiführt, wird mit Zuchthaus, bei mildernden Umständen mit Gefängnis nicht unter sechs Monaten und, wenn die Zuwiderhandlung den Tod eines Menschen verursacht, mit dem Tode, bei mildernden Umständen mit Zuchthaus nicht unter zwei Jahren bestraft. Daneben kann auf Vermögenseinziehung erkannt werden.

Wer zu einer gemeingefährlichen Zuwiderhandlung (Abs. 2) auffordert oder anreizt, wird mit Zuchthaus, bei mildernden Umständen mit Gefängnis nicht unter drei Monaten bestraft.

§ 5

Mit dem Tode sind die Verbrechen zu bestrafen, die das Strafgesetzbuch in den §§ 81 (Hochverrat), 229 (Giftbeibringung), 307 (Brandstiftung), 311 (Explosion), 312 (Überschwemmung), 315 Abs. 2 (Beschädigung von Eisenbahnanlagen), 324 (gemeingefährliche Vergiftung) mit lebenslangem Zuchthaus bedroht.

Mit dem Tode oder, soweit nicht bisher eine schwerere Strafe angedroht ist, mit lebenslangem Zuchthaus oder mit Zuchthaus bis zu 15 Jahren wird bestraft:

1. Wer es unternimmt, den Reichspräsidenten oder ein Mitglied oder einen Kommissar der Reichsregierung oder einer Landesregierung zu töten oder wer zu einer solchen Tötung auffordert, sich erbietet, ein solches Erbieten annimmt oder eine solche Tötung mit einem anderen verabredet;
2. wer in den Fällen des § 115 Abs. 2 des Strafgesetzbuchs (schwerer Aufruhr) oder des § 125 Abs. 2 des Strafgesetzbuchs (schwerer Landfriedensbruch) die Tat mit Waffen oder in bewußtem und gewolltem Zusammenwirken mit einem Bewaffneten begeht;

3. wer eine Freiheitsberaubung (§ 239) des Strafgesetzbuchs in der Absicht begeht, sich des der Freiheit Beraubten als Geisel im politischen Kampfe zu bedienen.

§ 6

Diese Verordnung tritt mit dem Tage der Verkündung in Kraft.

Berlin, den 28. Februar 1933.

Der Reichspräsident
von Hindenburg
Der Reichskanzler
Adolf Hitler
Der Reichsminister des Innern
Frick
Der Reichsminister der Justiz
Dr. Gürtner

Hier nach: Reichsgesetzblatt I/1933, Nr. 17, 28. Februar 1933, S. 38.

ORDONNANCE DU PRÉSIDENT DU REICH DU 28 FÉVRIER 1933, POUR LA PROTECTION DU PEUPLE ET DE L'ÉTAT.

En vertu de l'article 48, al. 2, de la Constitution, il est ordonné ce qui suit en vue de prévenir les actes de violence communistes menaçant la sécurité de l'État :

Article premier.

Les articles 114, 115, 117, 118, 123, 124 et 153 de la Constitution du Reich cessent, jusqu'à nouvel ordre, d'être en vigueur. En conséquence, seront valables les restrictions de la liberté personnelle, du droit de libre opinion - y compris la liberté de la presse - du droit d'association et de réunion, les immixtions dans le secret des lettres, de la poste, du télégraphe et du téléphone ; les visites domiciliaires, saisies, restrictions de la propriété, même au delà des limites jusqu'alors fixées par la loi.

Article 2.

Lorsque, dans un Land, les mesures propres à rétablir l'ordre et la sécurité publique n'auront pas été prises, le gouvernement du Reich pourra, dans cette mesure, assumer provisoirement les attributions de l'autorité supérieure de ce Land.

Article 3.

Les autorités des Länder et des communes devront, dans le cadre de leur compétence, exécuter les instructions du gouvernement du Reich prescrites en vertu de l'article 2.

Article 4.

Quiconque aura contrevenu, où provoqué à contrevenir aux ordonnances prises soit par les autorités supérieures des Länder ou les autorités placées sous leurs ordres, soit par le gouvernement du Reich conformément à l'article 2, sera puni, dans la mesure où le délit ne tombe pas sous le coup d'une peine plus élevée, d'un mois de prison au minimum ou d'une amende de 150 à 15 000 marks.

Quiconque, en contrevenant comme il est dit ci-dessus, aura

provoqué un danger commun pour la vie humaine, sera puni de détention et, en cas de circonstances atténuantes, de six mois de prison au minimum ; si la contravention a entraîné mort d'homme, il sera puni de mort ou, en cas de circonstances atténuantes, d'une peine de détention pendant deux ans au moins ; la confiscation de ses biens pourra, en outre, être prononcée.

Quiconque aura provoqué à contrevenir (al. 2) de manière à créer un danger public sera puni de détention ; en cas de circonstances atténuantes ; la peine sera de trois mois de prison au minimum.

Article 5.

Seront punis de mort, les crimes pour lesquels le Code pénal prévoit, aux paragraphes 81 (haute trahison), 229 (empoisonnement), 307 (incendie), 311 (explosion), 312 (inondation), 314, al. 2 (sabotage de voie ferrée), 324 (empoisonnement menaçant la santé publique), la détention à perpétuité.

Sera puni de mort ou, dans la mesure où une peine supérieure n'est pas prévue, soit de détention perpétuelle, soit de détention non inférieure à quinze ans :

1° Quiconque entreprendra de tuer le président du Reich, un membre ou un commissaire du gouvernement du Reich ou d'un Land, ou incitera à commettre cet assassinat, s'offrira à le perpétrer, acceptera une offre à cet effet, ou conviendra de le perpétrer avec un tiers ;

2° Quiconque, dans les cas prévus par le § 115, al. 2 du Code pénal (révolte grave) ou par le § 125, al. 2 (grave violation de la paix publique), agira au moyen d'armes ou collaborera sciemment et volontairement avec un tiers armé ;

3° Quiconque privera de liberté une personne (§ 239), dans l'intention de s'en servir comme otage dans la lutte politique.

Article 6.

La présente ordonnance entrera en vigueur le jour de sa promulgation.

LOI DU 24 MARS 1933 ÉDICTÉE EN VUE DE REMÉDIER À LA DÉTRESSE DU PEUPLE ET DU REICH.

Article premier.
Des lois du Reich pourront, en dehors de la procédure prévue par la Constitution du Reich, être également édictées par le Gouvernement du Reich. Cette règle est applicable aussi aux lois désignées aux articles 85, alinéa 2, et 87 de la Constitution du Reich.
Article 2.
Les lois du Reich édictées par le gouvernement du Reich pourront s'écarter des prescriptions de la Constitution du Reich dans la mesure où elles n'auront pas pour objet l'organisation du Reichstag et du Reichsrat en tant que tels. Les droits du président du Reich demeurent intacts.
Article 3.
Les lois du Reich édictées par le Gouvernement du Reich porteront le contreseing du Chancelier du Reich et seront publiées au Reichsgesetzblatt. Elles entreront en vigueur, à moins de stipulation contraire, le lendemain du jour de leur publication. Les articles 68 à 77 de la Constitution du Reich ne s'appliquent pas aux lois édictées par le gouvernement du Reich.
Article 4.
Les traités conclus par le Reich avec les États étrangers et qui concernent des objets soumis à la législation du Reich ne nécessiteront plus la ratification des Assemblées législatives. Le gouvernement du Reich édictera les prescriptions nécessaires à l'exécution de ces traités.
Article 5.
La présente loi entrera en vigueur le jour de sa promulgation. Elle cessera d'être appliquée le 1er avril 1937 ; elle cessera également d'être en vigueur lorsque le gouvernement actuel du Reich sera remplacé par un autre.

Cette loi des pleins pouvoirs également connue sous le nom de loi d'habilitation ou sous sa dénomination officielle de *Gesetz zur Behebung der Not von Volk und Reich vom 24. März 1933* (loi du 24 mars 1933 de réparation de la détresse du peuple et de l'État), est une loi allemande qui donna à Adolf Hitler le droit de gouverner par décret, c'est-à-dire de promulguer des textes à portée législative sans aucune approbation parlementaire.

La loi des pleins pouvoirs fut adoptée, le 23 mars, par le *Reichstag*, par 444 votes pour et 94 votes contre. Promulguée le lendemain pour une période renouvelable de quatre ans, elle resta en vigueur jusqu'à la chute du régime nazi, en mai 1945. Après la *Reichstagsbrandverordnung* («décret sur l'incendie du Reichstag»), elle constitua la deuxième étape législative de la *Gleichschaltung* («mise au pas»), qui déboucha sur l'instauration de l'implacable système totalitaire nazi.

La Constitution de Weimar ne prévoyait pas la possibilité d'adopter des lois donnant les pleins pouvoirs à l'exécutif. Pourtant, entre 1919 et 1923, le *Reichstag* avait adopté des lois-cadres, limitées dans le temps et portant essentiellement sur les domaines économique et financier ; elles étaient le plus souvent appliquées sous le contrôle de commissions parlementaires ou de commissions mixtes du *Reichstag* et du *Reichsrat*.

En revanche, la Constitution prévoyait, en son article 48, 2e alinéa, la possibilité pour le président du *Reich* de prendre des décrets d'urgence (*Notverordnung*), ce qui faisait du chef de l'État « un législateur de substitution ». Cette possibilité fut largement utilisée par le président Friedrich Ebert qui signa 116 décrets d'octobre 1919 à janvier 1925, puis par le président Paul von Hindenburg, surtout à partir de juillet 1930.

Durant cette deuxième période, les décrets ne répondaient

plus à une logique d'urgence et n'étaient plus centrés sur des mesures économiques et financières ; il s'agissait pour le président et le gouvernement d'imposer des législations rejetées par le *Reichstag*, progressivement dépouillé de ses fonctions. Amorcée par le chancelier Brüning, puis systématisé par Franz von Papen et Kurt von Schleicher, la promulgation de lois par décret resta dans le cadre constitutionnel et relevait d'un consensus entre le président, le ministère et la majorité parlementaire.

LOI DU 7 AVRIL 1933, « D'HARMONISATION » DES LÄNDER ET DU REICH.

Article premier.
Le président du Reich nomme, sur la proposition du chancelier du Reich, des gouverneurs du Reich (Reichsstatthalter) dans les Länder allemands, à l'exception de la Prusse. Le gouverneur du Reich a pour mission de veiller à l'observation des directives politiques fixées par le chancelier. Les attributions ci-après de l'autorité du Land lui sont conférées :
1° Nommer et révoquer le président du gouvernement du Land, de même que, sur la proposition de celui-ci, révoquer les autres membres du gouvernement du Land ;
2° Dissoudre le Landtag et ordonner de nouvelles élections, sauf la réglementation prévue dans le paragraphe 8 de la loi provisoire du 13 mars 1933 ;
3° Élaborer et promulguer des lois du Land, incluses les lois qui seront édictées par le gouvernement du Land en vertu du paragraphe 1 de la loi provisoire d'harmonisation du 31 mars 1933. L'article 70 de la Constitution du Reich du 11 août 1919 sera appliqué selon son sens ;
4° Nommer et révoquer, sur la proposition du gouvernement du Land, les fonctionnaires immédiats de l'État et les juges, dans la mesure où ces décisions étaient prises jusqu'à ce jour par l'autorité suprême du Land ;
5° Exercer pleinement le droit de grâce,
Le gouverneur du Reich peut transmettre, en partie, aux gouvernements du Land l'exercice des droits spécifiés à l'article premier, numéros 4 et 5 ; les gouvernements du Land peuvent les déléguer à d'autres magistrats.
Le gouverneur du Land peut prendre la présidence des séances du gouvernement du Land.

Il n'est pas dérogé aux dispositions de l'article 63 de la Constitution du Reich du 11 août 1919 (représentation des Länder au Reichsrat).

Article 2.

Le gouverneur du Reich ne peut être, en même temps, membre d'un gouvernement de Land. Il doit appartenir au Land dont il exerce l'autorité politique. Il a sa résidence officielle au siège du gouvernement du Land.

Il peut être nommé un gouverneur du Reich, commun à plusieurs Länder, dont chacun possède moins de 2 millions d'habitants ; ce gouverneur doit appartenir à l'un de ces Länder. Le président du Reich fixe sa résidence officielle.

Article 3.

Le gouverneur du Reich peut, sur la proposition du chancelier du Reich, être destitué à tout moment par le président du Reich. Les prescriptions de la loi sur les ministres du Reich en date du 27 mars 1930 (statuts et traitements des ministres) sont applicables par analogie. Les émoluments de service sont à la charge du Reich ; la fixation de leur montant en est réservée.

Article 4.

Les votes de méfiance du Landtag à l'égard du président et des membres du gouvernement de Land ne sont pas permis.

Article 5.

Le chancelier du Reich exerce, en Prusse, les droits spécifiés à l'article premier. Il peut transmettre au président du ministère du Land l'exercice de ceux spécifiés à l'article premier, alinéa 1, notes 3 à 5 ; le président du ministère peut les déléguer à d'autres magistrats.

Les membres du gouvernement du Reich peuvent également être membres du gouvernement de Prusse.

Article 6.

Cette loi entrera en vigueur le lendemain de sa promulgation. Les dispositions de la Constitution du Reich du 11 août 1919 et des constitutions des Länder, contraires à ces prescriptions, sont abrogées. En tant que la Constitution d'un Land aura prévu la magistrature d'un président d'État, ces dispositions cesseront d'être en vigueur, lorsqu'un gouverneur du Reich sera nommé.

LOI DU 14 JUILLET 1933, CONCERNANT L'INTERDICTION DE LA FORMATION DE NOUVEAUX PARTIS.

Article premier.
Le seul parti politique existant en Allemagne est le parti ouvrier allemand national-socialiste.

Article 2.
Quiconque entreprendra de maintenir l'organisation d'un autre parti politique ou de former un nouveau parti politique, sera puni de réclusion pouvant aller jusqu'à trois ans, ou d'emprisonnement pouvant aller de dix mois à trois ans, pourvu que d'autres dispositions ne prévoient pas une amende supérieure pour le même fait.

LOI DU 1ER DÉCEMBRE 1933, RELATIVE À L'IDENTITÉ ENTRE LE PARTI ET L'ÉTAT.

Article premier.

(1) Après la victoire de la révolution nationale- socialiste, le parti ouvrier allemand national- socialiste est le représentant de l'idée d'État allemand et lié indissolublement à l'État.

(2) Il est une corporation de droit public. Le Führer établit ses statuts.

Article 2.

Pour assurer la collaboration la plus étroite des services du parti et des sections d'assaut avec le service public, le suppléant du Führer et le chef de l'État- major des sections d'assaut seront membres du gouvernement du Reich.

Article 3.

Les membres du parti ouvrier allemand national-socialiste et des sections d'assaut (y compris les groupements qui lui sont subordonnés), en tant que force dirigeante et motrice de l'État national-socialiste, ont à remplir des devoirs supérieurs vis-à-vis du Führer, du peuple et de l'État.

Ils sont soumis à une juridiction spéciale du parti et des sections d'assaut pour lésion de ces devoirs.

Le Führer peut étendre ces prescriptions aux membres d'autres organisations.

LOI DU 30 JANVIER 1934, SUR LA RECONSTRUCTION DU REICH.

Article premier.

Les représentations populaires [Landtag] des Länder sont supprimées.

Article 2.

a) Les droits souverains des Länder sont transférés au Reich ; b) les gouvernements des Länder sont soumis au gouvernement du Reich.

Article 3.

Les gouverneurs du Reich [statthalters] sont les subordonnés du ministre de l'Intérieur du Reich.

Article 4.

Le gouvernement du Reich peut créer un nouveau droit constitutionnel.

Article 5.

Le ministre de l'Intérieur du Reich prendra toutes les ordonnances et décrets assurant l'exécution de la loi.

Article 6.

La loi entre en vigueur le jour de sa promulgation.

LOI DU 1ER AOÛT 1934, RELATIVE AU CHEF DE L'ÉTAT DU REICH ALLEMAND.

Article premier.

La fonction de Président du Reich est réunie à celle du Chancelier du Reich. En conséquence, les pouvoirs exercés jusqu'ici par le Président du Reich passent au Führer et Chancelier du Reich Adolf Hitler. Il désigne son suppléant.

Article 2.

Cette loi entrera en vigueur à partir du décès du Président du Reich von Hindenburg.

GLOSSAIRE

Gestapo : Geheime **Sta**ats**po**lizei, Police secrète d'État.
Leibstandarte Adolf Hitler : unité de la SS chargée de la garde rapprochée de Hitler.
SA :Sturmabteilung, Section d'assaut, organisation paramilitaire du NSDAP.
SD :Sicherheitsdienst, Service de la sécurité, service de renseignements de la SS.
SS :Schutzstaffel, Escadron de protection, organisation paramilitaire du NSDAP, dépendante de la SA jusqu'au 20 juillet 1934 où elle devint autonome.
Stahlhelm, Bund der Frontsoldaten : casque d'acier et Ligue des soldats du front était une des nombreuses organisations paramilitaires issues des corps francs qui virent le jour après la défaite allemande de 1918.
Reichswehr, force armée du *Reich*, était l'armée allemande de 1919 à 1935.

CHRONOLOGIE

1932

25 février : Adolf Hitler obtient la nationalité allemande.
13 mars : élection présidentielle : Hindenburg 49,6%, Hitler 39,1%.
10 avril : Hindenburg est réélu président de la République.
13 avril : le chancelier Heinrich Brüning interdit la SA et la SS.
27 avril : la NSDAP demande la dissolution du *Reichstag*.
30 mai : démission d'Heinrich Brüning.
1er juin : Franz von Papen est nommé chancelier.
15 juin : levée de l'interdiction de la SA.
17 juillet : dimanche sanglant d'Altona.
20 juillet : « Coup de Prusse », déposition du gouvernement légal de la Prusse et nomination de Papen comme commissaire du *Reich* pour la Prusse.
31 juillet : élection au *Reichstag* : la NSDAP obtient 230 sièges sur 608 (37 ,7%).
13 août : Adolf Hitler refuse d'entrer au gouvernement.
30 août : Hermann Göring devient président du *Reichstag*.
12 septembre : Papen est mis en minorité au *Reichstag* (512 voix contre 42), dissolution du *Reichstag*.
6 novembre : élection au *Reichstag* : la NSDAP obtient 196 sièges (33,1%).
17 novembre : démission de Franz von Papen.
2 décembre : Kurt von Schleicher est nommé chancelier.

1933

4 janvier : réunion secrète à Cologne de Franz von Papen avec Adolf Hitler pour envisager le futur rôle du leader de la NSDAP.
28 janvier : démission de Kurt von Schleicher.
30 janvier : Adolf Hitler devient chancelier, Franz von Papen vice-chancelier.

1er février : dissolution du *Reichstag* par le président Hindenburg, décret suspendant la liberté de la presse.
2 février : début de la Conférence mondiale sur le désarmement.
4 février : dernière édition du journal SPD *Vorwärts*.
22 février : la SA, la SS et le Stahlhelm deviennent police auxiliaire.
27 février : incendie du *Reichstag*.
28 février : décret présidentiel « pour la protection du peuple et de l'Etat » (*Reichstagsbrandverordnung*), suppression des droits fondamentaux.
5 mars : élections au *Reichstag* : NSDAP 43,9% (288 sièges), SPD 18,3%, KPD 12,3%, Zentrum 11,2%, DNVP 8%.
5 au 9 mars : la NSDAP prend le contrôle des Länder de Saxe, Wurtemberg, Bade, Bavière ainsi que de Hambourg.
11 mars : Joseph Goebbels est nommé ministre de la Propagande.
16 mars : Heinrich Himmler chef de la police de Munich.
21 mars : Journée de Potsdam, interdiction aux députés communistes de siéger au *Reichstag*, création de la Cour spéciale contre les ennemis du *Reich* (*Spezielle Gerichtshof*).
22 mars : ouverture du camp de concentration de Dachau.
23 mars : Hitler obtient les pleins pouvoirs au *Reichstag* (Loi des pleins pouvoirs), loi « sur la détresse du peuple et du *Reich* » (*Gesetz zur Erhebung der Not von Volk und Reich*).
29 mars : déclaration de Fulda : les évèques allemands lèvent l'incompatibilité pour des catholiques d'adhérer à la NSDAP, abolition des libertés fondamentales.
31 mars : début de la *Gleichschaltung* (mise au pas des Länder et de l'ensemble de la société allemande).
1er avril : boycott des magasins juifs.
7 avril : loi sur le « rétablissement du système des

fonctionnaires de profession » (élimination des Juifs de la fonction publique), confiscation des biens du KPD et arrestations de ses membres.
26 avril : Hermann Göring fonde la Gestapo (*Geheime Staatspolizei*).
27 avril : le *Stahlhelm* fusionne avec la NSDAP.
2 mai : création du Front du travail (*Deutsche Arbeitsfront*), occupation des locaux du syndicat ADGB, dissolution des syndicats.
10 mai : autodafés de Berlin et des principales villes allemandes.
17 mai : suppression du droit de grève.
9 juin : le SD (*Sicherheitsdienst*) devient l'organe de renseignement de la NSDAP.
22 juin : interdiction du SPD, suivie par celles du DVP, DNVP ...
5 juillet : auto-dissolution du *Zentrum*.
6 juillet : proclamation de la fin de la « révolution ».
14 juillet : loi proclamant la NSDAP parti unique.
15 juillet : loi sur la cartellisation obligatoire.
20 juillet : signature du concordat avec l'Église catholique romaine.
22 septembre : création de la Chambre de la culture du *Reich* (*Reichskulturkammer*) par Joseph Goebbels.
14 octobre : l'Allemagne se retire de la Société des Nations.
12 novembre : « élection » pour le renouvellement du *Reichstag*, 93% pour la NSDAP.
1er décembre : la NSDAP devient institution d'État.

1934
8 janvier : publication du manifeste de la direction en exil du SPD.
20 janvier : loi du *Führerprinzip*.
30 janvier : suppression des Länder de la Constitution de Weimar, loi sur l'organisation nationale du travail qui

supprime les conventions collectives.
20 avril : Heinrich Himmler chef de la Gestapo en Prusse.
24 avril : création du Tribunal du peuple (*Volksgerichtshof*).
7 juin : plusieurs évêques catholiques publient une lettre contre le nazisme.
17 juin : déclaration de Franz von Papen contre la poursuite de la « révolution nazie ».
30 juin : Nuit des longs couteaux, assassinat d'Ernst Röhm, décapitation de la SA.
20 juillet : séparation de la SS et de la SA.
25 juillet : assassinat du chancelier autrichien Engelbert Dollfuss par les nazis.
2 août : mort du maréchal Hindenburg, Hitler s'auto-proclame *Führer* cumulant les pouvoirs de chancelier et de président, l'armée lui prête serment de fidélité.
19 août : 89,93% des voix en faveur des nouveaux pouvoirs d'Hitler.

BIBLIOGRAPHIE

Cette bibliographie n'entend pas être exhaustive. Elle comprend les sources et les ouvrages utilisés pour l'écriture de ce livre.

BAK, *Bundesarchiv, Koblenz* (Archives fédérales, Coblence).
BA-MA, *Bundesarchiv-Militärarchiv, Freiburg* (Archives militaires, Fribourg).
IFZG, *Institut für Zitgeschichte, München* (Institut d'Histoire contemporaine, Munich).

Sur la Nuit des longs couteaux :

en français :
Charles BLOCH, *La Nuit des longs couteaux,* Paris, Julliard 1973.
Max GALLO, *La Nuit des longs couteaux*, Paris, Tallandier 2007.
Jean PHILIPPON, *La Nuit des longs couteaux : histoire d'une intox*, Paris, Armand Colin 1995.

en allemand :
Immo von FALLOIS, *Kalkül und Illusion. Der Machtkampf zwischen Reichswehr und SA während der Röhm-Krise 1934*, Berlin 1994.
Kurt GOSSWEILER, *Der Putsch, der keiner war: Die Röhm-Affäre 1934 und der Richtungskampf im deutschen Faschismus*, Papyrossa 2009.
Kurt GOSSWEILER, *Die Röhm-Affäre- Hintergründe-Zusammenhänge-Auswirkungen*, Cologne, Pahl-Rugenstein 1983.
Karl Martin GRAß, *Edgar Jung. Papenkreis und Röhmkrise 1933-1934,* Heidelberg 1966.
Otto GRITSCHNEDER, *« Der Führer hat Sie zum Tode verrurteilt... » Hitlers « Röhm-Putsch » -Morde vor Gericht*, Munich 1993.
Wolfgang HESS, *Der Mord an Karl Lämmermann am 1. Juli 1934 in Plauen. Eine Dokumentation*. Vogtland-Verlag, Plauen 1993.
Heinz HÖHNE, *Mordsache Röhm. Hitlers Durchbruch zur Alleinherrschaft 1933-1934,* Reinbek bei Hambourg 1984.
Christian HUNGERHOFF, *Franz von Papen und der Röhm-Putsch,* Grin Verlag 2007.
Helmut KRAUSNICK, « *Der 30 Juni 1934 Bedeutung Hintergrund Verlauf* » in Das Parlament, Beilage Aus Politik und Zeitgeschichte B XXV/54.
Norbert MAROHN, *Röhm, ein deutsches Leben,* Leipzig, Lyschatz 2011.

Hermann MAU, « *Die zweite Revolution Der 30 Juni 1934* », in *Vierteljahreshefte für Zeitgeschichte*, Munich 1953.
Stephanie TRAICHEL, *Der Röhm-putsch*, Grin verlag 2007.

en anglais :
Eleanor HANCOCK, *Ernst Röhm: Hitler's SA Chief of Staff,* Palgrave Macmillan 2008.
Kurt G. W. LÜDECKE, *I Knew Hitler: The Story of a Nazi Who Escaped the Blood Purge*. E. Scribner's Sons, New York 1937.

Sur le nazisme :

en français :
Pierre AYÇOBERRY, *La question nazie*, Paris, Seuil 1979.
Pierre AYÇOBERRY, *La société allemande sous le IIIe Reich*, Paris, Seuil 1998.
Martin BROSZAT, *L'État hitlérien. L'origine et l'évolution des structures du IIIe Reich*, Paris, Fayard 1985.
Didier CHAUVET, *Hitler et le putsch de la brasserie : Munich, 8-9 novembre 1923*, Paris, L'Harmattan 2012.
Mario R. DEDERICHS, *Heydrich,* Paris, Tallandier 2007.
Jacques DELARUE, *Histoire de la Gestapo*, Paris, Fayard 1996.
François DELPLA, *Hitler*, Paris, Grasset 1999.
Richard J EVANS, *Le troisième Reich*, Paris, Flammarion 2009.
Thierry FERAL, *Le national-socialisme*, Paris, Ellipses 1999.
Thierry FERAL, *Le nazisme en dates : novembre 1918-novembre 1945*, Paris, L'Harmattan 2010.
Joachim FEST, *Hitler : le Führer*, Paris, Gallimard 1973.
Norbert FREI, *L'État hitlérien et la société allemande*, Paris, Seuil 1994.
Robert GERWARTH, *Reinhard Heydrich : Biographie*, Siedler 2011.
Hans-Bernd GISEVIUS, *Jusqu'à la lie*, vol. 1, Paris, Calmann Levy 1948.
Joseph GOEBBELS, *Journal*, Paris, Tallandier 2006.
Adolf HITLER, *Mein Kampf*, Nouvelles éditions latines 1924.
François KERSAUDY, *Hermann Göring : le deuxième homme du IIIe Reich,* Paris, Perrin 2009.
François KERSAUDY, *Hitler,* Paris, Perrin 2011.
Peter LONGERICH, *Himmler*, Paris, éditions Héloïse d'Ormesson 2010.
Ian KERSHAW, *Hitler,* Paris, Flammarion 1999.
Ian KERSHAW, *Le mythe Hitler : image et réalité sous le IIIe Reich*, Paris, Flammarion 2006.

Ian KERSHAW, *Qu'est-ce que le nazisme ? Problèmes et perspectives d'interprétation,* Paris, Gallimard 1992.
Guido KNOPP, *Les SS : un avertissement de l'Histoire,* Paris, Presses de la Cité 2006.
Eugen KOGON, *L'Etat SS*, Paris, Seuil 1980.
George L. MOSSE, *Les Racines intellectuelles du III*[e] *Reich, La crise de l'Idéologie allemande.* Calmann-Lévy, 2006.
Lionel RICHARD, *Goebbels : portrait d'un manipulateur,* Paris, André Versailles 2008.
Thomas ROZEC, *Le troisième Reich et les homosexuels*, Editions Hermann 2011.
William Laurence SHIRER, *Le IIIe Reich,* Paris, Stock 1990.
Marlis STEINERT, *Hitler*, Paris, Fayard 1991.
Otto STRASSER, Victor ALEXANDROV, *Le Front noir contre Hitler*, Verviers 1969.

en allemand :
Sholmno ARONSON, *Reinhard Heydrich und die Frühgeschichte von SA und SD*, Stuttgart 1971.
Heinrich BENNECKE, *Hitler und die SA*, Munich 1962.
Wolfgang BENZ, *Geschichte des Dritten Reiches*, DTV 2003.
Carsten DAMS, Michael STOLLE, *Die Gestapo : Herrschaft und Terror im Dritten Reich*, Munich, Beck 2008.
Ernst DEUERLEIN, *Hitler, eine polistische Biographie*, Munich 1969.
Max DOMARUS, *Hitler. Reden und Proklamationen 1932-1945*, 2 vol., Wiesbaden 1973.
Günter GRAU, *Homosexualität in der NS-Zeit. Dokumente einer Diskriminierung und Verfolgung*, Francfort 1993.
Lothar GRUCHMANN, *Justiz im Dritten Reich 1933-1940. Anpassung und Unterwerfung in der Ära Gürtner*, Oldenbourg, München 2001.
Holger HILLESHEIM, *Die Gestapo*, SWR 2005.
Heinz HÖHNE, *Der Orden unter dem Totenkopf: Die Geschichte der SS,* Bassermann Verlag 2008.
Heinz HÖHNE, *Die Zeit der Illusionen, Hitler und die Anfänge des 3. Reiches 1933 bis 1936*, Droste, Düsseldorf 1991.
Eberhard JACKEL, *Hitler*, Hanovre 1984.
Guido KNOPP, *Hitler : Eine Bilanz*, Goldmann Verlag 2005.
Peter LONGERICH, *Die braunen Bataillone. Geschichte der SA*, Munich, Beck 1989.
Peter LONGERICH, *Goebbels. Biographie,* Munich, Siedler Verlag 2010.
Guido KNOPP, *Göring: Eine Karriere,* Goldmann TB 2007.

Stephan MARTENS, *Hermann Göring, « erster Paladin des Führers » und « Zweiter Mann in Reich »*, Paderborn, F. Schöningh 1985.
Otto MEISSNER, *Staatssekretär unter Ebert, Hindenburg, Hitler. Der Schicksalsweg des deutschen Volkes von 1918 – 1945. Wie ich ihn erlebte*, Hamburg, 1951.
Klaus-Jürgen MÜLLER, *Das Heer und Hitler. Armee und nationalsozialistisches Regime 1933-1940*, Stuttgart 1988.
Kurt PÄTZOLD, Manfred WEISSBECKER, *Geschichte der NSDAP, 1920 bis 1945*, Papyrossa verlags 2009.
G. PAUL, KM. MALLMANN, *Die Gestapo*, Darmstadt 1995.
Nikolaus von PRERADOVICH, *Die Schutzstaffel der NSDAP, Geschichte und Dokumentation*, Druffel und Vowinckel 2000.
Ekkehard REITTER, *Franz Gürtner, politische Biographie eines deutschen Juristen.* Duncker & Humblot, Berlin 1976.
Kirstin A.SCHÄFER, *Werner von Blomberg -Hitlers erster Feldmarshall,* Schöningh, Paderborn 2006.
Holger TÜMMLER, *Hitlers Deutschland : Die NSDAP-Partei des Führers*, Berlin, Melchio 2010.

<u>en anglais :</u>
Richard BESSEL, *Political Violence and the Rise of Nazism. The Storm Troopers in Eastern Germany 1925-1934*, New Haven-Londres 1984.
George C. BROWNER, *Hitler's Enforcers : The Gestapo and the SS Security Service in the Nazi Revolution*, New York 1996.
Alan BULLOCK, *Hitler. A Study in Tyranny,* Penguin 1990.
Anna von der GOLTZ, *Hindenburg. Power, Myth, and the Rise of the Nazis.* Oxford University Press, Oxford 2009.
David IRVING, *Göring*, Londres, McMillan 1989.
David LITTLEJOHN, *The Sturmabteilung : Hitler's Stormtroopers 1921-1945*, Londres, Osprey Publishing 1990.
R. MANVELL, H. FRAENKEL, *Göring*, Londres, Greenhill 2005.
Robert O'NEILL, *The German Army and the Nazi Party 1933-1939*, New York, James H. Heineman 1967.
Dietrich ORLOW, *The History of the Nazi Party, 1933-1945*, 2 vol., Newton Abbot 1973.
Eric G. REICHE, *The Development of the SA in Nürnberg, 1922-1934*, Cambridge University Press 2002.
Peter D. STACHURA, *Gregor Strasser and the Rize of Nazism,* Allen & Unwin, 1983.
John TOLAND, *Adolf Hitler : The Definitive Biography,* New York, Doubleday 1976.
John WHEELER-BENNETT, *The Nemesis of Power : The German Army in Politics 1918-1945*, Palgrave Macmillan 2005.

Sur la République de Weimar :

en français :
Christian BAECHLER, *L'Allemagne de Weimar, 1919-1933*, Paris, Fayard 2007.
Philippe BOUCHET, *La république de Weimar*, Paris, Ellipses 1999.
Georges CASTELLAN, *Le réarmement clandestin du Reich : 1930-1935, vu par le 2e Bureau de l'État-major français*, Paris, Plon 1954.
Peter GAY, Le suicide d'une république : Weimar 1918-1933, Paris, Gallimard 1995.
Detlev J. PEUCKERT, *La République de Weimar : années de crise de la modernité*, Paris, Aubier 1995.

en allemand :
Karl Dietrich BRACHER, Manfred FUNKE, Hans JACOBSEN, *Die Weimarer Republik 1918-1933. Politik- Wirtschaft- Gesellschaft,* Düsseldorf, Droste 1998.
Andreas DORPALEN, *Hindenburg in der Geschichte der Weimarer Republik,* Francfort, Leber 1966.
Herbert HÖMIG, *Brüning. Kanzler in der Krise der Republik*, Schöningh, Paderborn 1998.
Peter LONGERICH, *Die erste Republik : Dokumente zur Geschichte des Weimarer Staates,* Munich, Piper 1992.
Ulrich KLUGE, *Die Weimarer Republik*, Berlin, schöningh UTB 2006.
Eberhard KOLB dir., *Die Weimarer Republik, Oldenbourg, Munich 2000.*
Werner MASER, *Hindenburg. Eine politische Biographie,* Moewig Rastatt 1989.
Friedrich-Karl von PLEHWE, *Reichskanzler Kurt von Schleicher. Weimars letzte Chance gegen Hitler,*Ullstein, Berlin 1990.
Wolfram PYTA, *Hindenburg. Herrschaft zwischen Hohenzollern und Hitler,* Siedler, München 2007.
Irene STRENGE, *Kurt von schleicher : Politik im Reichsministerium am Ende der Weimarer Republik*, DH 2006.
Thilo VOGELSANG, *Kurt von Schleicher. Ein General als Politiker.* Musterschmidt, Göttingen 1965.
Andreas WIRSCHING, *Die Weimarer Republik, Politik und Gesellschaft*, Munich, Oldenbourg 2000.

Divers sur l'Allemagne :
Walter ADOLPH, *Erich Klausener,* Morus verlag 1955.
André FRANCOIS-PONCET, *Souvenirs d'une ambassade à Berlin,* Paris, Flammarion 1946.

Franz von PAPEN, *Memoirs*, Londres, Dutton, 1953.
Joachim PETZOLD, *Franz von Papen. Ein deutsches Verhängnis.* Munich/Berlin 1995.
Joseph ROVAN, *Histoire de l'Allemagne des origines à nos jours*, Paris, Seuil 1994.
Alfred WAHL, *L'Allemagne de 1918 à 1945*, Paris, Armand Colin 1999.
Heinrich-August WINKLER, *Histoire de l'Allemagne XIXe-XXe siècle : Le long chemin vers l'Occident*, Paris, Fayard 2005.
Rainer WOHLFEIL, *Reichswehr und Politik 1918–1933.* Deutsche Militärgeschichte VI, München 1983.

Filmographie :

Axel EGGEBRECHT, *Der Röhm-Putsch*, 1970.
Luchino VISCONTI, *Les Damnés,* 1969.

Toutes les notes bas de pages sont de l'auteur.

Je remercie Célina sans laquelle rien ne serait possible.

TABLE DES MATIÈRES

L'HISTOIRE

AUX ÉDITIONS L'HARMATTAN

Dernières parutions

TROUPES (LES) COLONIALES D'ANCIEN RÉGIME
Fidelitate per Mare et Terras
Lesueur Boris - Préface de Michel Vergé-Franceschi
«Le désavantage des colonies qui perdent la liberté de commerce est visiblement compensé par la protection de la Métropole qui les défend par ses armes ou les maintient par ses lois». Cette phrase de Montesquieu résume les liens compliqués entre une métropole et ses colonies sous l'Ancien Régime. La prospérité apportée par les colonies devait être souvent défendue avec acharnement. Des compagnies détachées aux régiments coloniaux, l'aventure des soldats au temps de la Nouvelle-France et des Iles demeure singulière et mal connue.
(SPM, Coll. Kronos, 45.00 euros, 534 p.)
ISBN : 978-2-917232-28-6, ISBN EBOOK : 978-2-336-36549-7

DROIT (LE) DES NOIRS EN FRANCE AU TEMPS DE L'ESCLAVAGE
Textes choisis et commentés
Boulle Pierre H., Peabody Sue
En France entre le XVIe siècle et le XIXe siècle, la vision de l'individu doté d'une liberté formelle fut confrontée à l'existence de l'esclavage aux colonies, en particulier lorsqu'à partir de 1716 une exception au principe du sol libre fut octroyée aux planteurs qui souhaitaient amener en métropole leurs esclaves domestiques. Tout un appareil juridique dut être créé pour accommoder cette exception. Le présent ouvrage cherche à illustrer les différentes étapes que prit cette recherche d'un équilibre entre liberté et esclavage.
(Coll. Autrement Mêmes, 29.00 euros, 291 p.)
ISBN : 978-2-343-04823-9, ISBN EBOOK : 978-2-336-36295-3

ÂGES (LES) DE L'HUMANITÉ
Essai sur l'histoire du monde et la fin des temps
Bolton Robert
Comment, quand et pourquoi le monde a-t-il commencé ? Et quand touchera-t-il à son terme ? Les deux mille dernières années sont analysées en termes de cosmologie traditionnelle, à l'aide de la science des nombres afin de permettre le calcul de la position de notre époque dans l'ère à laquelle elle appartient. L'auteur arrive à la conclusion qu'il y a de fortes probabilités pour que son terme coïncide avec la fin des temps.
(Coll. Théôria, 28.00 euros, 272 p.)
ISBN : 978-2-343-03921-3, ISBN EBOOK : 978-2-336-36288-5

DIVINATION (LA) DANS LA ROME ANTIQUE
Études lexicales
François Guillaumont et Sophie Roesch (éds.)
Les Romains vivaient dans un monde peuplé de signes de la volonté des dieux. Savoir lire ces signes, par le biais de la divination, permettait aux hommes de s'assurer le succès de leurs entreprises. L'objet de ce recueil est de compléter par une approche lexicale les nombreuses publications déjà consacrées à ce domaine de la religion antique, afin de mieux définir les croyances et les pratiques divinatoires des Romains.
(Coll. Kubaba, 15.50 euros, 150 p.)
ISBN : 978-2-343-04273-2, ISBN EBOOK : 978-2-336-36431-5

DISPARITION (LA) DU DIEU DANS LA BIBLE ET LES MYTHES HITTITES
Essai anthropologique
Nutkowicz Hélène, Mazoyer Michel
Drames et tragédies se succèdent qui voient les destructions de la nature, de l'homme et du cosmos dans les royaumes tant hatti que judéen, témoins de la rupture entre le monde terrestre et le monde divin. Quelles explications les peuples touchés par ces situations de crises apportent-ils ? Quels sont les points partagés et les divergences développées par ces deux peuples ?
(Coll. Kubaba, série Antiquité, 22.00 euros, 214 p.)
ISBN : 978-2-343-04876-5, ISBN EBOOK : 978-2-336-36434-6

ÉCHANGES (LES) MARITIMES ET COMMERCIAUX DE L'ANTIQUITÉ À NOS JOURS (2 volumes)
Sous la direction de Philippe Sturmel
Tous les peuples, ou presque, ont voulu faire de la mer et des océans leur terrain de jeu, de chasse, d'échanges ou d'aventures. A l'aube de l'époque moderne, la navigation commerciale connaît un essor spectaculaire et les terres apparaissent comme un obstacle à son développement. La mer, enfin, comme lieu de toutes les spéculations, intellectuelles, philosophiques ou utopiques. C'est cette grande histoire que les communications rassemblées dans cet ouvrage ont l'ambition de raconter.
(Volume 1, Coll. Méditerranées, 31.00 euros, 300 p.)
ISBN : 978-2-343-03509-3, ISBN EBOOK : 978-2-336-36383-7
(Volume 2, Coll. Méditerranées, 30.00 euros, 294 p.)
ISBN : 978-2-336-30724-4, ISBN EBOOK : 978-2-336-36382-0

MENSONGES DE L'HISTOIRE (Tome 2)
Monteil Pierre
Avec simplicité, esprit critique et objectivité, l'auteur s'attaque, dans ce second tome, à de nouveaux «mensonges de l'Histoire» : ainsi, saviez-vous que l'Enfer est une conception médiévale ? Que les chiffres arabes sont en réalité indiens ? Que Gutenberg n'a pas inventé l'imprimerie ? Qu'Abraham Lincoln était raciste ? Que l'Allemagne nazie fut le premier pays dans l'espace ?
(Coll. Rue des écoles, 30.00 euros, 300 p.)
ISBN : 978-2-343-04362-3, ISBN EBOOK : 978-2-336-36119-2

LES VOYAGEUSES D'ALBERT KAHN (1905-1930)
Vingt-sept femmes à la découverte du monde
Arasa Yaelle
Entre 1905 et 1930, Albert Kahn, riche banquier autodidacte, crée en France, une bourse féminine Autour du monde, octroyée aux plus brillantes des jeunes femmes titulaires de l'agrégation. Les lauréates se nourrissent, durant une année, d'un quotidien nomade, se frottant aux traditions les plus anciennes et à la modernité la plus échevelée. Courriers, rapports et carnets de bord narrent les changements de paysage, du monde, de la société, de l'enseignement féminin et de la vie des femmes durant un quart de siècle.
(38.00 euros, 382 p.)
ISBN : 978-2-343-04419-4, ISBN EBOOK : 978-2-336-36174-1

MYTHE (LE) INDO-EUROPÉEN DU GUERRIER IMPIE
Blaive Frédéric, Sterckx Claude
Cet ouvrage s'appuie sur les travaux de comparatisme indo-européen initié par Georges Dumézil et plus particulièrement d'un mythème de «guerrier impie» s'attaquant obstinément à tous les niveaux du sacré, du droit et du juste, repoussant dédaigneusement les avertissements divins et s'obstinant dans sa démesure jusqu'à succomber. Ces enquêtes rendent compte des formes et des motivations propres à chaque culture du guerrier impie (tels que les Grecs Achille et Bellérophon, les Romains César et Julien l'Apostat, l'Irlandais Cuchulainn, le Scandinave Harald l'impitoyable, voire l'Anglais Richard III).
(Coll. Kubaba, série Antiquité, 22.00 euros, 224 p.)
ISBN : 978-2-336-30260-7, ISBN EBOOK : 978-2-336-35479-8

FIGURES ROYALES DES MONDES ANCIENS
Sous la direction de Michel Mazoyer, Alain Meurant et Barbara Sébastien
Dans les mondes indo-européen et méditerranéen, la royauté apparaît comme la forme naturelle et privilégiée de la souveraineté. Son souvenir est particulièrement bien conservé, nos sociétés modernes en ont largement hérité. Dix variations sur la royauté dans l'Antiquité, du monde celtique au domaine gréco-romain en passant par celui des Scythes et des Hittites sont ici proposées.
(Coll. Kubaba, 23.00 euros, 230 p.)
ISBN : 978-2-343-00291-0, ISBN EBOOK : 978-2-296-53505-3

ESSAIS D'HISTOIRE GLOBALE
Sous la direction de Chloé Maurel
Préface de Christophe Charle
L'histoire globale est une approche novatrice qui transcende les cloisonnements étatiques et les barrières temporelles et promeut un va-et-vient entre le local et le global. Développé depuis plusieurs années aux États-Unis, ce courant connaît un essor récent en France. Voici un tour d'horizon varié des travaux récents en histoire globale (concernant l'abolition de l'esclavage, l'histoire du livre et de l'édition, des revues et celle des organisations internationales).
(23.00 euros, 226 p.)
ISBN : 978-2-336-29213-7, ISBN EBOOK : 978-2-296-53077-5

VERS UN NOUVEL ARCHIVISTE NUMÉRIQUE
Ouvrage collectif coordonné par Valentine Frey et Matteo Treleani
La réinvention permanente apportée par le numérique suscite de nombreux débats. Notre rapport à la mémoire et à l'histoire, longtemps basé sur l'objet matériel et sa conservation physique, est à présent bouleversé. Les techniques ont beaucoup évolué, apportant de nouvelles problématiques, dans le domaine de l'informatique comme celui des sciences humaines. Quelles tensions entre technique et mémoire ? Comment se souvenir du passé à travers ses vestiges ? Que change le numérique ?
(Coll. Les médias en actes, 22.00 euros, 224 p.)
ISBN : 978-2-336-00174-6, ISBN EBOOK : 978-2-296-53103-1

MENSONGES (LES) DE L'HISTOIRE
Monteil Pierre
Chaque génération hérite des *a priori* et des idées reçues de la génération précédente. Ainsi, nombreux sont les mensonges de l'Histoire qui ont survécu jusqu'à nos jours. Nos ancêtres les Gaulois ? Napoléon était petit ? Au Moyen Age, les gens ne se lavaient pas ? Christophe Colomb a découvert l'Amérique ? Ce livre revient sur 80 poncifs considérés par beaucoup comme une réalité...
(Coll. Rue des écoles, 28.00 euros, 282 p.)
ISBN : 978-2-336-29074-4, ISBN EBOOK : 978-2-296-51351-8

FLAVIUS JOSÈPHE
Les ambitions d'un homme
Cohen-Matlofsky Claude
Quelles furent les ambitions cachées de Flavius Josèphe, historien Juif de l'Antiquité ? Il prône, à travers ses écrits, le retour à la monarchie de type hasmonéen, à savoir d'un roi-grand prêtre, comme réponse à tous les maux de la Judée. La question fondamentale est la suivante : comment les élites locales ont-elles géré leurs relations avec la puissance romaine et quel rôle les membres de l'élite ont-ils assigné à leurs traditions et constitution politique dans cet environnement d'acculturation ?
(Coll. Historiques, série Travaux, 15.50 euros, 152 p.)
ISBN : 978-2-336-00528-7, ISBN EBOOK : 978-2-296-51387-7

MER (LA), SES VALEURS
Groupe «Mer et valeurs»
Sous la direction de Chantal Reynier – Préface de Francis Vallat
La mer, plus que jamais, est la chance des hommes et la clef de leur avenir. Elle leur apprend la responsabilité, suscite l'esprit d'initiative, mais elle oblige tout autant à rester humble devant ses forces naturelles. Le groupe de réflexion «Mer et Valeurs», réunissant navigants et universitaires, examine l'influence de ces valeurs rapportées à toutes les activités humaines. Des références historiques et géographiques illustrent le développement intellectuel et économique des pays qui se sont tournés vers la mer.
(21.00 euros, 188 p.)
ISBN : 978-2-336-00836-3, ISBN EBOOK : 978-2-296-51412-6

L'HARMATTAN ITALIA
Via Degli Artisti 15; 10124 Torino
harmattan.italia@gmail.com

L'HARMATTAN HONGRIE
Könyvesbolt ; Kossuth L. u. 14-16
1053 Budapest

L'HARMATTAN KINSHASA
185, avenue Nyangwe
Commune de Lingwala
Kinshasa, R.D. Congo
(00243) 998697603 ou (00243) 999229662

L'HARMATTAN CONGO
67, av. E. P. Lumumba
Bât. – Congo Pharmacie (Bib. Nat.)
BP2874 Brazzaville
harmattan.congo@yahoo.fr

L'HARMATTAN GUINÉE
Almamya Rue KA 028, en face
du restaurant Le Cèdre
OKB agency BP 3470 Conakry
(00224) 657 20 85 08 / 664 28 91 96
harmattanguinee@yahoo.fr

L'HARMATTAN MALI
Rue 73, Porte 536, Niamakoro,
Cité Unicef, Bamako
Tél. 00 (223) 20205724 / +(223) 76378082
poudiougopaul@yahoo.fr
pp.harmattan@gmail.com

L'HARMATTAN CAMEROUN
BP 11486
Face à la SNI, immeuble Don Bosco
Yaoundé
(00237) 99 76 61 66
harmattancam@yahoo.fr

L'HARMATTAN CÔTE D'IVOIRE
Résidence Karl / cité des arts
Abidjan-Cocody 03 BP 1588 Abidjan 03
(00225) 05 77 87 31
etien_nda@yahoo.fr

L'HARMATTAN BURKINA
Penou Achille Some
Ouagadougou
(+226) 70 26 88 27

L'HARMATTAN SÉNÉGAL
10 VDN en face Mermoz, après le pont de Fann
BP 45034 Dakar Fann
33 825 98 58 / 33 860 9858
senharmattan@gmail.com / senlibraire@gmail.com
www.harmattansenegal.com

L'HARMATTAN BÉNIN
ISOR-BENIN
01 BP 359 COTONOU-RP
Quartier Gbèdjromèdé,
Rue Agbélenco, Lot 1247 I
Tél : 00 229 21 32 53 79
christian_dablaka123@yahoo.fr

Achevé d'imprimer par Corlet Numérique - 14110 Condé-sur-Noireau
N° d'Imprimeur : 127162 - Dépôt légal : mars 2016 - *Imprimé en France*